Psychotherapie
der Zwangsstörungen

W0088275

L INDAUER
P SYCHOTHERAPIE
M ODULE

Peter Buchheim
Manfred Cierpka
Theodor Seifert

Georg Thieme Verlag Stuttgart · New York

Psychotherapie der Zwangsstörungen

Krankheitsmodelle und Therapiepraxis –
störungsspezifisch und schulenübergreifend

Herausgegeben von Hansruedi Ambühl

Mit Beiträgen von

H. Ambühl
H. Bents
H. Csef
Th. Dirscherl
B. Heiniger Haldimann
N. Hoffmann
B. Hofmann
F. Hohagen
H. Lang
St. Schmalbach
S. Weißenberger

5 Abbildungen
5 Tabellen

Georg Thieme Verlag Stuttgart · New York 1998

Die Deutsche Bibliothek – CIP-Einheitsaufnahme
Psychotherapie der Zwangsstörungen : Krankheitsmodelle und
Therapiepraxis – störungsspezifisch und schulenübergreifend ;
5 Tabellen / hrsg. von Hansruedi Ambühl. Mit Beitr. von H. Ambühl ... –
Stuttgart ; New York : Thieme, 1998
(Lindauer Psychotherapie-Module)
ISBN 3-13-109931-3

© 1998 Georg Thieme Verlag,
Rüdigerstraße 14, D-70469 Stuttgart
Printed in Germany

Datenaufbereitung und Layout:
Georg Thieme Verlag, Stuttgart
Druck: Gulde-Druck GmbH, Tübingen
Buchbinderei: Held, Rottenburg

Umschlaggestaltung von Martina Berge,
Erbach-Ernsbach

ISBN 3-13-109931-3   1 2 3 4 5 6

Wichtiger Hinweis:
Wie jede Wissenschaft ist die Medizin ständigen Entwicklungen unterworfen. Forschung und klinische Erfahrung erweitern unsere Erkenntnisse, insbesondere was die Behandlung und medikamentöse Therapie anbelangt. Soweit in diesem Werk eine Dosierung oder eine Applikation erwähnt wird, darf der Leser zwar darauf vertrauen, daß Autoren, Herausgeber und Verlag große Sorgfalt darauf verwandt haben, daß diese Angabe **dem Wissensstand bei Fertigstellung des Werkes** entspricht.

Für Angaben über Dosierungsanweisungen und Applikationsformen kann vom Verlag jedoch keine Gewähr übernommen werden. **Jeder Benutzer ist angehalten,** durch sorgfältige Prüfung der Beipackzettel der verwendeten Präparate und gegebenenfalls nach Konsultation eines Spezialisten festzustellen, ob die dort gegebene Empfehlung für Dosierungen oder die Beachtung von Kontraindikationen gegenüber der Angabe in diesem Buch abweicht. Eine solche Prüfung ist besonders wichtig bei selten verwendeten Präparaten oder solchen, die neu auf den Markt gebracht worden sind. **Jede Dosierung oder Applikation erfolgt auf eigene Gefahr des Benutzers.** Autoren und Verlag appellieren an jeden Benutzer, ihm etwa auffallende Ungenauigkeiten dem Verlag mitzuteilen.

Geleitwort der Reihenherausgeber

Menschen, die sich damit quälen, über eine Schwelle zu treten, ihre Hände richtig zu waschen oder den Müll zu entsorgen, leider unter Zwangshandlungen, die ein krankhaftes Ausmaß angenommen haben. Wie nur wenig andere Verhaltensweisen können Zwänge so bizarr wirken, daß die Krankhaftigkeit der seelischen Erkrankung den Mitmenschen unmittelbar auffällt. Diese Evidenz der Zwangshandlungen trägt dazu bei, daß die Patientinnen und Patienten schamhaft versuchen, ihre Verhaltensweisen zu verheimlichen und - entsprechnd der Schwere der Erkrankung - zu selten psychotherapeutsiche Hilfe suchen. Stattdessen richten sie sich in ihrem Leben mit dieser Störung ein. Sie verlassen z.b. nicht mehr das Haus, um der Angst zu entgehen, daß sie die Tür nicht verschlossen oder den Ofen ausgeschaltet haben. Nach einer Trennung in der Partnerschaft, z.B. wegen zu starker Näheängste, kann der Partner bzw. die Partnerin immer noch gebeten werden, den Müll zu entsorgen oder die Küche zu putzen, weil ansonsten das eigene selbständige Leben gefährdet wäre. Diese Tendenz der Patientin und des Patienten zur Verheimlichung und zur Autonomie, die natürlich auch der Persönlichkeit des Zwangskranken entspricht, scheint dazu beizutragen, daß es eine größere Diskrepanz zwischen den lebenslangen Prävalenzrate der Zwangsstörungen von 2-3% und dem wesentlich niedrigeren Anteil in unserem psychotherapeutischen Inanspruchnahmeklientel gibt.

In seinem Vorwort verweist Hansruedi Ambühl, der Herausgeber des vorliegenden Buches „Psychotherapie der Zwangsstörungen" aber auch darauf, daß viele Psychotherapeutinnen und Psychotherapeuten von der Behandlung einer Zwangsstörung Abstand nehmen. Auch die professionellen Helfer scheinen sich diese Kranken auf Distanz halten zu wollen und verweisen sie deshalb in ihre Autonomie, die meist eine Isolation bedeutet. Dies ist um so bedauerlicher, weil neue Sichtweisen und neue Techniken in der psychotherapeutischen Behandlung der Zwangsstörungen mehr Erfolg versprechen als früher. Die Lektüre dieses Buches wird sicher dazu beitragen, daß die Psychotherapeutinnen und Psychotherapeuten ihrer Neugier nachgeben und sich verstärkt mit diesen Patientinnen und Patienten und ihrer Krankheit auseinandersetzen.

Es ist das Verdienst des Herausgebers, daß er für dieses Buch eine Reihe von kompetenten Autorinnen und Autoren gewonnen hat, die nicht nur die neue Ansätze sachkundig beschreiben können, sondern darüber hinaus dem Grundgedanken unserer Modulreihe treu geblieben sind. Schulübergreifend werden psychodynamische, verhaltenstherapeutische, kognitive und systemische Ansätze zum Verständnis und zur Behandlung der Zwangsstörungen so dargestellt, daß die Leserinnen und Leser über das Wissen hinaus Anregungen und Anleitungen für ihre praktische Tätigkeit erhalten.

Jeder Band dieser Reihe der „Module zur Fort- und Weiterbildung in der Psychotherapie" widmet sich einem psychischen Krankheitsbild. Der erste Band in dieser Reihe befaßte sich mit er „Psychotherapie der Eßstörungen", der zweite mit der „Psychotherapie der Sexualstörungen". Wie den Vorgängern wünschen wir dem Buch von Hansruedi Ambühl über die „Psychotherapie der Zwangsstörungen" eine ebenso gute Verbreitung und Aufnahme in der Leserschaft wie bisher.

Wie immer danken wir Herrn Dr. Scherb vom Thieme Verlag für sein Engagement bei der Umsetzung unserer Weiterbildungsmodule in eine Reihe von Fort- und Weiterbildungstexten.

Göttingen, im März 1998   P.Buchheim, M. Cierpka, Th. Seifert

Vorwort des Herausgebers

Die Zwangsstörungen stellt für die davon betroffenen Menschen und ihre Angehörigen ein schwer zu ertragendes psychisches Leiden dar. Für die damit konfrontierten professionellen Helferinnen und Helfer stellt die Behandlung der Zwangsstörung eine so große Herausforderung dar, daß manche schon im voraus kapitulieren und gar nicht wagen, mit Zwangserkrankten therapeutisch zu arbeiten. Dieses therapeutische Zaudern wird auch durch die Tatsache begünstigt, daß bisher praxisorientierte Bücher zur Behandlung der Zwangsstörungen fast gänzlich fehlen. Dieses Buch beabsichtigt, diese eklatante Lücke zu schließen und den psychotherapeutischen Praktikern sowie den sich in der psychotherapeutischen Weiterbildung befindenden Kandidatinnen und Kandidaten etwas in die Hand zu geben, das sie ermutigen und befähigen soll, mit Zwangserkrankten professionell zu arbeiten.

Die manchmal so skurril erscheinende Symptomatik der Menschen mit Zwangsstörungen macht uns neugierig und stutzig zugleich. Was treibt jemanden dazu, sich täglich stundenlang die Hände zu waschen, obwohl keine Verschmutzung feststellbar ist? Wie kommt jemand dazu, den Deckel seiner Zahnpastatube vor dem Schließen etwa eine Stunde lang zu kontrollieren, um ganz sicher zu gehen, daß er keinen Fötus darin übersehen hat, der sonst elendiglich zugrunde gehen würde? Wer sich mit Zwangserkrankten beschäftigt, stellt bald einmal fest, daß diese mit rationaler Logik und vernünftigen Argumenten nicht von ihren Zwängen abzubringen sind, obwohl sie sogar einsehen, daß ihr Verhalten übertrieben ist. Offensichtlich existiert neben der Vernunft eine andere Macht, die viel stärker ist und in gewissen Situationen überhaupt keinen Widerspruch zuläßt.

Doch was sich oft als bar jeder vernünftigen Logik präsentiert, erscheint bei genauerem Hinsehen gar nicht so absurd. Vor allem wenn wir anstelle von „Warum-Fragen" „Wozu-Fragen" stellen, bemerken wir bald einmal, daß Zwänge nicht nur zur Regulierung des Erlebens und Verhaltens, sondern auch für die Regelung der Beziehung zu nahen Bezugspersonen wichtige Funktionen haben. So können sie dem Betroffenen „helfen", aufkommende Ängste auf ein erträgliches Maß zu reduzieren oder angestaute Aggressionen unter Verschluß zu halten. Sie können aber auch dazu dienen, andere auf Abstand zu halten, um die Respektierung der persönlichen Integrität zu erzwingen. Unter dieser Optik erscheinen Zwänge oft als persönliche Form der Problemlösung von bestimmten Konflikten, die nicht auf andere Art bewältigt werden können.

Zwänge verursachen bei den davon Betroffenen großes Leiden. Etwas immer wieder tun zu müssen, ohne ein klares Abbruchkriterium vor Augen zu haben, ist sehr anstrengend und demütigend. Nicht selten wird die physische und psychische Erschöpfung zum Abbruchkriterium, weil sich trotz stundenlangen Waschens oder hundertfachen Kontrollierens das Gefühl nicht einstellen will, daß die Sache nun in Ordnung sei. Und obwohl der Widerwillen, dem Zwang Folge leisten zu müssen, immer stärker wird, scheint kein Weg daran vorbei zu führen. Menschen mit Zwangsstörungen leben oft einsam und isoliert. Sie wissen, daß sie mit ihren Problemen bei anderen auf wenig bis gar kein Verständnis stoßen. Außer Appellen, den Blödsinn doch einfach zu lassen, hören sie wenig Ermutigendes. Darum verstecken sie auch ihre Zwänge so gut es geht, denn sie wissen, daß sie damit besser fahren. Zwänge lösen beim Gegenüber nicht in erster Linie Gefühle der Beteiligung oder Fürsorge aus, sondern eher Irritation und Ablehnung. Zu fremd erscheint uns dieses Verhalten, als daß es uns reizen würde, es besser zu verstehen zu wollen.

Dies ist insofern erstaunlich, als zwanghaftes Verhalten und Verhaltensrituale auch in unserem alltäglichen Leben eine wichtige Rolle spielen und auch nützliche Funktionen haben. Wo kämen wir z.B. hin, wenn unser morgendliches Aufstehen nicht nach ziemlich genau vorgegebenen Abläufen strukturiert wäre, sondern an jedem Tag neu geplant werden müßte? Das täglich nach demselben Muster verlaufende Ritual vom Abstellen des Weckers bis zum Kaffee trinken mit dem Blick in die Morgenzeitung gibt uns Struktur und Sicherheit. Und sobald einmal der Kaffee ausgegangen ist oder die Zeitung noch nicht im Briefkasten steckt, reagieren wir darauf irritiert und ärgerlich, weil wir uns in unserem gewohnten Handlungsablauf gestört fühlen. Manche Verhaltensrituale erscheinen sehr nützlich, weil sie unseren Alltag strukturieren und ihn dadurch einfacher machen.

Aber auch Zwangsgedanken sind uns im Alltag nicht fremd, obwohl wir sie nicht als solche bezeichnen würden. Wenn uns z.B. bereits während der Morgentoilette eine schöne Melodie durch den Kopf geht und wir dann tagsüber immer wieder an dieselbe Melodie denken, sie vielleicht summen oder pfeifen, dann unterscheidet sich dieser Vorgang nicht grundsätzlich von dem, worunter Menschen mit Zwangsstörungen leiden, daß nämlich bestimmte Gedanken immer wieder und ungewollt aufkommen. Der große Unterschied liegt in der Bewertung solcher Gedanken und den daraus resultierenden Konsequenzen. Eine ständig wiederkehrende schöne Melodie löst angenehme Gefühle aus, und es gibt keinen Grund, dagegen anzukämpfen. Der Gedanke einer Mutter dagegen, „ich könnte mein Kind an die Wand werfen", erscheint in höchstem Maße beunruhigend, und es liegt nahe, dagegen anzukämpfen, obwohl es sich nur um einen Gedanken handelt. Daß die Macht der Gedanken sehr groß ist, zeigt sich auch am verbreiteten Aberglauben. Und wenn wir dazu aufgefordert würden, unserer nächsten Bezugsperson etwas ganz Schlimmes zu wünschen und diesen Wunsch auf Papier festzuhalten, würden wir dies nie tun, obwohl wir davon überzeugt sind, daß es *nur* ein Gedanke ist. Dies zeigt etwas von der Schwierigkeit, mit der Psychotherapeutinnen und Psychotherapeuten konfrontiert sind, wenn sie einem Patienten mit Zwangsstörungen beibringen möchten, daß seine Zwangsgedanken irrational sind.

Zwangshandlungen und Zwangsgedanken sind uns allen in verschiedenen Formen bekannt, auch wenn wir im alltäglichen Kontext eher von Gewohnheiten oder Ritualen sprechen. Das Befremdende, das wir bei Zwangserkrankten empfinden, rührt daher nicht von der Unbekanntheit des Phänomens als solchem, als vielmehr von der Skurrilität der Inhalte von Zwängen und der Rigidität, mit der sie bestimmte Rituale durchziehen müssen. Angehörige von Zwangserkrankten wissen, daß solche Rituale zu tolerieren sind, denn eine Weigerung hätte für alle Beteiligten fatale Folgen. Nur so ist zu verstehen, weshalb sie sich oft über Jahre hinweg von Zwangserkrankten kontrollieren und steuern lassen.

Die Hoffnung, daß Menschen mit Zwangsstörungen auf effiziente Weise geholfen werden kann, ist daher allenthalben groß. Und tatsächlich ist diese Hoffnung heute berechtigter denn je, weil in den letzten zwanzig Jahren vor allem von verhaltenstherapeutischer und kognitiver Seite neue Sichtweisen und Methoden entwickelt wurden, die frischen Wind in die psychotherapeutische Behandlung der Zwangsstörungen gebracht haben. Es ist das zentrale Anliegen dieses Buches, den gegenwärtigen Stand zur Ätiologie, Diagnostik und hauptsächlich zur Therapie der Zwangsstörungen umfassend und praxisnah darzustellen. Dabei werden die Erklärungsansätze und störungsspezifischen Behandlungsmethoden der für dieses Störungsbild relevanten Therapierichtungen systematisch dargestellt. Es handelt sich um ein schulenübergreifendes Buch, in welchem ausgewiesene Fachleute der psychoanalytischen, verhaltenstherapeutischen und kognitiven Therapierichtungen ihre Sichtweisen zur Ätiologie und Therapie der Zwangsstörungen darlegen und anhand von konkreten Fallbeispielen illustrieren. Es werden die Diagnostik und Epidemiologie der Zwangsstörungen sowie deren Komorbidität mit anderen psychischen Störungen beschrieben. Neben den vorwiegend einzeltherapeutischen werden auch gruppentherapeutische Therapieansätze sowie die Kombination von Psychotherapie und Pharmakotherapie dargestellt. Schließlich wird die Frage der Indikation von ambulanter und stationärer Therapie bei Zwangsstörungen diskutiert.

Im einzelnen ist dieses Buch folgendermaßen gegliedert:

➤ In Kapitel 1 wird dem Leser plastisch vor Augen geführt, wie sich im Erleben der Kranken der Werdegang einer Zwangsstörung vollzieht. Anhand vieler Therapiebeispiele wird herauskristallisiert, daß sich der Weg zu einer Zwangsstörung in drei Episoden vollzieht: Am Beginn der Erkrankung steht eine Konfusion von Gefühlen, die nicht bewältigt werden können. Diese führt zu Konfusions- und Unvollständigkeitsgefühlen, die ein starkes Bedürfnis nach Sicherheit und Kontrolle auslösen. Um den Preis einer Selbstdissoziation gelingt es schließlich mit Hilfe der Zwänge, eine Kontrolle über den inneren Zustand zu erlangen.

➤ In Kapitel 2 werden die Diagnostik der Zwangsstörungen gemäß der aktuellen Klassifikationssysteme ICD-10 und DSM-IV sowie das diagnostische Vorgehen bei Zwangsstörungen beschrieben. Es werden auch differentialdiagnostische Abgrenzungen zu anderen psychischen Störungen vorgenommen. Den Abschluß des Kapitels bilden einige Angaben zur Epidemiologie, zum Verlauf der Erkrankung und zu prognostischen Faktoren für den Erfolg der Behandlung.

➤ In Kapitel 3 wird die Ätiologie und Aufrechterhaltung der Zwangserkrankung aus psychodynamischer Sicht beschrieben. Ausgehend vom berühmten literarischen Beispiel der Lady Macbeth wird zunächst das klassisch-psychoanalytische Konzept dargestellt, nach welchem die Zwangsstörung als Resultat des Abwehrprozesses unbewußter ödipaler Konflikthaftigkeiten auf einer analen Entwicklungsstufe erscheint. Der Zwang wird einerseits als eine Pseudokonfliktlösung, andererseits aber auch (bei frühen Ich-Störungen) als autoprotektive Möglichkeit zur Ich-Stabilisierung beschrieben.

➤ Kapitel 4 beschreibt die verhaltenstherapeutische Sichtweise zu Ätiologie und Aufrechterhaltung der Zwangsstörung. Ausgangspunkt ist das Zwei-Faktoren-Modell von Mowrer, nach welchem die Ätiologie der Störung auf Prozessen der klassischen und operanten Konditionierung basiert. Im zweiten Teil wird ein kognitiv-behaviorales Modell beschrieben, bei welchem kognitive Prozesse der Verantwortlichkeit für und der Bewertung von erschreckenden Gedanken eine zentrale Rolle für die Entstehung und Aufrechterhaltung der Zwangsstörungen spielen.

➤ In Kapitel 5 wird die psychodynamische Therapie bei Zwangsstörungen geschildert. Die einzelnen Schritte im Ablauf einer psychodynamischen Therapie werden systematisch dargestellt und anhand von Beispielen illustriert. Es werden auch potentielle Probleme bei dieser Art der Behandlung erläutert und auf alternative Behandlungsansätze auf einem psychodynamischen Hintergrund hingewiesen.

➤ In Kapitel 6 wird das verhaltenstherapeutische Vorgehen bei Zwangsstörungen beschrieben. Dabei steht die schrittweise Vorbereitung und Durchführung der Methode der Reizkonfrontation mit Reaktionsverhinderung im Mittelpunkt. Anhand eines ausführlichen Fallbeispiels wird die verhaltenstherapeutische Behandlung einer schweren Zwangsstörung dargestellt.

➤ Kapitel 7 befaßt sich ausführlich mit der kognitiven Therapie bei Zwangsstörungen. Einleitend werden verschiedene bisherige Modelle kurz beschrieben. Danach wird ein integratives Modell zur Entstehung von Zwangsstörungen dargestellt.

Die sich daraus ergebenden Therapieziele und Interventionen werden tabellarisch dargestellt. Schließlich wird ein Fallbeispiel vorgestellt, in welchem eine auf diesem theoretischen Modell basierende Therapie, die in 5 Phasen gegliedert ist, Schritt für Schritt dargestellt wird.

➤ In Kapitel 8 werden die wesentlichen Elemente der psychotherapeutischen Behandlung von Zwangsstörungen auf dem Hintergrund einer allgemeinen Psychotherapie dargestellt. Unter den Gesichtspunkten der Störungs-, Ressourcen-, Konflikt- und Beziehungsperspektive werden anhand eines Fallbeispiels praxisrelevante Fragen gestellt und hypothetisch beantwortet.

➤ Kapitel 9 gibt zunächst einen kurzen Abriß der Entwicklung der Gruppentherapie bei Zwangsstörungen. Danach werden die vier Behandlungsabschnitte einer psychodynamischen Gruppentherapie beschrieben und anhand eines Fallbeispiels illustriert. Abschließend werden einige wichtige Wirkfaktoren der Gruppentherapie bei Zwangsstörungen referiert.

➤ In Kapitel 10 werden zunächst grundsätzliche Probleme der Kombinationsbehandlung von Psychotherapie und Pharmakotherapie bei Zwangspatienten erörtert. Es wird auf ein psycho-neurobiologisches Modell der Zwangsstörung eingegangen und ein kurzer Überblick über die medikamentöse Behandlung von Zwängen gegeben. Abschließend werden die wichtigsten kontrollierten Studien zur Effektivität der Kombinationsbehandlung referiert und verschiedene Behandlungsstrategien dargestellt.

➤ Kapitel 11 befaßt sich mit der Komorbidität bei Zwangsstörungen und den daraus resultierenden Konsequenzen für die Behandlung. Zunächst werden die Komorbiditäten von Zwängen und anderen psychischen Störungen statistisch erfaßt und beschrieben. Danach wird anhand eines ausführlichen Fallbeispiels die Frage diskutiert, wie eine Kombinationsbehandlung aussehen könnte, wenn zwei Störungen gleichzeitig vorliegen.

➤ In Kapitel 12 geht es um die Frage der Indikation ambulanter oder stationärer Psychotherapie bei Zwangsstörungen. Es werden spezifische Merkmale von Zwangsstörungen sowie einzelne Elemente des Behandlungsprozesses daraufhin untersucht, ob sie als Indikatoren für eine ambulante oder stationäre Durchführung der Psychotherapie geeignet sind.

➤ Im abschließenden Kapitel 13 wird explizit auf die zentrale Bedeutung der Therapeut-Patient-Beziehung in der therapeutischen Arbeit mit Zwangserkrankten eingegangen. Eine gute Therapiebeziehung ist die wichtigste Voraussetzung für jede erfolgreich verlaufende Psychotherapie. In der Behandlung von Patienten mit Zwangsstörungen stellt die Therapiebeziehung jedoch eine besondere Herausforderung dar und wird deshalb in Abhängigkeit von der jeweiligen Therapiephase detailliert beschrieben.

Als Herausgeber danke ich den Autorinnen und Autoren für ihr großes Engagement beim Schreiben der einzelnen Beiträge. Ich bedanke mich ganz besonders bei Frau Uta Bohlen, die die Textverarbeitung der Beiträge bis zur druckreifen Herstellung des Bandes und die zuverlässige redaktionelle Bearbeitung vornahm.

Ich wünsche den Leserinnen und Lesern, daß sie durch die einzelnen Beiträge dieses Bandes mit den Zwangsstörungen vertrauter werden und konkrete Hilfestellungen für ihre therapeutische Tätigkeit erhalten. Ich hoffe, daß dieser Band ihnen hilft, ihre persönliche und professionelle Kompetenz in der Arbeit mit Patienten, die unter Zwangsstörungen leiden zu fördern, und daß sie dadurch ermutigt werden, neue und positive Erfahrungen in der Behandlung dieser Menschen zu machen.

Inhaltsverzeichnis

Anschriften

Dr. phil. Hansruedi Ambühl
Institut für Psychologie
Psychotherapeutische Praxisstelle
Mittelstr. 42
CH-3012 Bern

Dr. phil. Hinrich Bents
Christoph-Dornier-Centrum
für Klinische Psychologie
Tibusstraße 7 - 11
48143 Münster

Professor Dr. med. Herbert Csef
Medizinische Poliklinik
Universität Würzburg
Klinikstr. 6 - 8
97070 Würzburg

Dipl.-Psych. Thomas Discherl
Christoph-Dornier-Centrum
für Klinische Psychologie
Tibusstraße 7 - 11
48143 Münster

Lic. phil. B. Heiniger Haldimann
Institut für Psychologie der Universität Bern
Psychotherapeutische Praxisstelle
Mittelstr. 42
CH-3012 Bern

Dr. phil. Nicolas Hoffmann
Orberstraße 18
14193 Berlin

Dr. rer. nat. Birgit Hofmann
Adolf-Martens-Str. 46
12205 Berlin

Privatdozent Dr. med. Fritz Hohagen
Albert-Ludwigs-Universität
Klinik für Psychiatrie
Hauptstr. 5
79104 Freiburg

Prof. Dr. med. Dr. phil. Hermann Lang
Institut für Psychotherapie und
Medizinische Psychologie der Universität
Klinikstraße 3
97070 Würzburg

Dipl.-Psych. Stefan Schmalbach
Insitut für Psychologie der Universität Bern
Unitobler
Muesmattstraße 45
CH 3000 Bern 9

Dipl.-Psych. S. Weißenberger
Christoph-Dornier-Centrum
für Klinische Psychologie
Tibusstraße 7-11
48143 Münster

1. Phänomenologie der Zwangsstörungen

Nicolas Hoffmann

> Im Erleben der Kranken vollzieht sich der Werdegang einer Zwangsstörung in drei Episoden. Zu Beginn treten anläßlich von kritischen Lebensereignissen Emotionen auf, die sie nicht bewältigen können. Es kommt daraufhin zu Konfusions- und Unvollständigkeitsgefühlen, die ein starkes Bedürfnis nach Sicherheit und nach Kontrolle auslösen. Es gelingt ihnen, eine vorläufige Kontrolle über ihren inneren Zustand zu erlangen, aber um den Preis einer Selbstdissoziation, gegen die sie wiederum reagieren müssen.

Vor vielen Jahren suchte mich eine Dame auf und erzählte aus ihrem Leben. Sie werfe seit Jahrzehnten Flugtickets weg, auf denen eine aufgedruckte Ziffernreihe die 1 zusammen mit der 9 enthalte. Auch Geldscheine mit derselben Kombination seien für sie nicht benutzbar, weil sich daraus ein nicht tolerierbares Risiko bei den nachfolgenden Unternehmungen ergebe. Habe sie gesehen, wie ein schwarzes Auto die Straße, die sie überqueren wolle, z.B. von rechts nach links, durchfahren habe, so müsse sie warten, bis drei rote Wagen dieselbe Straße in der entgegengesetzten Richtung passiert hätten. Erst dann könne sie die Fahrbahn betreten, ohne dadurch Gefahren für Menschen, die ihr wichtig seien, heraufzubeschwören. Ein Kleid, das sie getragen habe bei einem Streit mit einer lieben Person, könne sie nicht mehr anziehen. So ging es eine ganze Zeit weiter. Dann versicherte sie mir, jede einzelne der Regeln, denen sie sich unterwerfe, indem sie die damit verbundenen Vorsichtsmaßnahmen ausführe, gelte für sie uneingeschränkt und sie könne sich nicht vorstellen, sie je aufzugeben oder sich darüber hinwegzusetzen. Doch alles in allem fühle sie sich in zunehmendem Maße eingeschränkt und habe immer mehr Mühe, den ganzen Komplex vor ihren nächsten Angehörigen geheim zu halten. Ob ich ihr helfen könne?

Ich bin bei ihrer ganzen Erzählung aus dem Staunen nicht herausgekommen. Ich stand zum ersten Mal vor dem, was von Gebsattel (1972), den „Widerspruch zwischen der vertrauten Nähe mitmenschlicher Gegenwart und der fremdartigen Entlegenheit eines völlig von der unseren verschiedenen Daseinsweise" genannt hat. Hinzu kam die völlige Intaktheit ihres Denkens und Handelns in allen Lebensbereichen außer in den Momenten, in denen der Zwang sie überlagerte. Dann lebte sie sozusagen in zwei Welten: Einmal mußte sie den Notwendigkeiten des Lebens, im Beruf oder im Privatleben gerecht werden, zum anderen mußte sie gleichzeitig den Diktaten des Zwanges gehorchen. Das brachte schier übermenschliche Anforderungen mit sich, denen sie sich mit bemerkenswertem Mut immer wieder stellte (vgl. dazu: Hoffmann u. Weiß 1983).

Der Zwangskranke lebt in einer Welt, deren Struktur in vielerlei Hinsicht verschieden von der unseren ist. Sie zu verstehen, fällt auch „Spezialisten" oft schwer genug. Wenn ich bei Seminaren Zwangskranke im diagnostischen Rollenspiel darstelle, fangen die Teilnehmer unweigerlich nach einiger Zeit an unruhig zu werden, den Kopf zu schütteln oder zu lachen. So skurril mutet vieles an, was Zwangskranke erleben, und so bizarr erscheinen uns manche der Verhaltensweisen, die ihnen ihr System unerbittlich vorschreibt.

Die Schwierigkeiten, sich in ihr Denken, Fühlen und Handeln einzufühlen, kann aber noch wesentlich gravierendere Konsequenzen haben: Keine psychische Störung wird häufiger fehldiagnostiziert, auch von erlauchtester Seite. Häufig wird als Psychose oder dergleichen das verkannt, was schlicht Anteile einer ganz normalen Zwangsstörung sind. Die Voraussetzung dafür, die Phänomene richtig einordnen zu können, ist allerdings eine genaue Kenntnis dessen, was Zwangskranke erleben. Auch die ist weitgehend noch mangelhaft, wie es leider aus vielen Stellen der Fachliteratur ersichtlich ist.

Erlebter Werdegang der Zwangsstörung

Die Phänomenologie hat, wie Jaspers (1913) betont, nur mit wirklich Erlebtem zu tun, nicht mit irgendwelchen Dingen, die dem Seelischen als zugrundeliegend gedacht oder theoretisch konstruiert werden. Versucht man, sich in diesem Sinne den Werdegang einer Zwangsstörung zu vergegenwärtigen (nicht theoretisch zu rekonstruieren), so lassen sich eine Reihe charakteristischer Erlebnisepisoden feststellen, die sich aus den weitgehend übereinstimmenden Schilderungen der Betroffenen ergeben, trotz aller Verschiedenheiten der schließlich vorherrschenden Symptomatiken. Ich möchte drei verschiedene Stadien der Entwicklung von Zwangsstörungen schildern und kurz kommentieren.

Konfusion der Gefühle

Ausgangspunkt der Prozesse, die schließlich zur Ausprägung einer Zwangssymptomatik führen, ist in fast allen Fällen eine starke, in der Regel unerwartete negative Emotion. Ich möchte das an einigen Beispielen verdeutlichen.

> Ellen Weiß schildert die Episode, die am Anfang einer jahrzehntelang andauernden Zwangsstörung mit den verschiedensten Symptomen stand, folgendermaßen: „Im Februar 1943 verließen wir (eine jüdische Familie, bestehend aus Vater, Mutter und Tochter, N. H.) unsere Wohnung, um illegal zu leben, ein Schritt, zu dem meine Mutter gedrängt und den sie in die Wege geleitet hatte, weil es keinerlei Sicherheit mehr für uns gab. Wir verloren damit nicht nur unser Heim mit den kärglichen, uns noch verbliebenen Einrichtungsgegenständen, sondern vor allem den Schutz des bis dahin mühsam geordneten Familienlebens ... Als wir gerade wieder ein gemeinsames Obdach gefunden hatten, wurde mein Vater am 27.06.1944 verhaftet. Nachdem er abends lange nach der vorgesehenen Zeit nicht zurückgekommen war, weckte mich meine beunruhigte Mutter aus tiefem Schlaf. Obwohl ich zuvor bei ähnlichen Gelegenheiten stets besonnen auf ihre Besorgnisse reagiert hatte, schrie ich völlig verstört auf: Ich habe Angst." (Hoffmann u. Weiß 1983, S. 20–21)

> Eine andere, damals 18jährige Patientin verbrachte drei Tage allein mit ihrem Vater in einem fremden, nicht fertiggestellten Haus auf dem Lande, weit ab von der nächsten Ortschaft. In der ersten Nacht wachte sie aus dem Schlaf auf und bemerkte, daß der Vater sich zu ihr ins Bett gelegt hatte und versuchte, sich ihr sexuell zu nähern. Sie wehrte ihn ab, traute sich aber nicht, in den nächsten Tagen mit ihm darüber zu sprechen. Sie konnte auch nicht durchsetzen, daß der Aufenthalt abgebrochen wurde.

Diese Episode bildete den Ausgangspunkt einer langjährigen Erkrankung mit den Hauptsymptomen Berührungsängste und Waschrituale.

Nachdem sich der Freund von ihr getrennt hatte, geriet die 23jährige Carola in eine depressive Phase, die u.a. sehr stark durch Schuldgefühle geprägt war: Was hatte sie alles falsch gemacht? Wo hatte sie überall in ihrer Beziehung versagt, so daß der Freund sie schließlich für nicht gut genug befunden hatte? Um die Eltern und ihre Arbeitgeber nichts von ihrem Zustand merken zu lassen, war sie sehr bemüht, sich unter Kontrolle zu halten und niemandem Anlaß zu Kritik zu geben. Da erfuhr sie plötzlich, daß ein junger Mann aus der Nachbarschaft, der vorher weitgehend unauffällig gewesen war, sich plötzlich und scheinbar ohne Grund erhängt hatte. Er hatte offensichtlich mit einem Schlag jegliche Kontrolle über sich verloren. Kurze Zeit danach, nach einem mißglückten Besuch bei einer Freundin, durchzuckte sie plötzlich der Gedanke: Könnte es sein, daß auch ich plötzlich jegliche Macht über mich verliere und aus dem Fenster springe? Es war der erste einer langen Reihe äußerst gravierender und behindernder Zwangsgedanken (Hoffmann 1998).

Es gibt auch Fälle, bei denen sich auf den ersten Blick die Zwänge mehr schleichend entwickeln. Sie ließen sich dann eventuell als allmähliches aus dem Gleis Geraten von Persönlichkeitszügen wie Verantwortungsgefühl, Ordnungssinn oder Absicherungstendenzen deuten. Aber bei näherem Hinsehen zeigt sich, daß sich auch dort plötzlich auftretende Exazerbationen feststellen lassen, die meist mit einem Qualitätswechsel der Symptomatik einhergehen. Eine Patientin, die sich schon immer als „mehr als ordentlich und als ein bißchen ängstlich" empfunden hatte, kontrollierte seit eh und je die Haushaltsgeräte, bevor sie das Haus für längere Zeit verließ. Nachdem sie erfahren hatte, daß ihre „beste Freundin" gegen sie am Arbeitsplatz intrigiert hatte, ohne daß ihr dies nachzuweisen gewesen wäre, mischten sich Enttäuschung und Angst vor dem Verlust ihrer privilegierten Stellung derart stark, daß sie jeden Morgen vor dem Verlassen des Hauses wie gelähmt war. Zu der Zeit fing sie an, dieselben Haushaltsgeräte beinahe stundenlang zu kontrollieren, ohne je dabei zu einem befriedigenden Abschluß zu gelangen.

Exploriert man Zwangskranke über ihre Befindlichkeit im Anschluß an solche Ereignisse, die zeitlich gesehen am Anfang der Entwicklung ihrer Erkrankung standen, so ergibt sich ein recht einheitliches Bild. Sie berichten einmal, wie schon beschrieben, über starke Emotionen. Die am häufigsten genannten sind Schmerz, Trauer, Einsamkeit, Angst, Ekel und Wut, aber auch das Gefühl des Verlassenseins. Zum zweiten berichten sie oft sehr eindringlich über die Intensität der Gefühle. Sie seien außerordentlich stark gewesen, auf den ersten Blick disproportioniert zum Anlaß. Ein Patient beschreibt, er hätte sich plötzlich wie „ein kleines verlassenes Kind gefühlt" und „die Hand der Mutter" gesucht. „Alles ist zusammengebrochen und ich habe weder ein noch aus gewußt", berichtet eine Patientin. Oder: „Eine Mischung aus Angst, Trauer und Wut überfielen mich und ich war wie gelähmt."

Ein wichtiges Merkmal der emotionalen Zustände ist das, was man Konfusion der Gefühle nennen kann: „Ich wußte nicht, ob ich Angst hatte oder maßlos wütend war. Dann nahm der Ekel wieder überhand und gleichzeitig fühlte ich mich von aller Welt verlassen," berichtet die 18jährige über die traumatische Nacht mit ihrem Vater.

Die Betroffenen wissen schließlich nicht, welche Gefühle „echt" sind, d.h. zur Situation passen. Solche könnten sie sich noch am ehesten zugestehen. Gleichzeitig stehen sie anderen hilflos gegenüber wie einem maßlosen Schmerzgefühl, das sie nicht verstehen und das ihnen wegen seiner Intensität zusätzlich Angst macht.

Nicht immer ist die affektive Lage so dramatisch, aber immer kommt es anläßlich einer bestimmten Lebenssituation zu einer emotionalen Aufwallung, die aber, wie eine

Patientin es ausdrückte, in ihr „stecken blieb". Damit ist ein weiteres Charakteristikum der emotionalen Lage angesprochen. Zu einer vollen Entfaltung der Gefühle gehört in irgendeiner Weise ihr Ausdruck nach außen, anderen Personen gegenüber, oder aber die Einleitung eines dem Gefühl gemäßen Verhaltens. Das ist aufgrund innerer Bedingungen oder weil die äußere Situation es nicht zuläßt, in den kritischen Fällen nicht möglich. Die sexuell belästigte junge Frau fühlte sich völlig blockiert und gestand sich ihre negativen Gefühle dem Vater gegenüber nicht zu, weil sie plötzlich nicht mehr ganz sicher war, „ob er ihr wirklich zu nahe treten wollte." Carola konnte nach dem Schrecken über die Möglichkeit, sich plötzlich umzubringen, mit niemandem darüber sprechen, weil sie vor allem bemüht war, sich keine Blöße zu geben. Da kein befreiender Schlag nach außen erfolgte, nahm die Entwicklung offensichtlich einen anderen Verlauf.

Unvollständigkeitsgefühl, Kontrollbedürfnis und externale Regulierung

Eine unmittelbare Folge der affektiven Erregung und der Beunruhigung, die sie auslöst, ist in fast allen Fällen eine Empfindung, die Pierre Janet (1904) „Unvollständigkeitsgefühl" genannt hat (vgl. dazu Hoffmann 1998). Die Betroffenen haben das Gefühl, „sich innerlich aufzulösen", „nicht mehr das zu sein, was sie waren", „nicht mehr ganz im Leben zu stehen" oder aufgrund der veränderten inneren Verfassung, „sich nicht mehr auf sich selber verlassen zu können", so als seien sie unvollständig, oder als sei ihnen ein wesentlicher Teil ihres Selbst abhanden gekommen. Diese sehr verunsichernde Erfahrung, die bei prädisponierten Menschen (Hoffmann 1998) häufig im Anschluß an starke, sich unvollständig entfaltende Emotionen auftritt, wird von allen Zwangskranken angesprochen, wenn auch mit vielen Schwierigkeiten, sie zu schildern und auszudrücken.

In einer solchen Lage verspürt der Patient ein starkes Bedürfnis nach Sicherheit, Geborgenheit, Halt, Schutz und Trost. „Ich fühlte mich plötzlich ganz klein und suchte nach einem Platz, wo man für mich sorgen würde", schilderte eine Patientin ihren Zustand. „Ich war völlig aus der Bahn geworfen und kam mir gleichzeitig machtlos und hilflos vor und vor allem so allein", berichtete ein anderer. Eine angemessene innere Regulation eines solchen Zustandes würde den Einsatz der sogenannten „Freeze-Funktion" (Einhalten und Beschäftigung mit der Frage: „Was ist passiert?") und dann ein Probehandeln am inneren Modell voraussetzen. Den Schilderungen von Zwangskranken nach, ist ein solches Coping mit der veränderten inneren Lage nicht erfolgt oder im Ansatz stecken geblieben. „Ich war ganz ratlos, konnte keinen klaren Gedanken fassen und wußte nicht einmal genau weshalb."

Man kann darüber spekulieren, inwieweit in einer solchen Situation, wenn schon die innere Regulation nicht funktioniert, eine günstige soziale Interaktion mit einem oder mehreren Menschen, die für vertrauensvoll und kompetent gehalten werden, in der Lage wäre, die pathologische Entwicklung zum Zwang zu verhindern. Man hat gute Gründe, dies anzunehmen. Unter ungünstigen Bedingungen, d.h. bei defizienten inneren Regulationsmechanismen und beim Fehlen äußerer Unterstützung und Hilfe, nimmt die Entwicklung offensichtlich einen anderen, ungünstigen Verlauf. Das Bedürfnis nach Kontrolle über die innere Verfassung und das Gefühl, daß etwas unternommen werden muß, steigert sich immer mehr, bei gleichzeitig anhaltender Ratlosigkeit über den einzuschlagenden Weg.

Statt daß die Gesamtsituation im Auge behalten wird und es zu einer inneren, lösungsorientierten Verarbeitung der Gegebenheiten kommt, treten Details der Außenwelt ins Zentrum der Aufmerksamkeit. Sie werden zu subjektiven Chiffren für die schmerzlichen Empfindungen, die im Innern vorherrschen.

> Nachdem sie erfahren hatte, daß ihr Vater am 27. Juni umgekommen war, wurde der 27. jeden Monats für Ellen Weiß zu einem „schlechten Datum", an dem sie nichts Wichtiges unternehmen konnte. Nachdem sich herausgestellt hatte, daß eine Bekannte, die sie als ihre Rivalin betrachtete, 19 Jahre alt war, wurde die 19 zum Inbegriff von Gefahr.
> Die junge Frau bemerkte am Morgen im halbfertigen Haus, in dem sie mit ihrem Vater übernachtet hatte, ein paar „Silberfische" in der Badewanne. Sie wurden zur Chiffre für „Beschmutzendes" oder „Unreines" schlechthin. Seitdem suchte sie alle Räume, die sie betrat, danach ab und absolvierte umfangreiche Körperwaschungen, wenn ihr etwas „suspekt" vorgekommen war.
> Alle Gegenstände wie Schnüre, Messer und Fenster, durch die man sich umbringen konnte, lösten bei Carola immer wieder die Frage aus: „Könnte es sein, daß ich dermaßen die Kontrolle über mich verliere und, ohne es zu wollen, Suizid begehe?" Sie mied solche Gegenstände unter allen Umständen. Haushaltsgeräte wurden für die von der Freundin betrogene Patientin zum Inbegriff der Möglichkeit zu versagen und dadurch Unheil anzurichten.

Diese Fortsetzung der Zwangsentwicklung läßt sich immer wieder aufzeigen: Einzelne Elemente der Außenwelt, allerdings solche, die sich nach dem Prinzip der „Preparedness" dazu eignen, werden zu einer oder mehreren Möglichkeiten des Selbst (etwa der Möglichkeit zu versagen, sich beschmutzt zu haben usw.) in Beziehung gesetzt. Dabei geht die Gesamtsicht der Außenwelt verloren, weil sich eine hypervigilante Aufmerksamkeit immer stärker auf diese Ausschnitte richtet. Gleichzeitig gerät dieser Einzelaspekt der eigenen Person mehr und mehr in den Vordergrund und wird zum Hauptinhalt der Selbstaufmerksamkeit.

Aber auch das Kontrollbedürfnis und der Handlungsbedarf, die aus der inneren prekären Lage entstanden sind, haben Objekte gefunden, an denen sie sich nun festmachen. Die „Lösung" besteht nun darin, diese Objekte zu vermeiden oder angemessen damit umzugehen, um auf die Art den „Gefahren" ausweichen zu können. Der Preis von all dem ist allerdings eine künstliche Zergliederung der Außenwelt und des Selbst. Sehen wir uns noch einmal an, wie die externe Form der Regulation innerer Zustände, die nun eingesetzt hat, funktioniert.

Eine Betroffene schreibt dazu (Hoffmann u. Weiß 1983, S. 23): „Es entwickelten sich Ängste vor bestimmten Dingen und es boten sich beinahe naturgegebene Handlungen an, die zu ihrer Bekämpfung geboten schienen und (für mich) jedenfalls dazu geeignet waren."

Zu dem Gefühl der Entfremdung und der Bedrohung tritt naturgemäß das Bedürfnis nach Kontrolle über die unangenehmen Affekte. Es werden dazu einfache Regeln generiert (oder reaktiviert), nach denen „beinahe naturgegebene Handlungen" geeignet sind, die innere Not zumindest zeitweilig zu reduzieren. Den Verlauf eines solchen Prozesses schildert Ellen Weiß:

> „Die Nachricht vom Tode einer mir nicht einmal besonders sympathischen, krebskranken Mandantin (Frau S.) verursachte anscheinend eine Art Schock. Die plötzlich entstandene Angst (nicht vor Erkrankung, sondern vor drohendem Unheil) wurde von mir (nach meinem Empfinden jedoch unbeeinflußbar von außen her vorgegeben) systematisch und zunehmend kodifiziert.

Die Angst machte sich zunächst bei Berührung durch den Sohn der Frau S. bemerkbar und erstreckte sich bald auf seine Besuche überhaupt. Nach jedem seiner Aufenthalte in unserer Wohnung wurden von mir die von ihm berührten Gegenstände feucht abgewischt, wobei jede Rille beachtet und behandelt werden „mußte". Das verursachte mir nächtelang Arbeit. Zudem waren die Furcht vor Entdeckung und die sich daraus ergebende Spannung erheblich. Ich besuchte die frühen Vorlesungen oft völlig unausgeschlafen, weil ich eine Nacht hindurch „geputzt" hatte und mich gar nicht zu Bett begeben hatte. Die „Reinigung" wurde jedoch stets in allen Einzelheiten durchgeführt.

Die Mitteilung vom Tode der Frau S. war mir übermittelt worden (Läuten des Telefons), als ich, mit Bügeln beschäftigt, einen Lichtschalter betätigte. Ich habe deshalb in der Folgezeit nicht mehr bei Kunstlicht geplättet und auch streng darauf geachtet, daß niemand in einem Raum, in dem ich bügelte, Licht anmachte. Geschah es dennoch gegen meinen Willen, so war die Benutzung der gesamten, also auch des noch bei Tageslicht behandelten Teils der Wäsche stark angstbesetzt und nach meiner Überzeugung mit erheblichen Risiken und unheilvollen Einflüssen behaftet.

Nach und nach fürchtete ich mich, den Namen der Mandantin und das Wort „Krebs" auszusprechen, auch wenn es sich nicht um die Krankheit, sondern um das so benannte Tier handelte. Entsprechende Wörter schrieb ich auch nicht nieder.

...

Die Anfangsbuchstaben der Vor- und Zunamens der Frau (A und S) wurden von mir nicht mehr an den Anfang einer Zeile gestellt. Später kamen noch andere Buchstaben hinzu.

Das Krankenhaus, in dem sie gestorben war, wurde von mir nur im Laufschritt und mit abgewandtem Gesicht passiert. Den Namen sprach ich nicht mehr aus."

Eine andere Patientin meinte zu ihren Abwehrritualen, also der externalen Form der Regulation: „Ich habe immer und zu jeder Zeit gewußt, was gegen die ekelerregende Substanz zu unternehmen ist." „Ich habe nie daran gezweifelt", meinte eine andere Patientin zu ihren Abwehrritualen. Alle anderen Zwangskranken können bestätigen, daß auch sie so denken und fühlen. Die Patientin mit dem Ekel vor Silberfischen berichtete:

„Mein ganzes Leben lang habe ich so etwas wie Silberfische nie bewußt wahrgenommen. Sie wären mir auch völlig gleichgültig gewesen. Jetzt vermute ich sie überall, ja ich 'sehe' sie im Geist an jedem Ort. Sie verfolgen mich geradezu. Aber jetzt hat sich vieles verändert. Das höchste Gut sozusagen (Ich weiß, es klingt komisch, aber ich empfinde es so), das höchste Gut also ist die Reinheit [sic] meines Bettes, meines Wäscheschrankes oder überhaupt meines Schlafzimmers. Draußen stören mich die Dinger [Silberfische] nur insofern, als es das Risiko gibt, sie nach Hause einzuschleppen. Im Lauf der Zeit hat sich ein Riesensystem an Vorsichtsmaßnahmen entwickelt, um so etwas unter allen Umständen zu verhindern. Wenn es mir gelungen ist, sie strikt einzuhalten, dann gehe ich völlig ruhig in mein Bett und bin total entspannt. Für den Moment jedenfalls."

Die inneren Zustände werden also reguliert über die Rückmeldungen der Ergebnisse des Handelns nach außen und zwar auf einer neuen, sozusagen künstlichen oder besser symbolischen Ebene, die vom Zwang vorgegeben wird: Habe ich meine Ausgeh-Schuhe zu Hause nach den vorgegebenen Regeln angemessen gereinigt, dort deponiert, wo ich sie nicht unbeabsichtigt streifen kann, dann meine Hände so gewaschen, wie es sein muß, dann das Waschbecken so gesäubert ...? – dann ist einstweilen alles in Ordnung. Und schließlich: „Ich denke überhaupt nicht darüber nach, wie verbreitet die Biester

[Silberfische] wirklich sind, und ob sie gefährlich sind. Ich weiß auch nicht, ob man sie wirklich einschleppen kann. Ich muß nur richtig damit umgehen."

Die Welt ist wieder überschaubarer geworden: Außen ist das Böse dingfest gemacht, weil es die Form einfacher Chiffren angenommen hat. Einfache Regeln kodifizieren auch das Verhalten, das im Umgang damit eingehalten werden muß. Über die Kontrolle der äußeren „Gefahrenmomente" kann kurzfristig eine Pseudokontrolle der Innenwelt erreicht werden. Das, was wirklich den Schmerz und die Angst auslöste, ist weitgehend aus dem Bewußtsein verbannt. Der Kampf mit den Wasserhähnen, den Schnüren und den Silberfischen beherrscht die Szene.

Selbstdissoziation und Mittel dagegen

Das Leben des Zwangskranken hat eine neue Dimension erhalten. Ein Patient berichtet:

> „Früher war das Leben auch schon kompliziert genug. Ich hatte Schwierigkeiten bei der Arbeit, weil meine Kollegen mich nicht so richtig akzeptieren wollten. Es gab viele Streitereien mit meiner Freundin, die ja dann schließlich auch zur Trennung geführt haben. Daneben die vielen Ängste, die ich mir seit eh und je um meine Gesundheit mache. Schließlich die täglichen Sorgen um die Finanzen, das ewige Suchen nach einer bezahlbaren Wohnung und so weiter. Aber da kam zu all dem etwas ganz Neues hinzu, das mich insgesamt mehr quält als alles andere zusammen. Sie wissen, wie absurd es klingt: Katzenstreu, das, mit dem die Katze meiner damaligen Freundin versorgt wurde. Seit über zwei Jahren sind wir getrennt. Ich habe sie seitdem nicht mehr gesehen. Die Katze ist längst tot und war nie in meiner Wohnung. Aber ganze Teile meiner Wohnung sind damit verseucht, für mich jedenfalls, und ich kann sie nicht betreten und einzelne Dinge nicht berühren. Ich kann mich an jede einzelne Episode erinnern, die dazu geführt haben muß, daß Streu oft über viele Stationen an diesen oder jenen Gegenstand gekommen ist. An einem ganz bestimmten Tag habe ich es mit Sicherheit in meine Stammkneipe eingeschleppt. Seitdem gibt es nur eine kleine Ecke, in der ich einigermaßen mit gutem Gefühl mein Bier trinken kann und auch das nur, weil ich sozusagen ein Auge zudrücke. Denn auch dieser Teil könnte verseucht sein. So geht es endlos weiter. Sie kennen ja die Geschichte. Es ist die Hölle."

Jede Lebenssituation des Kranken unterliegt einer neuen Definition. Einmal ist sie definiert durch den Stellenwert, den sie in den bisherigen Erfahrungs- und Wertsystemen einnimmt: Ich gehe in meine Kneipe und sehe einen guten Freund an dem runden Tisch vor dem Fenster. Das ist schön. Ich unterhalte mich gerne mit ihm und ich weiß, daß gute Gespräche im Moment für mich sehr wichtig sind.

Aber parallel dazu erfährt die Situation eine völlig neue, vor der Erkrankung fehlende, zwangsbedingte Definition: Diese Tischplatte ist mit Sicherheit nicht einwandfrei. Ich habe vor einem dreiviertel Jahr, anläßlich des Treffens mit Karl, meine Tasche kurz darauf gestellt, als ich den Zeitungsausschnitt suchte, den ich ihm zeigen wollte. Nachher ist mir mit Schrecken eingefallen, daß ich die Tasche in meiner Wohnung neben der Kommode deponiert hatte, die total mit Katzenstreu verseucht ist. Sicher hat die Tasche sie gestreift, als ich sie hochnahm. Ich kann zumindest nicht ganz sicher sein, daß es nicht so war. Die Tischplatte ist seitdem oft abgewischt worden, aber man weiß ja nie, wie ordentlich das Reinigungspersonal arbeitet. Was soll ich tun? Ihn an einen anderen Tisch bitten? Mit welcher Begründung? So tun, als hätte ich etwas vergessen und einfach weggehen?

Ein zweites, vom bisherigen völlig verschiedenes Referenzsystem ist entstanden. Alles hat eine neue Bedeutsamkeit erlangt. Die Situationsdefinition des Zwangskranken ist insofern flukturierend, als einmal mehr das normale, ein anderes Mal mehr das krankhafte Erfahrungs- und Bewertungssystem im Vordergrund steht. Neben den Sorgen und den Anforderungen des täglichen Lebens ist eine neue, ganz spezifische und quasi allgegenwärtige Bedrohung hinzugekommen. Entgegen dem Verständnis der anderen Menschen und im Widerspruch zu den üblichen sinngebenden Momenten einer konkreten Lebenssituation, hat sich ein Thema etabliert, das sich nicht in Frage stellen läßt und sein Recht fordert. Ein früher indifferenter, sogar freundlicher Tisch wird ganz davon beherrscht. Während der Mensch in der Wahnstimmung immer wieder in vielen Variationen äußert: „Es ist etwas nicht in Ordnung, aber ich weiß nicht, was es ist." – weiß der Zwangskranke ganz genau, was es ist, aber er kann es den anderen so schwer mitteilen, sie würden ihn doch nicht verstehen.

Um mit dem so um eine schreckliche Dimension erweiterten Leben umzugehen, bedarf es einer zweiten Moral: „Du mußt ..., du sollst nicht ..., du darfst unter keinen Umständen ...". Wie erlebt ein Mensch einen solch widersprüchlichen Zustand? Auf der einen Seite ist er konfrontiert mit den Aufgaben des Lebens, die ausreichend komplex sind, um seine ganze Aufmerksamkeit und ganze Energie in Beschlag zu nehmen, auf der anderen Seite hält er geradezu mit Hypervigilanz Ausschau nach den Symbolen seiner neuen „Privatreligion", die Maßnahmen diktiert, die oft im krassen Gegensatz zu denen stehen, die das konventionelle Leben fordert. Auf diese Art ist seine Aufmerksamkeit doppelt ausgerichtet und seine Situationsdefinition fluktuiert, oft buchstäblich von einer Sekunde zur anderen.

Eine Grundkategorie, die das Erleben in einer solchen Lage beschreibt, ist Dissoziation, Inkongruenz. Das Neue wird als fremd, teilweise geradezu als unsinnig empfunden, das Verhalten, das es abruft, eben als „zwanghaft". Dieses Dissoziations-Erleben hält sich – von Person zu Person, aber vor allem auch von Situation zu Situation verschieden – bis zu einem gewissen Grad über den ganzen Verlauf einer Zwangserkrankung. Steht es im Vordergrund, kommentiert der Zwangskranke: „Ich weiß ja, daß es unsinnig ist ...", doch das „aber" folgt auf dem Fuß und gewinnt fast immer die Oberhand. Der Zwang, der aus einer nicht länger tolerierbaren Not heraus entstanden ist und erst einmal vereinfacht und Ordnung geschaffen hat, hat auf einer zu oberflächlichen Ebene operiert. Der Kranke ist eben nicht in seinem ganzen Wesen von der Krankheit überschwemmt worden, er ist eben nicht psychotisch geworden, sondern er spürt, daß die Problemdefinition und die Bewältigungsvorschläge, die das zwanghafte System liefert, nicht die ganze Wahrheit darstellen und letzten Endes zu keinen richtigen Lösungen führen.

Dennoch steht für die Funktionen, die der Zwang im Moment erfüllt, nichts anderes zur Verfügung, auf das die Kranken sich wirklich verlassen könnten, und so reicht es nicht für eine richtige Distanzierung. Auf diese Art kommt die tiefliegende Ambivalenz zustande, die die Kranken dem Zwangsgeschehen gegenüber haben: „Es quält mich, ich finde es teilweise unsinnig, aber ich muß."

Dann setzen sehr schnell, und man kann sagen unausweichlich, eine Anzahl von Manövern ein, deren oberstes Ziel eine Dissonanzreduktion ist, eine größtmögliche Vereinheitlichung der Grundfesten des Selbst, zugegebenermaßen ein schwieriges Unterfangen unter solchen Umständen. Sie erweisen sich als unentbehrlich, sind bei allen Kranken nachzuweisen und greifen zum Teil tief in das Erscheinungsbild des Zwanges ein. Zwanghafte versuchen ihr zwanghaftes Denken durch Werte, die gesellschaftlich hoch angesehen sind, zu rechtfertigen. Diese Operation hat letztlich zum Ziel, die Kluft zwischen den konventionellen Lebensregeln und den idiosynkratischen des Zwanges zu überbrücken. Sie wird dadurch begünstigt, daß die Vorstellungen, die in der Zwangserkrankung auftauchen, von vorne herein einen Hauch von Plausibilität haben, das heißt, sie sind „prepared" in dem Sinne, daß sie zumindest auf symbolischer Ebene eine gewisse Beziehung zu dem inneren Zustand haben, für den sie stehen. Beim Verlassen einer Wohnung kann ein Haushaltsgerät in Betrieb bleiben und das birgt potentiell die Möglichkeit eines Schadens, trotz moderner Sicherheitsmaßnahmen. Es gibt die Möglichkeit, sich draußen mit einer Krankheit anzustecken und beim Autofahren kann ein fremder Mensch verletzt werden oder gar zu Tode kommen. Werden endlose Kontrollen bei Haushaltsgeräten vorgenommen oder wird auf das Autofahren verzichtet, so ist es für den Zwangskranken noch relativ einfach, seine pathologischen Kognitionen und Emotionen und die dagegen gerichteten Absicherungsmaßnahmen auszugeben als Ergebnis einer übersteigerten Hingabe an Werte wie Verantwortungsgefühl, Vorsicht und Ernsthaftigkeit im Umgang mit den Dingen des Lebens allgemein. Auch Hygiene, Sorgen (wenn auch übertriebene) um die eigene Gesundheit, aber vor allem um die der anderen, sowie Reaktionen gegen zunehmende Lebensmittelvergiftung und Umweltverschmutzung eignen sich vortrefflich für denselben Zweck. Es fällt schon schwerer zu begründen, warum es ein Drama darstellen würde, wenn man eine Todesanzeige in der Zeitung berühren müßte, ohne sich daraufhin aufs Akribischste die Hände zu waschen. Der Respekt vor unseren Toten – ein hohes Gut – paßt vielleicht da ein wenig hinein. Aber noch besser: Später will man ja die Ehefrau anfassen und darf unter keinen Umständen das Risiko eingehen, sie bei Leib und Leben zu gefährden: Es gibt schließlich mehr Dinge zwischen Himmel und Erde . . . .

Solche Bemäntelungsversuche der erlebten Irrationalität der zwanghaften Empfindungen stellen einen wichtigen Schritt in Richtung Kongruenzschaffen im Selbst dar. Eine differenzierte Patientin meinte: „Ich weiß es noch ganz genau. Zuerst fühlte ich mich schmutzig, wenn ich bestimmte Menschen berührt hatte. Dann fragte ich mich, wo die Gefahr herkommen könnte, und dann kam mir der Gedanke wie, sie könnten HIV-infiziert sein und dergleichen mehr. Ganz habe ich nie daran geglaubt. Aber es war erst mal eine Erklärung für meine Aversion vor „nicht ausgesuchten" Menschen. Und ich konnte damit operieren. Keine Erklärung für mein Gefühl zu haben, hätte mir noch mehr Angst gemacht. Aber ganz habe ich nie daran geglaubt."

In Ergänzung zu der Ahnung, daß der Zwang in der momentanen psychischen Lage in seiner Funktion durch nichts Verfügbares zu ersetzen ist, reicht die ihm so verliehene Pseudorationalität anscheinend aus, um bei den meisten Kranken ein für alle Mal eine Art „Denkverbot" über die Sinnhaftigkeit der darin enthaltenen Vorstellungen zu etablieren. „Mit dem Zwang diskutiert man nicht," sagte eine Patientin. Dadurch können dann so bizarre menschliche Begegnungen zustande kommen, wie die mit einer außerordentliche aktiven und kompetenten Chefärztin, die sich nicht auf einen fremden Stuhl setzt, aus dem Gedanken heraus, dadurch schwanger zu werden. Oder die mit einer Entwicklungshelferin, die – ausgehend von einem suspekten Fleck auf dem Fußboden ihrer Wohnung vor einer Reise nach Togo – sich nach kurzer Zeit nicht mehr unbeschwert an irgendeiner Stelle des Landes aufhalten konnte, weil durch eine unglückselige Verkettung von Ereignissen nach kurzer Zeit die ganze Landschaft als verseucht zu gelten hatte.

Zeichen-Lernen im Sinne Mowrers (1969), d.h. ein Prüfen der Bedeutung von Stimuli, findet nicht mehr statt. Zu beobachten ist ein totales Ausweichen auf Lösungs-Lernen: Wie gehe ich, bei nicht hinterfragter Bedeutung des Zeichens, damit um, im Sinne einer Minimierung der Bedrohung, die es signalisiert.

Das Ziel ist letztlich unbekannt oder nur ganz plakativ-vordergründig symbolisiert („reinbleiben", „niemanden in Gefahr bringen", „Gott nicht beleidigen") – der Weg ist alles. Das Agieren innerhalb des Zwangssystems tritt völlig in den Vordergrund des Bewußtseins. Das Manipulieren auf dieser Ebene, das im Sinne des Zwanges erfolgreiche

Bewerkstelligen dessen, was er auferlegt, gewährleistet immer wieder kurzfristig ein relatives Maß an Sicherheit. Nach dem Sinn der Handlungsabläufe wird nicht mehr gefragt. Stattdessen werden sie ständig auf der niedrigsten Ebene, auf der der Bewegungen, nach ganz primitiven Kriterien perfektioniert und dadurch „todsicher" gemacht. „Wenn ich meine Zähne putze, dann denke ich an sonst nichts als an die paar Dutzend Regeln, die ich dabei zu beachten habe. Warum ich meine Zähne auf die Art putzen muß? Das weiß ich nicht. Es ist im Lauf der Zeit entstanden, weil ich immer so unsicher war und ständig versucht habe, diese Unsicherheit ein Stück auszuschalten. Jetzt kann ich nur hoffen, daß es nicht noch mehr wird im Lauf der Zeit. Aber im Moment wäre es unverantwortlich, es anders zu machen. Ich hätte keine ruhige Minute mehr am Tag. Was ich befürchte? Das weiß ich nicht so genau. Es gäbe da ein Risiko, aber ich weiß nicht genau welches."

Die normalen Kriterien, nach denen man z.B. Zähne putzt oder den Zustand von Wasserhähnen beurteilt, sind außer Kraft gesetzt. Wir haben gesehen, daß der Zwangskranke zwar im großen und ganzen weiß, welche idiosynkratischen zwanghaften Abwehrmaßnahmen einzuleiten sind, aber er muß feststellen, daß auch sie an vielen Stellen nicht eindeutig sind und zur Verunsicherung führen können. Das betrifft vor allem das Moment der Beendigung zwanghaften Verhaltens: Wann sind die Zähne „richtig" geputzt? Wann ist der Wasserhahn „wirklich" in Ordnung?

An dieser Stelle tritt nun, und das ist der tragische Zug der Erkrankung, das „Unvollständigkeitsgefühl" wieder auf, das mitverantwortlich für die Elaborierung des ganzen Zwangssystems war. „Ich weiß nie ganz sicher, wann ich fertig bin, wann ich aufhören kann, mich zu waschen. Vor allem weil ich im Grunde genommen nicht richtig weiß, was ich da mache, ja oft nicht einmal weiß, ob ich es bin, der da etwas macht. Ich fühle mich oft wie ein Roboter. Ich muß mich dann auf mein Gefühl verlassen und darauf warten, bis ich das Gefühl habe, daß ich sauber bin. Das ist alles so unsicher und so unklar. In Wirklichkeit ist es oft so, daß ich aus Zeitdruck heraus aufhöre oder wenn ich der Erschöpfung nahe bin. Das kommt mir alles vor wie ein böser Traum und ich hoffe, daß ich einmal daraus erwache. Dann wäre ich wieder ich selbst."

Um mit dieser Unsicherheit umzugehen, greifen die Kranken nun zu wahrlich bizarren Maßnahmen. Bewegungen werden so fragmentiert und künstlich neu aufgebaut, daß sie von keinem mehr nachvollzogen werden können (eine Hand hat acht Seiten und das Waschen jeder Seite beinhaltet 24 verschiedene Operationen). Endloses Zählen und Operieren mit „guten" und „schlechten" Zahlen schafft Ordnung, zwar auf der primitivsten Ebene, verleiht aber dennoch offensichtlich ein Minimum an Halt. Das alles bei einem Menschen, der in anderen Bereichen seine ganze kognitive Differenziertheit beibehält.

Die grundlegende Dissoziation und die Zergliederung sind immer nur teilweise aufgehoben, der Zwang bleibt fremd, wenn auch zeitweise ohne Alternative. Um ihn zu verteidigen, hält der Kranke seinen Mitmenschen ein letztes Argument entgegen: „Nicht ich muß euch beweisen, daß ich recht habe, sondern ihr müßt beweisen, daß ich unrecht habe." Nun, er hat nicht unrecht, aber er ist auf dem falschen Weg und das können wir ihm immer wieder zeigen. Er bekämpft die Lebensangst damit, daß er an Wasserhähnen dreht, bis die Hand blutet, und sich den Tod von den Schuhsohlen abwischt. Das geht so auf die Dauer nicht.

Eine Patientin hat nach ihrer erfolgreichen Therapie das ganze Dilemma der Zwangskranken so ausgedrückt: „Nun, ich habe ständig zum falschen Gott gebetet. Aber wissen Sie: Gott ist Gott!"

2. Diagnostik, Epidemiologie und Verlauf der Zwangsstörungen

Stefan Schmalbach

Im ersten Teil wird das Erscheinungsbild von Zwangsstörungen gemäß der aktuellen Versionen der einschlägigen Klassifikationssysteme beschrieben. Die phänomenologische Komplexität und das große Ausmaß an Komorbidität von Zwangsstörungen mit anderen Störungen hat wichtige Konsequenzen für eine adäquate Diagnostik. Diese werden anschließend zusammenfassend berichtet. Ein zweiter Teil beschäftigt sich mit verschiedenen epidemiologischen Aspekten des Störungsbildes. Allgemeine Angaben zu Krankheitsverläufen und Prognose beschließen den Beitrag.

Diagnose der Zwangsstörungen

Auch die jüngsten Versionen der einschlägigen Klassifikationssysteme der Weltgesundheitsorganisation (WHO) und der Amerikanischen Psychiatrischen Vereinigung (APA), ICD-10 und DSM-IV, subsummieren die Zwangsstörungen unter die Angststörungen. Im Zusammenhang mit dieser von einigen Autoren als Verlegenheitslösung betrachteten Zuordnung betonen andere (z.B. Reinecker 1994) jedoch den pragmatischen Nutzen dieser Kategorisierung für epidemiologische, präventive und theoretische Zwecke.

Das DSM-IV (APA 1994, deutsche Version 1996) differenziert die Zwangsstörungen anhand des Kriteriums A schwerpunktmäßig nach Art der Manifestationsebene. Zwangsstörungen mit vorwiegend kognitiver Ausprägung werden als Zwangsgedanken, jene mit überwiegend verhaltensbezogener Symptomatik als Zwangshandlungen klassifiziert und wie die anderen Angststörungen auf Achse I kodiert.

Als Zwangsgedanken werden wiederkehrende und anhaltende Gedanken, Impulse oder Vorstellungen bezeichnet, die zeitweise während der Störung als aufdringlich und unangemessen empfunden werden, und die ausgeprägte Angst und großes Unbehagen hervorrufen. Dabei gehen diese Vorstellungen über reale Lebensprobleme und übertriebene Sorgen hinaus, und die Person versucht entweder, sie zu unterdrücken, oder mit Hilfe anderer Gedanken oder Tätigkeiten zu neutralisieren.

In Abgrenzung zu bestimmten kognitiven Symptomen bei anderen psychischen Störungen (z.B. Gedankeneingebung bei manchen psychotischen Störungen) erkennt die betroffene Person, daß die Zwangsgedanken Produkt ihres eigenen Geistes sind.

Zwangshandlungen werden als wiederholte Verhaltensweisen beschrieben (z.B. Waschen, Ordnen, Kontrollieren), die die betroffene Person zwanghaft wiederholen muß, entweder weil sie glaubt, streng zu befolgende Regeln ausführen zu müssen, oder als Reaktion auf einen Zwangsgedanken. Wiederholtes Beten, Zählen oder Wörter leise wiederholen zählen als gedankliche Handlungen zu den Zwangshandlungen.

Zur Diagnose einer Zwangsstörung gehören vier weitere Kriterien, bei denen jedoch nicht mehr zwischen Handlungen und Gedanken unterschieden wird:

> Die betroffene Person hat zu irgendeinem Zeitpunkt im Verlauf der Störung realisiert, daß die Zwangsgedanken oder -handlungen übertrieben oder unbegründet sind (Kriterium B). Dieses Kriterium hat keinen verbindlichen Charakter für Kinder, da diese die nötigen kognitiven Voraussetzungen für diese Erkenntnis eventuell noch nicht erfüllen.

> Außerdem erzeugt die Zwangssymptomatik eine starke Belastung in Form eines erheblichen Zeitaufwands (mehr als eine Stunde pro Tag) oder beeinträchtigt die beruflichen oder andere Routinetätigkeiten der Person (C).

> Im Falle des Vorliegens einer anderen Achse-I-Störung darf der Inhalt der Zwangshandlungen oder -gedanken nicht auf diese beschränkt sein, um der Diagnose einer Zwangsstörung genügen zu können (z.b. starke gedankliche Beschäftigung mit sexuellen Inhalten beim Vorliegen einer Paraphilie) (D).

> Abschließend muß ausgeschlossen werden können, daß das Störungsbild auf die direkte Wirkung einer psychotropen Substanz oder eines medizinischen Krankheitsfaktors zurückgeht (E).

Herr F., ein 29-jähriger Mann, erscheint zum Erstgespräch. Von seinem Hausarzt wurde er mehrfach auf die Notwendigkeit aufmerksam gemacht, seine Beschwerden psychotherapeutisch abklären zu lassen, doch erst nach einigem Zögern, und nachdem seine Beschwerden ein für ihn unerträgliches Ausmaß angenommen hatten, unternahm er konkrete Schritte zur Kontaktaufnahme. Herr F. hat vor vier Jahren das Studium der Geschichte abgeschlossen. Seither verdient er jedoch seinen Lebensunterhalt als Nachtwache in einem Krankenhaus und mit dem gelegentlichen Verfassen von Artikeln für verschiedene Tageszeitungen. Er lebt in einer Drei-Zimmer-Wohnung gemeinsam mit einem Wohnpartner, der aber angekündigt hat, demnächst mit einer Freundin zusammenziehen zu wollen. Herr F. hat bislang noch keine feste Partnerschaft gehabt und ist auch im Moment ohne Partnerin. Er ist das jüngste Kind von insgesamt sieben Geschwistern, seine Eltern leben noch auf dem Bauernhof, den sie immer schon bewirtschaftet haben. Der erste Sohn der Familie starb 16-jährig an einem Nierenversagen, als Herr F. sechs Jahre alt war.

Als Hauptbeschwerden gibt Herr F. „penetrante Zwangsgedanken" an, die ihn seit ungefähr dreieinhalb Jahren zunehmend belästigten. Inhaltlich kreisen die Gedanken um die an Sicherheit grenzende Überzeugung, demnächst (d.h. in wenigen Stunden) eine Hirnblutung zu erleiden mit der Folge, fortan gelähmt zu sein und nie mehr sprechen zu können. Herr F. beschreibt von sich aus diese Gedanken als übertrieben und eigentlich unbegründet, zumal er sich zuletzt einer medizinischen Abklärung in einem Universitätskrankenhaus unterzogen habe, die keinerlei Anzeichen für eine begründete Sorge geliefert hätte. Die weitere Exploration ergibt, daß in der Vergangenheit weder in der Familie des Patienten, noch im Freundes- oder Bekanntenkreis eine Person eine Hirnblutung erlitten hat; auch berichtet Herr F. keine körperlichen Symptome, deren Interpretation seine Ängste erklären könnte. Herr F. kann sich aber erinnern, vor einigen Jahren einmal einen Zeitungsartikel über die Folgen dieser Krankheit gelesen zu haben.

In der ersten Zeit des Auftretens der Gedanken habe Herr F. versucht, durch inneres Monologisieren, durch sich selbst gut Zureden die Gedanken zu verscheuchen. Das habe aber nicht die erwünschte Wirkung gehabt. Ungefähr ein Jahr nach dem ersten Auftreten habe er begonnen, laut mit sich zu sprechen, wenn die Gedanken gekommen seien, um sich zu vergewissern, daß er noch zu reden imstande ist. In der Folge habe er dann „eine Art Ritual" entwickelt, um seine Angst zu bewältigen. Wenn die Gedanken gekommen seien, habe er auf seine Füße geschaut, sich in gleichmäßigen

Schritten fortbewegt und dabei laut zu sich gesagt: „Meine Füße bewegen sich, ich bewege meine Füße, ich bin nicht gelähmt, ich höre meine Stimme, also spreche ich." Dieses Ritual habe anfänglich wenige Minuten in Anspruch genommen, danach seien die Gedanken für einige Stunden, manchmal einen ganzen Tag verschwunden. Manchmal habe er das Ritual auch präventiv eingesetzt, z.B. wenn er für den Abend eine Verabredung hatte. Inzwischen stelle sich eine positive Wirkung erst nach ungefähr einer halben Stunde ein, und er müsse das Ritual bis zu sechs Mal pro Tag durchführen. Lange Zeit habe er es geschafft, die Durchführung des Rituals auf seine Wohnung zu beschränken oder auf Orte, wo ihn niemand sehen konnte. Er komme sich sehr lächerlich vor, wenn er so daherschreite und vor sich hermurmele, und es wäre ihm sehr peinlich, wenn seine Bekannten oder seine Familie von seinen Schwierigkeiten erfahren würden. Lediglich sein Wohnpartner kenne sein Problem und den Ablauf des Rituals. In den letzten Wochen seien die Gedanken zunehmend auch nachts während der Arbeit aufgetreten, was bislang nicht der Fall gewesen sei. Das hatte zur Folge, daß sich Herr F. einige Male mit dem Taxi nach Hause fahren lassen mußte. Seine Vorgesetzte habe ihm mitgeteilt, daß solch ein Verhalten auf Dauer für die Patientenversorgung unzumutbar sei. Nun fürchte er um seine einzige regelmäßige Einnahmequelle.

Herr F. wirkt im Erstgespräch sehr niedergeschlagen und depressiv verstimmt, gibt aber glaubhaft an, nicht suizidal zu sein. Die nachfolgende medizinische Abklärung ergibt keine Anhaltspunkte für einen allgemeinen medizinischen Krankheitsfaktor. Der Patient raucht etwa 15 Zigaretten täglich und hat – außer gelegentlichem Alkoholkonsum – noch keine Erfahrungen mit anderen Drogen gemacht.

Kommentar zum Fallbeispiel: Der Patient zeigt nahezu alle typischen Symptome einer Zwangsstörung. Er leidet unter wiederkehrenden Gedanken, deren Inhalt er als im Grunde übertrieben und unbegründet erkennt. Seine anfänglichen Versuche, dadurch daß er sich selbst gut zuredet, die Gedanken zu verscheuchen, sind wie die inzwischen herausgebildeten ritualisierten Handlungen als Neutralisierungsversuche aufzufassen. Diese stellen ein Kernmerkmal von Zwangsgedanken dar. Gegen das Vorliegen einer psychotischen Störung spricht das ich-dystone Erleben des Patienten. Zeitlich nehmen sowohl seine Zwangsgedanken als auch die neutralisierenden Handlungen momentan bis zu drei Stunden pro Tag in Anspruch, was eine erhebliche Beschränkung seines Alltagsvollzugs bedeutet. Zusätzlich belastend wirkt sich die (nachvollziehbare) Reaktion seiner Vorgesetzten am Arbeitsplatz aus. Sie kann als Hinweis dafür gelten, daß dem Patienten eine angemessene Erfüllung seiner beruflichen Pflichten augenblicklich sehr schwer fällt. Die medizinischen Befunde und andere anamnestische Informationen sprechen dagegen, daß die Beschwerden auf einen allgemeinen medizinischen Krankheitsfaktor bzw. auf die Wirkung einer psychotropen Substanz zurückzuführen sind.

Es blieben, differentialdiagnostisch genauer abzuklären, wie der Inhalt der Zwangsgedanken aufgefaßt werden soll. Möglich wäre immerhin, daß die Angst des Patienten, eine Hirnblutung zu erleiden, Kern einer hypochondrischen Symptomatik ist. Doch auch nach mehrmaligem Befragen ließen sich die angstauslösenden Gedanken des Patienten nicht durch die Fehlinterpretation körperlicher Symptome erklären. Körperliche Symptome und deren Fehlinterpretation stellen jedoch ein notwendiges Merkmal der Diagnose einer Hypochondrie dar. Das DSM-IV verweist darauf, daß in bestimmten Fällen beide Diagnosen gestellt werden können. Im vorliegenden Fall sprechen die begleitenden, ritualisierten Handlungen eindeutig für einen erheblichen zwanghaften Anteil. Da gleichzeitig keine Fehlinterpretation körperlicher Symptome auszumachen ist, kann bzw. muß die Diagnose einer Hypochondrie ausgeschlossen werden.

Reinecker (1994) weist auf den interessanten Umstand hin, daß seit den ersten klinisch-psychiatrischen Beschreibungen durch Jaspers (1913) und Schneider (1925) bezüglich der zentralen Kriterien für Zwangsstörungen praktisch kaum Kontroversen existieren. Turner et al. (1986) merken an, daß ein im Vergleich zu anderen Störungen extrem hohes Angstniveau ein wichtiges zusätzliches psychopathologisches Merkmal darstellt. Sehr häufig wird auch im Sinne einer Sekundärsymptomatik über ein hohes Maß an depressiver Verstimmung sowie an Nervosität, allgemeiner Unruhe und Irritiertheit berichtet.

Diagnostisches Vorgehen bei Zwangsstörungen

Unterschiede und Besonderheiten im Erscheinungsbild verschiedener psychischer Störungen verlangen entsprechend ein variables Vorgehen bei der Diagnostik der einzelnen Störungen. Salkovskis u. Kirk (1996) beschreiben als Ziele in der Eingangsdiagnostik von Zwangsstörungen:

➤ die Einigung auf eine Liste von zu bearbeitenden Problemen
➤ das Herausarbeiten eines konzeptuellen, psychologischen Modells, welches genau auf das jeweilige Problem paßt (dazu müssen prädisponierende, auslösende und aufrechterhaltende Faktoren berücksichtigt werden)
➤ die Einschätzung, inwieweit eine psychologische Behandlung überhaupt indiziert ist
➤ der Anstoß eines kontinuierlichen diagnostischen Prozesses (siehe Kap. 6).

In Anlehnung an Turner u. Beidel (1988) und Reinecker (1994) sollen im folgenden die wichtigsten Aspekte von Zwangsstörungen und ihre Implikationen für die Diagnostik kurz beleuchtet werden.

➤ Nicht selten berichten Zwangspatienten, daß selbst engste Angehörige nichts oder nur äußerst wenig von ihren Beschwerden wissen. Die jahrelange Verheimlichung des Problems ist durchaus typisch für den Umgang einer Person mit ihrer Zwangsstörung. Als mögliche Ursachen für dieses Phänomen vermuten verschiedene Autoren ein ausgeprägtes Schamgefühl und die Angst vor Ablehnung bei „Veröffentlichung" der Beschwerden. Eine mögliche Konsequenz für den therapeutischen Umgang vor allem in der diagnostischen Abklärungsphase kann daher in einer langsamen und behutsamen Annäherung an die Hauptbeschwerden des Patienten liegen, z.B. indem man zunächst einmal Raum gibt für die Schilderung unspezifischer Beschwerden.
➤ Eine weitere Besonderheit für die Diagnostik von Zwangsstörungen resultiert aus charakteristischen Verlaufsmerkmalen der Störung. Nicht selten blicken Zwangspatienten auf eine lange Geschichte von Ablehnung, Kritik und teilweise massiver Bestrafung zurück. Die Rolle der Bestrafung bei der Aufrechterhaltung von Zwängen wird von einigen Autoren in ihrer Bedeutung für theoretische Überlegungen betont. Es ergeben sich jedoch auch eindeutige Konsequenzen für den therapeutischen Umgang. Vermeidungsstrategien auf seiten des Patienten lassen sich am besten mit solchen Verhaltensweisen auflösen, die dazu geeignet sind, Vertrauen zu fördern. Abgesehen von spezifischen Kenntnissen in der Beziehungsgestaltung scheint es in diesem Zusammenhang auch besonders wichtig, daß der Therapeut Erfahrung im Umgang mit Zwangsstörungen besitzt (siehe Kap. 13).

➤ Eine weitere Schwierigkeit ergibt sich aus der ambivalenten Grundhaltung vieler Zwangspatienten. Diese bezieht sich vor allem auf die Frage, ob und wie sie eine Therapie beginnen sollen. Nicht selten beziehen sich die Zweifel auch auf die Person des Therapeuten, insofern als die Patienten stark verunsichert erscheinen darüber, ob ihnen wirklich „richtig" geholfen werden kann. Therapie strebt per definitionem Veränderung an, und gerade dieser Aspekt löst bei vielen Zwangspatienten zusätzliche Angst aus. Von grundsätzlicher Bedeutung ist daher eine transparente Grundhaltung des Therapeuten: Verständliche Beschreibung eines plausiblen Erklärungsmodells über die mögliche Genese der Störung, Angaben zur Therapie im allgemeinen und im spezifischen Fall sind unerläßliche Bestandteile einer sorgfältigen kognitiven Vorbereitung des Patienten.

➤ Ein letzter wichtiger Aspekt von grundsätzlicher Relevanz für die Diagnostik bezieht sich auf die Funktionalität der Störung in der zwischenmenschlichen Lebenswelt des Patienten. Häufig stellt die Symptomatik für den Patienten u.a. ein Mittel zur Manipulation seiner Umwelt dar. Im therapeutischen Kontakt ist von Beginn an eine erhöhte Sensibilität vonnöten, um gewahr zu werden, ob und wo sich diese Manipulationen in der therapeutischen Beziehung manifestieren. Von Anfang an ist ein konsequenter und klarer Umgang mit solchen Strategien von immenser Bedeutung.

Die beschriebenen Besonderheiten im Erscheinungsbild von Zwangsstörungen und ihre Konsequenzen für das diagnostische und therapeutische Vorgehen sollen im folgenden beispielhaft illustriert werden:

Zu seiner Herkunftsfamilie befragt, berichtet Herr F., daß eine seiner Schwestern seit mehr als 20 Jahren unter „Kontrollzwängen" leide. Die Beschwerden dieser Schwester, wie auch der Tod seines ältesten Bruders hätten in der Vergangenheit eine große Belastung für die Familie, insbesondere für die Mutter bedeutet, und er wolle unter keinen Umständen, daß sie von seinen Schwierigkeiten erfahre. Sie würde dann sicherlich „Schuldgefühle" haben. Außerdem, so mutmaßt er, würde sein Vater auf sein Problem mit Unverständnis reagieren und es als „Schwäche" auslegen. Auf die Möglichkeit eines Familiengesprächs im weiteren Verlauf der Therapie angesprochen, reagiert der Patient mit heftigem Widerstand. Er wolle sich auf keinen Fall „vor Publikum fertigmachen lassen".

Bemerkenswert sind auch die in der Abklärung und Anfangsphase der Therapie immer wieder geäußerten Zweifel, ob ihm eine Psychotherapie helfen könne. Mehrmals erkundigt sich Herr F. nach der beruflichen Erfahrung des Therapeuten mit Zwangspatienten und will wissen, woher dieser die Zuversicht nehme, daß ihm geholfen werden könne, wenn doch in der Fachliteratur immer wieder auf die Schwierigkeiten bei der Behandlung von Zwangspatienten verwiesen würde. Außerdem sei er sich nicht sicher, ob ihm ein schwerpunktmäßig verhaltenstherapeutischer Ansatz gerecht werden könne, da er gehört habe, daß dies ein „rationales Vorgehen" bedeute. Der Therapeut erläutert Herrn F. immer wieder das Vorgehen, bringt den Zweifeln Verständnis entgegen und bespricht sie mit ihm. Mögliche Alternativen werden aufgezeigt und dem Patienten zur Entscheidung überlassen. Die allmählich sich einstellende Erfahrung von Autonomie und Kontrolle bewirkt bei Herrn F. einen entscheidenden Motivationsschub. Am Ende der vierten Sitzung formuliert er einen realistischen Therapieauftrag, der seine aktive Mitarbeit in der Therapie fordert.

Die Exploration des Beziehungsnetzes des Patienten läßt die Vermutung entstehen, daß Herr F. seine außerfamiliären Kontakte vor allem über die Schwere seiner Problematik herstellt. Mit Ausnahme des Wohnpartners läßt er zwar niemand von der

Natur seines Problems wissen, doch nimmt er fast ausschließlich dann Kontakt auf zu Freunden und Bekannten, wenn es ihm schlecht geht. Das hat in der Vergangenheit bereits einige Male dazu geführt, daß manche Freunde überfordert und entnervt reagierten, was Herrn F. sehr gekränkt hat. Bereits nach der zweiten Sitzung hat Herr F. die Privatnummer des Therapeuten herausgefunden und ruft diesen einige Male an, da es ihm sehr schlecht gehe. Auch das Ende von Therapiesitzungen versucht er regelmäßig mit einem „sehr wichtigen" Anliegen hinauszuzögern. Der Therapeut spiegelt dem Patienten behutsam diese Verhaltensmuster. Er läßt ihn wissen, daß er sehr gut verstehen könne, wenn dieser sicher gehen wolle, ob jemand wirklich für ihn da sei. Gleichzeitig weist er ihn aber auf die Existenz gewisser Regeln in der Therapie hin, deren Einhalten die echte Sorge um die Anliegen des Patienten nicht ausschließe. In der Folge treten die beschriebenen Verhaltensweisen nur noch sehr selten auf.

Kommentar: Die Tatsache, daß selbst die Familienangehörigen des Patienten bislang nichts von den Schwierigkeiten wissen, belegt den starken „Verheimlichungscharakter" der Störung. Andererseits läßt der Widerstand des Patienten gegenüber dem Vorschlag zu einem Familiengespräch wie auch sein Gekränktsein über Reaktionen der Überforderung in seinem Beziehungsumfeld auf interpersonale Aspekte seiner Schwierigkeiten schließen. Tatsächlich beschrieb der Patient seine Kindheit als sehr problematisch insofern, als er von seinem Vater immer nur kritisiert worden sei und sich nie richtig akzeptiert gefühlt habe. Das mehrmalige Nachfragen des Patienten bezüglich sowohl der Fachkenntnis des Therapeuten als auch der Wahrscheinlichkeit einer positiven Veränderung illustrieren die starke Verunsicherung des Patienten. Die langandauernde und bizarre Natur seiner Schwierigkeiten lassen ihn an möglichen Fortschritten zunächst zweifeln. Es wäre sowohl für die therapeutische Beziehungsgestaltung als auch für die Effektivität nachfolgender Interventionen fatal, wenn der Therapeut die Zweifel des Patienten zu diesem Zeitpunkt als Kritik an seiner Person oder als Beleg für die mangelnde Motivation auf seiten des Patienten werten würde.

Differentialdiagnostische Aspekte von Zwangsstörungen

Obgleich viele psychische Störungen durch aufdringliche Gedanken gekennzeichnet sind, haben nur wenige assoziierte Rituale. Es ist allerdings in der klinischen Praxis häufig kein einfaches Unterfangen, starke nachvollziehbare oder übertriebene Sorgen, massive Befürchtungen, tatsächliche Zwangsgedanken oder depressive Grübeleien voneinander zu unterscheiden. Doch gerade diese Differenzierung ist von zentraler Bedeutung, will man Zwangsstörungen z.B. gegenüber einer Major Depression oder einer Generalisierten Angststörung abgrenzen. In der Folge werden in Anlehnung an das DSM-IV die wichtigsten differentialdiagnostischen Kriterien kurz aufgelistet.

➤ Angststörung aufgrund eines medizinischen Krankheitsfaktors: Wenn die Zwangsgedanken oder Zwangshandlungen als direkte körperliche Folge eines bestimmten medizinischen Krankheitsfaktors aufgefaßt werden können, sollte die Diagnose einer Zwangsstörung nicht gegeben werden.

➤ Wenn eine psychotrope Substanz ätiologisch relevant für die Herausbildung von Zwangssymptomen ist, erhält die Diagnose einer substanzinduzierten Angststörung den Vorzug.

➤ Wie bereits erwähnt, treten aufdringliche Gedanken, Impulse und Vorstellungen auch im Kontext anderer psychischer Störungen auf. Entscheidend ist hier, ob sich die Inhalte der Gedanken und Handlungen auf zentrale Aspekte dieser anderen Störungen beziehen. Dann wird die Diagnose einer Zwangsstörung nicht gestellt. In diesem Zusammenhang ist vor allem das starke Beschäftigtsein mit dem eigenen Körperbild bei der körperdysmorphen Störung hervorzuheben, die starke Beschäftigung mit auslösenden, gefürchteten Stimuli bei der spezifischen und der sozialen Phobie und das Haareausziehen bei der Trichotillomanie.

➤ Während einer Episode einer Major Depression kommt es häufig zu anhaltendem Grübeln über mögliche unangenehme Umstände oder mögliche alternative Tätigkeiten. Diese Grübeleien werden eher als stimmungskongruente depressive Gedanken betrachtet, denn als Zwangsgedanken. Von Bedeutung ist hier auch der Aspekt, daß im Gegensatz zur Zwangsstörung die stimmungskongruenten Grübeleien einer depressiven Verstimmung als ich-synton erlebt werden. Besondere Relevanz kommt der Tatsache zu, daß die Major Depression die häufigste koexistierende Störung von Zwangsstörungen ist (Rasmussen u. Eisen 1988, siehe auch Kap. 11). Nicht selten ist die depressive Stimmungslage von Zwangspatienten der eigentliche Grund dafür, daß sie einen psychotherapeutischen Kontakt aufnehmen (Reinecker 1994), wobei die Verstimmung vor, während oder nach der Ausprägung der Zwangssymptomatik auftreten kann. Neuere Untersuchungen zeigen allerdings, daß die Wahrscheinlichkeit für die Abfolge von zuerst Zwang und dann Major Depression als dreimal so hoch anzusetzen ist wie umgekehrt (Turner u. Beidel 1988). Differentialdiagnostisch sollte besonders sorgfältig eruiert werden, was die Primär- und was die Sekundärdiagnose darstellt. Dabei stellt die enge Interaktion beider Störungsbilder sicherlich eine Erschwernis dar. Die Verschlechterung der Zwangssymptomatik kann zu einer stärkeren depressiven Stimmungslage führen, was nicht ohne Auswirkungen auf die motivationale Ausgangslage des Patienten bleibt. Im Zusammenhang mit therapeutischen Bemühungen sollten diese etwaigen Komplikationen a priori im Bewußtsein verankert sein (siehe Kap. 11).

➤ Der Realitätsbezug des Inhalts von anhaltenden Gedanken differenziert zwischen Zwangsstörung und generalisierter Angststörung. Bei einer Person mit generalisierter Angststörung werden die Gedanken als übertriebene Sorgen über reale Lebensumstände erlebt (z.B. die übertriebene Sorge darüber, den Arbeitsplatz zu verlieren). Zwangsgedanken beinhalten dagegen in der Regel nicht alltägliche Lebensprobleme und werden von der Person als unangemessen betrachtet.

➤ Anstatt einer Zwangsstörung sollte eine Hypochondrie diagnostiziert werden, wenn sich die andauernden, belastenden Gedanken ausschließlich auf die Befürchtung beziehen, eine schwere Erkrankung zu erleiden bzw. zu haben. Diese Befürchtung wiederum basiert auf der Fehlinterpretation vorliegender körperlicher Symptome. Die Diagnose einer Zwangsstörung kann jedoch zusätzlich gegeben werden, falls die Krankheitssorgen von Ritualen wie übertriebenem Waschen oder Überprüfen begleitet werden.

➤ Zwangspatienten erkennen in der Regel die Unangemessenheit oder Unsinnigkeit ihrer Gedanken oder ihres Handelns. Bei manchen Menschen mit einer Zwangsstörung kann diese Fähigkeit zur Realitätsüberprüfung jedoch verlorengegangen sein, so daß die Zwangsgedanken ein wahnhaftes Ausmaß annehmen können (z.B. der Glaube, den Tod einer Person verursacht zu haben, da er erwünscht war). In diesem Falle ist es angebrachter, das Vorliegen psychotischer Symptome durch die Zusatzdiagnose wahnhafte Störung oder nicht näher bezeichnete psychotische Störung zu kennzeichnen.

➤ Von den grüblerisch zwanghaften Gedanken und den teilweise bizarren und stereotypen Verhaltensweisen einer Schizophrenie unterscheidet sich die Zwangsstörung insofern, als die Gedanken einer betroffenen Person mit Schizophrenie nicht als ich-dyston erlebt werden und nicht Gegenstand einer Realitätsüberprüfung sind. Schizophrene Gedanken, Ideen und Impulse werden in der Regel auf externe Kräfte zurückgeführt und führen normalerweise auch nicht zum Widerstand der Person gegen sie.

➤ Zwangshandlungen sind auch abzugrenzen gegenüber der Ticstörung und der stereotypen Bewegungsstörung. Tics sind plötzlich auftretende, schnell wiederkehrende Bewegungen oder Lautäußerungen, die nicht-rhythmisch und stereotyp verlaufen. Unter einer stereotypen Bewegung wird eine wiederholte, offensichtlich nicht-funktionale Verhaltensweise verstanden. Tics und stereotype Bewegungen sind meistens weniger komplex als Zwangshandlungen und dienen nicht dazu, einen Zwangsgedanken zu neutralisieren.

➤ Exzessive Verhaltensweisen wie z.B. Essen (bei Eßstörungen), Sexualverhalten (bei Paraphilien) oder Drogenkonsum (z.B. bei Alkoholmißbrauch) werden alltagssprachlich häufig als „zwanghaft" bezeichnet. Sie müssen jedoch insofern von Zwangshandlungen unterschieden werden, als die betroffene Person mit diesen Verhaltensweisen in der Regel Wohlbefinden anstrebt und erreicht und wenn, dann nur wegen der schädigenden Konsequenzen wünscht, ihnen zu widerstehen.

➤ Eine Person, die seit dem frühen Erwachsenenalter ein Muster des starken Beschäftigtseins mit Ordentlichkeit, Kontrolle und Perfektionismus entwickelt hat, bei der aber weder Zwangsgedanken noch Zwangshandlungen auftreten, erfüllt nicht die Kriterien der Zwangsstörung, sondern die einer zwanghaften Persönlichkeitsstörung. Die Annahme, eine prämorbide zwanghafte Persönlichkeitsstörung bilde die Voraussetzung zur Herausbildung eines Zwangssyndroms ist nach wie vor populär, die empirischen Befunde dazu sind allerdings spärlich. Differentialdiagnostisch bedeutsam ist die Tatsache, daß Persönlichkeitsstörungen im Gegensatz zu Zwangssymptomen von der betroffenen Person ich-synton erlebt werden. Daher kommen Menschen mit einer zwanghaften Persönlichkeitsstörung in den seltensten Fällen mit dem Anliegen in die Therapie, von ihren zwanghaften Symptomen befreit werden zu wollen. Meistens steht das Leiden an einer depressiven Symptomatik im Vordergrund. Es können beide Diagnosen gegeben werden, wenn die Person sowohl Symptome der Zwangsstörung als auch der zwanghaften Persönlichkeitsstörung zeigt.

➤ Es scheint noch wichtig, auf folgende Tatsache hinzuweisen: viele Menschen kennen aus ihrem eigenen Alltag wiederholte, prüfende Verhaltensweisen und nicht wenige vollziehen in bestimmten Situationen gewisse abergläubische Rituale. In aller Regel erfüllen diese Menschen jedoch nicht die Diagnose einer Zwangsstörung. Diese sollte nur dann in Erwägung gezogen werden, wenn die Tätigkeiten besonders zeitaufwendig sind und in klinisch bedeutsamer Weise Leiden verursachen.

Epidemiologie und Verlaufsaspekte von Zwangsstörungen

Epidemiologie

Die Zwangsstörung galt lange Zeit als eine seltene Krankheit mit einer schlechten Prognose. Noch vor etwa 15 Jahren ging man davon aus, daß Zwangspatienten eine kleine Minderheit (1–4%) der gesamten Patientenpopulation darstellten. Die Unterschätzung der Auftrittshäufigkeit von Zwangsstörungen lag zum einen daran, daß Zwangssymptome bei statistischen Erhebungen höchstens im Zusammenhang mit anderen psychischen Erkrankungen erfaßt wurden, nicht jedoch als eigenständiges Krankheitsbild. Zum anderen führte der bereits oben erwähnte störungstypische Aspekt der Verheimlichung der Störung zu der groben Fehleinschätzung. Die meisten Patienten mit einer Zwangsstörung waren einfach deshalb nicht erfaßt, weil sie noch nie professionelle Hilfe in Anspruch genommen hatten. (Eine Zusammenfassung der früheren epidemiologischen Befunde liefern Carey et al. 1980.) Auch heute noch muß man davon ausgehen, daß im Durchschnitt 3–7 Jahre nach dem ersten Auftreten der Zwangssymptome vergehen, bis eine betroffene Person um therapeutische Hilfe nachsucht.

Neuere epidemiologische Studien berichten übereinstimmend eine 1-Jahres-Prävalenzrate von 1,5–2%, die Lebenszeitprävalenz wird auf 2,5% geschätzt. Damit treten Zwangsstörungen ca. 50–100 mal häufiger auf als ursprünglich angenommen (Rasmussen u. Eisen 1992), ähnlich häufig wie Schizophrenien. Im Gegensatz zu früheren Erhebungen berichten die neueren Studien kaum noch Geschlechtsunterschiede bei der Auftrittshäufigkeit. Es wird von einem Verhältnis von 55% Frauen zu 45% Männern ausgegangen. Deutliche Häufungen des Auftretens von Zwangsstörungen lassen sich innerhalb von Familien finden. Reinecker (1994) weist allerdings darauf hin, daß diese Häufungen bei Verwandten nicht unbedingt als Zwänge auftreten, sondern auch andere psychische Störungen betreffen können. In einer Studie von Rasmussen u. Tsuang (1986) litten 5% der Eltern von Zwangspatienten ebenfalls unter Zwängen.

Zwangsstörungen im Kindes- und Jugendalter werden in der Literatur allgemein als eigenes Kapitel behandelt. An dieser Stelle soll lediglich darauf hingewiesen werden, daß die wahre Prävalenz dieser Störung bei Kindern und Jugendlichen auf 0,7% geschätzt wird. Zwangssymptome im Kindes- und Jugendalter treten gehäuft um das 12. bis 14. Lebensjahr auf.

Verlaufsaspekte

Alter bei Beginn

Zwangsstörungen beginnen in der Regel in der Adoleszens oder im frühen Erwachsenenalter. 95% aller Zwangsstörungen entstehen vor dem 40. Lebensjahr, ein Beginn nach dem 50. Lebensjahr wird selten bis nie beobachtet. Das Durchschnittsalter bei Beginn liegt bei 23 Jahren (zum Vergleich: der Beginn von anderen Angststörungen liegt etwa 10 Jahre später). Der Gipfel des Erstauftretensalters der Störung liegt bei Männern früher als bei Frauen. Im Durchschnitt liegt der Beginn bei Männern bei 20 Jahren, bei Frauen bei 25 Jahren. Reinecker (1994) ergänzt dies durch folgenden interessanten Sachverhalt: Kontrollzwänge treten fast zehn Jahre früher als Waschzwänge auf; bei Waschzwängen sind Frauen, bei Kontrollzwängen Männer deutlich überrepräsentiert. Die hohe Rate von Nicht-Verheirateten unter Zwangspatienten (50% leben ohne festen Partner) ist zum einen wahrscheinlich eine Funktion des Alters bei Ausbruch und Manifestation der Störung, andererseits weisen Zwangspatienten häufig enorme soziale und interpersonale Defizite auf.

Verläufe bei Zwängen

Aussagen zu Verlaufsaspekten psychischer Störungen stützen sich in den allermeisten Fällen auf jene Patienten, die im Rahmen von Therapiestudien professionelle Hilfe erhalten. Daß aber lediglich ein Viertel aller Patienten mit schweren psychischen Problemen überhaupt diese professionelle Hilfe aufsucht, wird dabei zumeist übersehen. Über die Mehrheit der betroffenen Personen, jene also, die noch keine Behandlung in Anspruch genommen haben oder in Therapiestudien erfaßt sind, liegen leider keine zuverlässigen Daten zu Verlaufsmerkmalen vor.

Im Zusammenhang mit dem Verlauf von Zwangsstörungen sind folgende Merkmale von zentraler Bedeutung:

➤   Waschzwänge und Kontrollzwänge sind mit Abstand am häufigsten Gegenstand von Zwangshandlungen. Es existieren deutliche Unterschiede in bezug auf den Beginn dieser Zwangshandlungen. In drei Viertel der Fälle beginnen Waschzwänge plötzlich, die Betroffenen können sich zumeist an ein auslösendes Ereignis erinnern; nur bei einem Viertel der Patienten entwickelt sich der Waschzwang langsam und allmählich. Bei den Kontrollzwängen zeigt sich ein umgekehrtes Bild: sie beginnen zu zwei Dritteln allmählich, nur ein Drittel der betroffenen Personen berichtet einen abrupten Beginn. Auf die Unterschiede in der Geschlechterverteilung bei diesen Hauptformen von Zwängen wurde weiter oben bereits eingegangen.

➤   In den meisten Fällen verlaufen Zwangserkrankungen chronisch (85%). Die Beschwerden können phasenweise weitgehend in den Hintergrund treten, völlig verschwinden sie unbehandelt so gut wie nie. In etwa 10% der Fälle wird ein Verlauf von stetiger Verschlechterung berichtet.

➤   Auch der Aspekt der Verheimlichung der Störung wurde bereits erwähnt. Er ist für den Verlauf von Zwängen insofern bedeutsam, als dadurch die Schwelle erhöht wird, eine adäquate Behandlung aufzusuchen. Ambulante Maßnahmen gelangen so erst im Schnitt sieben Jahre nach Beginn der Störung zur Anwendung, stationäre Behandlungen sogar erst nach durchschnittlich 10,1 Jahren (Erlbeck u. Gokeler 1993). Hinzu kommt die in vielen Fällen unzureichende Fachkenntnis und Erfahrung von Therapeuten mit zwangsgestörten Patienten, was diese zu oft sehr weiten Wegen zwingt, um eine spezifische Behandlungseinrichtung zu erreichen. Die lange Zeit der Nichtbehandlung und Chronifizierung der Beschwerden wirkt sich nicht nur ungünstig auf die Besserungschancen aus, sondern bedeutet für Patienten und Angehörige auch eine lange Periode des Leidens. Die in der Literatur allgemein berichtete langfristige Besserungsrate von knapp über 50% bei der Behandlung von Zwangsstörungen kann nicht zufriedenstellen. Von einer verbesserten Versorgungsstruktur und somit einer frühzeitigeren Beeinflussungsmöglichkeit sind daher positive Auswirkungen auf die Wirksamkeit von Behandlungen zu erwarten.

Kritische Lebensereignisse

Die Bedeutung von kritischen Lebensereignissen als Auslöser für den Beginn von Zwangsstörungen ist umstritten. Man geht davon aus, daß bei Angststörungen allgemein in 55% der Fälle kritische Life-Events im Vor- und Umfeld der Störung eine wichtige Rolle spielen. Bei Zwangsstörungen schwanken die Zahlen zwischen 30 und 90%. Reinecker (1994) gibt in diesem Kontext zu bedenken, daß der Auflösungsgrad von Life-Event-Studien eher „grobmaschig" sei. Aktuelle kognitive Ätiologiemodelle für Zwangsstörungen betonen weniger den auslösenden, als den aufrechterhaltenden, verstärkenden Charakter von kritischen Ereignissen. Dabei wird die Rolle von kritischen Ereignissen vor allem im Zusammenhang mit dem kognitiven System der Patienten diskutiert (siehe Kap. 4 und 7). Widrigkeiten des Alltags und/oder einschneidende Erlebnisse würden für den Zwangspatienten „wie ein Schlüssel zum Schloß" passen. Die in die gleiche Richtung zielende Wirkung unterschiedlicher Variablen (so auch kritische Ereignisse) würden demnach die Manifestierung der Störung auf einem klinisch relevanten Niveau begünstigen.

Prognostische Faktoren

Die Identifizierung von prognostischen Faktoren für den Erfolg oder Mißerfolg einer Behandlung von Zwangsstörungen kann wesentlich dazu beitragen, den therapeutischen Prozeß frühzeitig den Besonderheiten des einzelnen Patienten anzupassen. Reinecker (1996), der die diesbezügliche Literatur zusammenfaßt, unterscheidet drei Kategorien von Prädiktoren:

a) Positive prognostische Faktoren:

Nachgewiesenermaßen günstig für den Behandlungsverlauf von Zwangsstörungen sind eine klar erkennbare Eigenmotivation des Patienten, ein episodischer Verlauf der Symptomatik, ein guter prämorbider Zustand sowie eine zum Behandlungsbeginn kurze Dauer der Störung. Inwieweit kritische Lebensereignisse günstige Prognosefaktoren darstellen, scheint umstritten. Reinecker (1996) betont den zentralen Stellenwert der Motivation. Wie bereits ausgeführt, ist die Motivationslage von Zwangspatienten zu Beginn einer Therapie häufig von Ambivalenz geprägt. Es ist die Aufgabe des Therapeuten, den Patienten bei der Motivationsklärung zu unterstützen. Dazu scheinen Transparenz im Vorgehen, die Vermittlung eines plausiblen Erklärungsmodells zur Entstehung und zur Veränderung der Beschwerden sowie die konkrete Unterstützung bei schwierigen therapeutischen Schritten einen wichtigen Beitrag zu leisten.

b) Negative prognostische Faktoren:

Mit Mißerfolgen bei der Behandlung von Zwangsstörungen muß vor allem dann gerechnet werden, wenn die betroffene Person zu Beginn einer Behandlung auf eine lange Krankheitsdauer zurückblickt. Auch das Vorliegen von rein kognitiven Zwängen (Zwangsgedanken) verringert die Erfolgswahrscheinlichkeit. Dasselbe gilt für das gleichzeitige Vorherrschen einer depressiven Symptomatik und die Existenz von „overvalued ideas". Damit ist gemeint, daß die Patienten im Kern von der Sinnhaftigkeit ihrer Gedanken und ihrer Handlungen überzeugt sind. Reinecker (1996) liefert dazu ein Fallbeispiel, das seiner Anschaulichkeit wegen ganz zitiert wird:

„Ein 30jähriger verheirateter Patient mit jahrelang bestehenden Kontrollzwängen sollte lernen, schrittweise auf spezielle Kontrollen im Alltag zu verzichten; er sollte dabei lernen, daß eine Konfrontation mit der Situation (Exposition) und ein Verzicht auf Kontrollen (Reaktionsverhinderung) mittel- und langfristig zu einer Senkung von Angst, Unruhe und Kontrollritualen führt. Gegenwärtig war der Patient nicht in der Lage, eine längere Strecke mit dem Auto oder auch zu Fuß zurückzulegen, weil er immer wieder dieselbe Strecke abfuhr oder abging, um zu kontrollieren, ob nicht doch ein Unfall etc. passiert sein könnte – er müßte in der Situation doch Hilfestellung leisten.

Dem Patienten war zwar klar, daß die Wahrscheinlichkeit eines Unfalls nicht sehr hoch war (auch diese Wahrscheinlichkeit wurde von ihm deutlich überschätzt!) – er selbst hielt sich aber im höchsten Maße für verantwortlich, etwas zu unternehmen, falls doch etwas passiert wäre. Wegen seines „belief-systems" konnte sich der Patient keinesfalls auf die therapeutisch unabdingbaren Übungen einlassen, dies hätte seine Annahme eines besonders verantwortungsvollen Menschen über den Haufen geworfen. Obwohl der Patient also unter seinen Zwängen in höchstem Maße litt und seine berufliche Entwicklung höchst gefährdet war, ließ sich der Patient auf die genannte Intervention nicht ein. Daß damit an eine Veränderung oder Behebung seiner Problematik nicht zu denken war, liegt auf der Hand." (S. 91–92)

c) Irrelevante prognostische Faktoren:

Als irrelevant im Zusammenhang mit dem Erfolg oder Mißerfolg der Behandlung von Zwangsstörungen können folgende Variablen gelten:

➤   das Alter des Patienten
➤   sein Geschlecht
➤   seine intellektuellen Fähigkeiten
➤   das Vorliegen von Zwangsritualen in der Kindheit.

Inwieweit eine gleichzeitige Medikation für die Richtung des Verlaufs von Bedeutung ist, hängt von mehreren Faktoren ab (siehe Kap. 10).

Abschließend soll festgehalten werden, daß in den letzten beiden Jahrzehnten erhebliche Fortschritte in der Diagnostik und Behandlung von Zwangsstörungen gemacht worden sind. Dank einer verbesserten Methodik in der epidemiologischen Forschung ist es zudem heute möglich, eine fundiertere Schätzung über die Verbreitung von Zwangsstörungen vorzunehmen. Was noch ansteht und als gemeinsame Aufgabe aufgefaßt werden sollte, ist der Transfer dieses Wissens und dieser neuen Interventionsmöglichkeiten zu den Vertretern des Gesundheitssystems, den Ausbildungsinstituten und nicht zuletzt zu den betroffenen Menschen. Denn es ist eine Tatsache, daß noch viel zu wenige dieser Betroffenen von diesen neuen Entwicklungen profitieren.

3. Ätiologie und Aufrechterhaltung der Zwangs-störungen aus psychodynamischer Sicht

Hermann Lang

Zunächst wird ein bekanntes Beispiel aus der klassischen Literatur zitiert, das den entscheidenden Punkt eines psychodynamischen Verständnisses der Ätiologie der Zwangserkrankung illustriert. Daran anknüpfend wird das klassisch-psychoanalytische Konzept dargestellt. Eine Zwangsstörung erscheint hier als Resultat eines Abwehrprozesses unbewußter ödipaler Konflikthaftigkeiten mit Einbeziehung der sogenannten analen Stufe mit ihrem magischen Weltbild.
Am Anfang von Zwangssymptomen, bei sogenannten „frühen" oder „Ich-strukturellen" Störungen, wird in Ergänzung dazu Zwang als autoprotektiver Versuch verstanden, einer existenzbedrohenden Ich-Fragilität entgegenzuwirken. Zwang erscheint als Möglichkeit, ein fundamentales Sicherungsbedürfnis des Menschen zu erfüllen. Die Angst, diese (pathologische) Sicherungs- und Kontrollmöglichkeit zu verlieren, trägt dann zur Aufrechterhaltung der Zwangsstörung bei. Die Darstellung weiterer aufrechterhaltender Faktoren aus psychodynamischer Sicht beschließt das Kapitel.

Literarisches Beispiel und Fallskizze Freuds

Arzt. Was tut sie denn jetzt? Schaut, wie sie sich die Hände reibt.
Kammerfrau. Das ist ihre übliche Geste, sich so scheinbar die Hände zu waschen. Ich habe erlebt, wie sie damit eine Viertelstunde lang fortfuhr.
Lady M. Da ist immer noch ein Fleck.
Arzt. Horch! Sie spricht. Ich will aufschreiben, was von ihr kommt, um meine Erinnerung um so kräftiger zu unterstützen.
Lady M. Raus, verdammter Fleck! Raus, sage ich! Die Hölle ist düster. – Pfui, mein Gebieter, pfui! Ein Soldat und ängstlich? – Was brauchen wir darum zu bangen, wer es weiß, wenn keiner unsere Macht zur Rechenschaft ziehen kann? – Doch wer hätte gedacht, daß der alte Mann so viel Blut in sich gehabt hätte?
Arzt. Hört Ihr das?
Lady M. Der Than von Fife hatte eine Frau: wo ist sie jetzt? – Was, wollen diese Hände niemals sauber werden? ...
Lady M. Hier ist noch der Geruch des Blutes: alle Wohlgerüche Arabiens werden diese kleine Hand nicht süßer riechen lassen. Oh! oh! oh! ...
Arzt. Diese Krankheit ist jenseits meiner Kunst; ...
Lady M. Wascht Euch die Hände, zieht Euer Hausgewand an; seht nicht so bleich aus. – Ich sage Euch noch einmal, Banquo ist begraben: er kann nicht aus seinem Grab herauskommen.
Arzt. So ist das?
Lady M. Zu Bett, zu Bett: es klopft ans Tor. Kommt, kommt, kommt, kommt, gebt mir Eure Hand. Was geschehen ist, kann nicht ungeschehen gemacht werden. Zu Bett, zu Bett, zu Bett. ...

> *Arzt.* Abscheuliches Flüstern geht um. Unnatürliche Taten brüten unnatürliche Leiden aus: ... Sie braucht mehr den Geistlichen als den Arzt. ... sie hat meinen Geist bestürzt und meine Augen verwirrt.
> *Kammerfrau.* Gute Nacht, guter Doktor.

Was in diesen Versen beschrieben wird, ist eine Zwangshandlung, ein Waschzwang. Shakespeare läßt uns dabei nicht im Unklaren, welche Funktion dieser Waschzwang – übrigens die häufigste Zwangshandlung – hat. Es gilt, das Blut abzuwaschen, das an den Händen klebt. Morde, für die sich Lady Macbeth verantwortlich fühlt, werden angedeutet. Der alte Mann, der so viel Blut in sich hatte, war der König, dann Macduffs Frau. Was Lady Macbeth jetzt als Zwangshandlung ausführt, hatte sie schon ihrem Gemahl nach dessen Mord am König empfohlen:

> „Geht, holt Euch Wasser und wascht dieses schmutzige Zeugnis von Eurer Hand."

Ist hier noch eine konkrete Reinigung des blutigen Dolches angesprochen, den Macbeth in den Händen hält, deuten die folgenden Sätze schon den „übertragenen" Sinn an:

> *Lady M.* Meine Hände sind von Eurer Farbe, aber ich schäme mich ein so weißes Herz zu tragen ... Ein wenig Wasser reinigt uns von dieser Tat: wie einfach ist es dann!

Der Reinigungsakt, in der konkreten Urszene im eingeschränkten Sinne der Vertuschung sinnvoll, wird mehr und mehr zu einem Ritual, das im übertragenen, metaphorischen Sinne reinwaschen soll. Da dies natürlich nicht möglich ist – ein Waschvorgang kann nicht von Schuld „reinwaschen" –, muß dieser Vorgang wiederholt werden: Es entsteht ein Waschzwang. Wie sehr sich Lady Macbeth schuldig fühlen muß, klingt an im „Pfui, mein Gebieter, pfui! Ein Soldat und ängstlich?" – war es doch ihr Machtwille gewesen, der den noch zaudernden Macbeth zum Königsmord anstachelte. Sie peitschte sich förmlich zum Mord auf:

> „Kommt, ihr Geister, die ihr den mörderischen Gedanken zu Diensten steht, nehmt mir hier mein Geschlecht und füllt mich vom Scheitel bis zur Sohle randvoll mit schrecklichster Grausamkeit! Macht mein Blut dick, verstopft den Zugang und den Weg zum Mitleid, daß keine Reueanfälle der Natur meinen grausamen Vorsatz erschüttern, noch zwischen ihm und seiner Ausführung Frieden halten mögen! Kommt zu meinen Brüsten, ihr Mordgehilfen, und vergiftet meine Milch mit Galle, wo immer ihr in euren unsichtbaren Wesen dem Unheil der Natur dient."

Der Zwangshandlung liegt offensichtlich ein massives Schuldbewußtsein zugrunde, das jetzt mit einer Aktion angegangen, substituiert wird, die aus einem ganz anderen Bereich stammt, sozusagen durch „falsche Verknüpfung" bzw. „Verschiebung" auf einem Gebiet abgehandelt wird, mit dem es nichts zu tun hat. „Falsche Verknüpfung", „Verschiebung", „Substitution" sind Schlüsselbegriffe Freuds im Blick auf die Entstehung eines Zwangssymptoms.

Ätiologie der Zwangsstörungen aus psychodynamischer Sicht

Zwang als Pseudokonfliktlösung

In einer ganz frühen, auf Französisch erschienenen Arbeit „Obsessions et phobies – Leur mécanisme psychique et leur étiologie" skizziert Freud u.a. den Fall einer Frau, die sich hundertmal am Tag die Hände wusch und nur noch mit dem Ellbogen Türklinken berühren konnte. Die biographische Analyse ergab folgende Auflösung: „Die Waschungen waren symbolisch und dazu bestimmt, an die Stelle der moralischen Reinheit, deren Verlust sie bereute, die körperliche Reinheit zu setzen. Sie quälte sich mit Vorwürfen für eine eheliche Untreue, deren Erinnerung sie auszulöschen trachtete. Sie wusch sich auch die Geschlechtsteile" (Freud 1895).

Nach Freud ist es also der Mechanismus der psychischen Verschiebung vom Eigentlichen, Bedeutsamen (Schuldgefühle ob des Ehebruchs) auf ein ganz anderes Gebiet, mit dem die originale Idee bzw. Handlung an sich nichts zu tun hat, der das Entstehen einer Zwangsstörung erkläre kann. Es ist diese „falsche Verknüpfung" („mésalliance"), die für die unsinnige, absurde Erscheinungsweise der Zwangssymptome verantwortlich ist – und dies vor allem dann, wenn die Substitution der mit dem Gewissen unvereinbaren Vorstellung bzw. Handlung unbewußt geschieht, wenn das Ereignis oder die Vorstellung, die für das Schuldigsein verantwortlich ist verdrängt ist. Was auf diese Weise verdrängt, substituiert bzw. verschoben ist, ist eine sexuelle Triebregung. Das zwangsneurotische Syndrom läßt sich somit als Abwehrsystem begreifen, das sich gegen unerlaubte sexuelle Triebregungen bzw. -handlungen richtet.

Natürlich war diese einseitige Akzentsetzung auf verdrängte Sexualität ungenügend – wie uns das Beispiel der Lady Macbeth bereits gezeigt hat. Dichter und die Bibel – man denke an Pilatus, der sich seine Hände nach der Verurteilung von Jesus in Unschuld wusch – wußten es besser. Die Einführung der Todes(-Destruktions)trieb-Hypothese sollte dann auch in der Konzeption Freuds eine entsprechende Erweiterung, ja Änderung bringen. „Wir lernen jetzt verstehen", notiert er 1923 in „Das Ich und das Es", „daß bei manchen schweren Neurosen, z.B. der Zwangsneurose, das Hervortreten des Todestriebs eine besondere Würdigung verdient." Zwangserscheinungen imponieren jetzt vor allem – und dies besonders in der postfreudianischen psychoanalytischen Bewegung – als Phänomene der Abwehr gegenüber destruktiven Impulsen. Das massive Schuldbewußtsein, das Menschen zur zwangsneurotischen Verarbeitung treibt, ist Folge dieser Aggressivität. In der Regel ist diese latent, braucht natürlich nicht wie bei Lady Macbeth – und auf sexuellem Gebiet wie bei der zitierten Freud-Patientin – eine reale „Tat" zu sein. Das Schuldbewußtsein kann allein auf „psychische Realität" zurückzuführen sein, in nicht eingestandenen Todeswünschen bzw. nicht akzeptierten sexuellen Regungen bestehen. Die latente nicht eingestandene Triebhaftigkeit verrät sich indessen in den entsprechenden Zwangsbefürchtungen und Impulsen.

> So z.B. bei einem 38-jährigen Patienten, der sich beim Autofahren ständig umsehen und auch umkehren muß, da er befürchtet, einen Menschen überfahren und Unfallflucht begangen zu haben. Auch verspürt er den „unsinnigen" Impuls, seine Frau zu erwürgen. Wenn er nach dem Verkehr den Arm um ihren Hals lege, dränge sich der Impuls auf, den Hals zusammenzudrücken. Er nehme dann schnell Arm und Hand zurück. Er käme auch an keinem Lichtschalter vorbei, ohne ihn abwischen zu müssen, da er befürchte, ein Feuchtigkeitsfilm könne todbringenden Strom überleiten. Auch müsse er ständig die Wasserhähne im Haus kontrollieren, wären sie nicht dicht, kön-

ne es zu einer Überschwemmung kommen, in der die Familienangehörigen elendiglich zugrunde gehen.

Zur Biographie ist zu notieren, daß er das Lieblingskind seiner Mutter war, er sich aber zugleich von deren strengem, stark religiös orientierten Regiment eingeengt, „dressiert" fand. Zum Vater bestand – Liebling der Mutter – eine ödipale Rivalität, zugleich erlebte er ihn aber als weniger dominierend im Vergleich zur Mutter. Als er zehn Jahre alt war, kam der Vater durch einen Verkehrsunfall ums Leben, wobei der Unfallverursacher Fahrerflucht beging und nie ausgemacht wurde. Erste Zwangshandlungen traten dann in der Pubertät in Form eines Zwangsbetens auf, als er von einem anderen Jungen zu homosexuellen Handlungen verführt worden war und er in der Kirche sich magisch von den Brüsten der Madonna angezogen fand und sich zugleich die Vorstellung aufdrängte, sie zu vergewaltigen. Der Patient erinnert sich in diesem Zusammenhang, daß er weggeschickt worden war, als der Mutter beim Stillen des jüngeren Bruders zugesehen hatte. Als Kind, Jugendlicher und Erwachsener galt und gilt der Patient als überangepaßt, skrupulös, konfliktscheu, wagt es z.B. nicht, – obwohl Leiter der Filiale einer Lebensmittelkette – sich gegen Untergebene durchzusetzen.

In klassisch-psychoanalytischer Auffassung läßt sich hier psychodynamisch ein Grundkonflikt zwischen Triebimpulsen sowohl aggressiver als auch libidinöser Natur und einer rigiden Über-Ich-Instanz ansetzen. Zunächst ist hier vor allem die ödipale Ebene mit libidinöser Besetzung der Mutter (Lieblingssohn) und Rivalitätsgefühlen gegenüber dem Vater relevant. In der Pubertät kommt es für gewöhnlich zu einer Reaktivierung der ödipalen Konflikthaftigkeit. Der Unfalltod des Vaters fällt in den Beginn dieser Phase und kann so alte Schuldgefühle reaktivieren. Bezeichnend jedenfalls, daß es zum Ausbruch der Zwangssymptome des Sich-Vergewisserns, daß er niemanden überfahren habe, dann kam, als er selbst ein parkendes Auto „geschrammt" und Fahrerflucht begangen hatte. Hinter dem Symptom des Nachschauen-Müssens und Ausräumens von Gefahrenquellen zeigen sich aggressive Zwangsgedanken, wie sie in ödipalen Todeswünschen ihre Wurzel haben können. Die Abwehr libidinöser wie auch aggressiver Regungen – und beim Zwangsneurotiker sind diese häufig ununterscheidbar verschmolzen (vgl. Lang 1986) – zeigt dann auch das Zwangsbeten, wobei die Madonna mit als Übertragungsgestalt der Mutter fungieren kann.

Neben dieser ödipalen Genese macht das klassisch-analytische Modell für die Entstehung einer Zwangsstörung eine „Fixierung" auf der vorangehenden analen Stufe verantwortlich. So wurde einer forcierten Erziehung zur Sauberkeit („Reinlichkeits-Dressur"), zu übertriebener Ordentlichkeit und Überangepaßtheit ein pathogener Stellenwert zugemessen. Eine solche Sozialisation trägt vor allem durch die Internalisierung der entsprechenden rigiden Wertvorstellungen zur Entwicklung eines überstrengen Über-Ichs bei, wie es für den Patienten mitZwangsstörungen charakteristisch ist. Die in dieser Phase in Gang kommenden Autonomiebestrebungen (Grundkonflikt: „Autonomie vs. Fügsamkeit") finden sich gehemmt, Protest gegen diese „Verordnung" („Trotzphase"), wie er sich z.B. in Beschmutzungslust, Selbstbestimmung dessen, ob das Subjekt jetzt defäkiert und uriniert oder nicht, „hergibt" oder „behält", ausdrücken kann, wird abgewehrt, bleibt aber in der Latenz erhalten. Man kann deshalb den Zwangskranken als „gehemmten Rebellen" (Lang 1986) bezeichnen. Der Zwangsneurotiker zeigt ein Janusgesicht zwischen äußerer Fügsamkeit, Überangepaßtheit und innerer Opposition. Die Fassade überangepaßten Verhaltens mit Überordentlichkeit, Übersauberkeit und Perfektionismus kann so „mörderische Aggression, Angst und starke Schuldgefühle" (Kutter 1976, Csef 1994a) verdecken.

Wird diese Ambivalenz, diese massive innere Konflikthaftigkeit zwischen Über-Ich- und Es-Ansprüchen, zwischen Autonomiestreben und Fügsamkeit bzw. hemmenden Angst- und Schuldgefühlen, in bestimmten (auslösenden) Situationen aktualisiert und akzentuiert, kommt es zur manifesten Symptomneurose. Dabei spiegeln die Zwangssymptome oft beide Seiten dieser Antinomik. So thematisieren und konkretisieren die Zwangsgedanken und mörderischen Impulse unseres 38-jährigen Patienten die aggressive und libidinöse Seite, die darauffolgenden Handlungen des Nachschauenmüssens und Ausräumens von Gefahrenquellen den Versuch, diese Bestrebungen „ungeschehen zu machen". „Ungeschehen machen" ist eine für die Zwangsneurose typische Abwehrform. Die Tatsache, daß in den Zwangsbefürchtungen und Zwangshandlungen der Tod des anderen das beherrschende Thema ist, weist auf Todeswünsche – und zwar so, als ob der bloße Wunsch und Gedanke schon töten könnte. Freud sprach deshalb von der „Allmacht der Gedanken" (1909) und sah in diesem „magischen Erleben" einen weiteren Beleg für die genetische Beteiligung der „analen Phase", sofern dieses magische Weltbild für das zweite und dritte Lebensjahr charakteristisch ist.

Zusammenfassend läßt sich in klassischer Auffassung eine Zwangsstörung als Resultat eines Abwehrprozesses unbewußter ödipaler Konflikthaftigkeit mit Einbeziehung (Regression) der anal-sadistischen Stufe mit ihrem magischen Weltbild darstellen. In der Ausgestaltung der Symptome ist besonders die anale Dynamik relevant. Insbesondere ist hier die sogenannte „anale Trias" (Freud 1908): „Eigensinn, Ordnungsliebe, Sparsamkeit" zu nennen. Spitzen sich diese sogenannten „analen" Persönlichkeitszüge zu, so daß ein Leidensdruck für den Betroffenen und Bezugspersonen entsteht, das betroffene Subjekt sich in seiner Lebensentfaltung behindert findet, es beispielsweise aufgrund seines Festgelegtseins auf Ordentlichkeit, Penibilität und Perfektion plötzlich vermehrt anfallende Aufgaben nicht mehr bewältigen kann und es deshalb mehr und mehr in eine ängstlich-depressive Verfassung gerät, ist von zwanghafter Charakterneurose („Obsessive-Compulsive-Personality-Disorder") zu sprechen (vgl. Lang 1996a).

Zwang als autoprotektive Möglichkeit

Zwangssymptome finden sich indessen nicht nur in dieser sogenannten klassischen Zwangsneurose, sondern auch bei Persönlichkeitsstörungen, psychosomatischen Erkrankungen (vgl. u.a. Csef 1988), organischen Erkrankungen und Psychosen (vgl. Lang 1981, 1985a). Und hier scheint die klassische Ableitung nicht weit genug zu greifen. Bei diesen sogenannten „frühen Störungen", insbesondere den Psychosen, steht weniger ein Über-Ich-Es-Konflikt im Vordergrund, hier geht es vielmehr um Ängste vor Fragmentierung, Identitätsverlust, hier greift die Störung im Kern eines „fragilen Selbst" an. Entsprechend erhält jetzt das Zwangssymptom eine andere Funktion. Es fungiert nicht mehr als ein konfliktentlastender Kompromiß zwischen Triebregungen und deren Abwehr, sondern als autoprotektiver Versuch, eine existenzbedrohende Ich-Fragilität zu stabilisieren, einer psychotischen Entgrenzung und frei flottierenden Verlustangst entgegenzuwirken (vgl. Lang 1981, 1985a, 1994).

Ein 33-jähriger Bürokaufmann sitzt seit vier Jahren untätig zu Hause. Als Grund für diese Abkapselung gibt er sein „Zweimaldenken" an. Er habe nämlich seit langem die Empfindung, Dinge, die er höre und sehe, Dinge, die er selber spreche oder auch Handlungen, die er ausführe, innerlich nicht zu erleben. Gefühlsmäßig sei er ein „toter Mann". Wenn er aber Dinge nicht gefühlsmäßig erlebe, wisse er gar nicht, ob er sie erlebt habe. Um überhaupt noch zurechtzukommen, habe er sich ein System gebildet. Er versuche, zunächst alles automatisch ohne innere Anteilnahme aufzunehmen. Anschließend müsse er dann das Aufgenommene innerlich nachleben. Er müsse dann bis zu 20 und 30mal das Erlebte und Getane in Gedanken wiederholen, bis er schließlich das Gefühl habe, dieses auch selbst erlebt und getan zu haben. Was er nicht auf diese Weise wiederholt habe, sei nicht gelebt, sei verschwunden. Er leide deshalb unter großer Verlustangst. Dieser Angst wegen müsse er seinem System folgen, obwohl er wisse, daß ihn das vom Leben abschneide. Je weniger er höre, sehe und tue, desto weniger müsse er nacherleben und desto weniger laufe er Gefahr, daß Dinge ins Nichts verschwinden. Er habe sich deshalb in den letzten Jahren ganz abgeschirmt, sein Zimmer praktisch nicht mehr verlassen.

Beim Erstgespräch wird die Diagnose einer schweren Zwangsneurose gestellt.

Es handelt sich bei diesem Patienten offenbar um einen schweren Rekapitulationszwang, der nötigt, bereits vergangene Vorgänge, Gespräche und Verrichtungen so lange zu rekapitulieren, bis ein Gedankengang mit Gefühl begleitet ist und das Geschehene als innerlich Erlebtes, ja Eigenes registriert werden kann.

Fünf Jahre später – der Patient hatte eine längere ambulante Behandlung verweigert – erreichte mich ein Brief, der eine ausgeprägte schizophrene Denkstörung und diffuse paranoide Verfolgungsideen zeigte, wobei ich und der europäische Hochadel im Zentrum dieser wahnhaften Befürchtungen standen. U.a. machte er mich für die ihn persönlich schädigende Vermählung der Heidelbergerin Sylvia Sommerlath mit dem schwedischen König verantwortlich. Ein erneutes Gespräch ergab, daß zum Zeitpunkt dieser blühenden Psychose das Zwangssyndrom nicht zu registrieren war. Nach einer kurzen neuroleptischen Behandlung betrachtete der Patient dann diese psychotischen Erlebnisse als Einbildungen, zu registrieren war indessen wieder der Rekapitulationszwang.

Solange der Zwang zu beobachten war, trat keine manifeste psychotische Symptomatik auf. Es stellt sich hier die Frage, ob es nicht den anankastischen Phänomenen zu danken ist, daß der psychotische Prozeß über Jahre hinweg in der Latenz blieb und dank ihrer dann auch wiederum in der Latenz verschwand. Der Inhalt des Zwangs selbst kann das hier belegen. Der Patient befindet sich in einer Dauerkrise derart, daß es offensichtlich zu einer ständigen Entmischung sonst einheitlicher Vorgänge kommt, daß diese nämlich ihre kognitive Komponente isoliert zeigen, während sich die emotionale abgespalten findet. Er ist so ständig der Gefahr eines Persönlichkeitszerfalls ausgesetzt. Der Rekapitulationszwang dient jetzt dazu, Erfahrenes so zu erleben, besser nachzuerleben, daß die bloße rationale Aufnahme mit Gefühl, mit Emotion begleitet wird. Gelingt das nicht, stellt sich eine massive Verlustangst ein, die Dinge – und damit die Welt – verschwinden ins Nichts. Der Zwang zielt also auf die innere Geschlossenheit eines seelischen Ganzen ab, begegnet einem drohenden Persönlichkeitszerfall, sichert subjektive Integrität und damit den Weltbezug überhaupt.

Von daher wird verständlich, daß „Schizophrenien mit langdauernder vorangegangener Zwangsentwicklung einen relativ gutartigen Verlauf nehmen" (Müller 1953) oder „Zwang eine kontradepressive Funktion ausüben kann" (Quint 1988), Suizide und Suizidversuche bei Depressiven mit Zwang niedriger liegen als bei Depressiven ohne Zwangssymptomatik (Gittleson 1966, Rosenberg 1968). Über seine Zwangssymptome verarbeitet offensichtlich der Depressive die gefährdende Autodestruktivität und die damit zusammenhängenden Schuldvorwürfe; die Entscheidungsunfähigkeit, der Zweifel, den viele Zwangskranke zeigen, verhindert, daß es zur Tat kommt. Auch die Aktivität, die einem Zwangssyndrom eigen ist, wirkt antidepressiv.

Diese stabilisierende Funktion des Zwangs kennt schon der Gesunde. Marschrituale beispielsweise, wie man sie bei Soldaten findet und die bei Militärparaden eher „lächerlich", unsinnig wirken, haben wohl den Sinn, im Ernstfall aufkommende Angst zu neutralisieren. Zwang ist durch Wiederholung charakterisiert. Wiederholungsvorgänge sind es indessen auch, worin der Mensch vom Beginn seines Lebens an eingebettet ist. „Ein sich ständig wiederholender Umgang mit dem Säugling ist an der Herstellung wichtiger Grundeinstellungen des Menschen wie Sicherheitsempfinden, Vertrauen und Hoffnung beteiligt" (Quint 1988). Man denke auch daran, wie sehr Kinder darauf insistieren, daß es beispielsweise beim Erzählen einer Geschichte zur exakten Wiederholung des einmal Erfahrenen kommt, es beim „Originaltext" bleibt. Wiederholung bewahrt, sichert, schafft Dauer, setzt sich Veränderungen, Vergänglichkeit entgegen. Im neurotischen Dasein des Zwangskranken ufert dann diese basale Lebensbewegung aus, so z.B. bei einer 50-jährigen Patientin, die neben diversen Zwangssymptomen wie Wasch- und Putzzwang, Zähl- und Sammelzwang, auch unter einem Fotografierzwang leidet, und damit ständig das um sie Geschehende, „Vergängliche", im Bild festzuhalten sucht.

Zwanghaftes Denken und Verhalten scheint ein fundamentales Sicherungsbedürfnis des Menschen zu erfüllen.

Bei den sogenannten „frühen Störungen" wie dem Borderlinesyndrom, der narzißtischen Persönlichkeitsstörung und den Psychosen steht diese autoprotektive Tendenz, das eigene Leben zu „sichern", ganz im Vordergrund, sie strukturiert aber nicht minder die anankastischen Phänomene des Neurotikers und Gesunden. Die zwangsneurotische Symptombildung stellt einen Kompromiß zwischen Es-Impulsen und Über-Ich-Forderungen dar und entschärft auf diese Weise, wie sich auch der Autonomie-Fügsamkeitskonflikt in der „gehemmten Rebellion" neutralisiert findet. Sie bindet so generell Angst, die aus diesen Konflikten resultiert und sichert so die weitere Existenz, erlaubt die Kontrolle, Verarbeitung „unversöhnlicher Zwiespältigkeiten" (Thomä u. Kächele 1988) – wenn auch auf pathologische Weise. Aber sie scheint eben das kleinere Übel darzustellen und trägt deshalb entscheidend zur Aufrechterhaltung der Zwangskrankheit bei.

Aufrechterhaltung der Zwangsstörung

Die Psychoanalyse spricht hier von Krankheitsgewinn – wer will schon ohne weiteres einen Gewinn aufgeben? Sie unterscheidet dabei den primären vom sekundären Krankheitsgewinn. Unter primärem Krankheitsgewinn ist der Vorteil zu verstehen, den ein Kranker aus der Entstehung der Erkrankung selbst zieht. Der Gewinn ist hier die Entschärfung des Konflikts, seine Pseudo-Lösung. Durch die Verschiebung vom eigentlichen Bereich, vom eigentlich Bedeutsamen, dem die Schuldgefühle entstammen – sei es der sexuelle wie bei der Patientin Freuds, der aggressive wie bei Lady Macbeth oder der sexuell-aggressive wie bei unserem 38-jährigen Patienten – auf ein Gebiet, mit dem der ursprüngliche Bereich an sich nichts zu tun hat, wird natürlich die zugrundeliegende Problematik zugleich aufrechterhalten. Die entsprechenden Schuldgefühle sind wohl zu mindern, aber nicht aufzulösen. Da der Versuch ihrer Beseitigung sozusagen an der falschen Stelle ansetzt, perpetuiert sich dieser Versuch, d.h. das Zwangssymptom.

Desweiteren steckt im Symptom selbst als Kompromiß zwischen Triebregung und deren Abwehr insofern auch ein Stück „Lustgewinn", als es ja beide Seiten und somit auch partiell die Triebregung „befriedigt". Der Waschzwang der Patientin Freuds betraf auch die Genitalien – im „Sichreinwaschen" wird hier Sexualität abgewehrt und durch die Berührung selbst zugleich befriedigt. Ein weiteres Beispiel: In die Duschrituale einer 23-jährigen Patientin wurden mehr und mehr die Eltern eingespannt. Der ödipal gebundene Vater fand sich „gezwungen", die nackte Tochter stundenlang abzuduschen. Abwehr und Befriedigung ödipaler Tendenzen geht hier Hand in Hand. Dieser Reinigungszwang hat hier zusätzlich die Funktion, in eine massive Ablösungsproblematik, die immer mehr in eine tiefe depressive Verzweiflung geführt hatte, einzugreifen, indem er nämlich durch eine zunehmende Invalidisierung die Patientin „zwang", von einer auswärtigen Arbeitsstelle ins Elternhaus zurückzukehren. Hier stand die Patientin jetzt – zuvor den Geschwistern gegenüber eher im zweiten Glied – im Zentrum, übte kraft ihrer Zwangserkrankung Macht und Kontrolle aus (siehe auch Kap. 8).

„Dank" seiner Zwangssymptomatik des ständigen Umschauen- und Umkehrenmüssens war unser 38-jähriger Patient nicht mehr in der Lage, selbst Auto zu fahren. So konnte er seine Frau als Chauffeur rekrutieren. Sie mußte ihm jetzt zu Diensten sein, was vorher nicht der Fall war. Eine solche Machtposition trägt zur Aufrechterhaltung der Symptomatik bei, ist es doch die Symptomatik, welche diese Position verschafft – dies in der Regel bei Menschen, die zuvor als überangepaßt, oft unterwürfig und durchsetzungsgehemmt begegnen. Weshalb gerade diese Kontrollposition offensichtlich für die Aufrechterhaltung eines Zwanges von zentraler Bedeutung ist, zeigt sich dann, wenn Patienten in stationäre Behandlung kommen – und sich hier plötzlich ohne große Intervention die Symptomatik reduziert findet, weil das entscheidende Motiv, nämlich mittels der Erkrankung Angehörige zu dominieren, entfällt.

Zwang ist schließlich und vor allem als fundamentale Sicherungsmöglichkeit zu betrachten. Hilft ein Zwang, ein fragiles Selbst zu stabilisieren, subjektive Integrität herzustellen und zu sichern, Ängste, die alles zu überschwemmen drohen, zu binden, dann wird das betroffene Subjekt unter allen Umständen daran festhalten wollen und müssen. „Unter allen Umständen" verweist dann auch auf entsprechende Widerstände gegen Änderungen, die eine Therapie intendiert. Schließlich: Je länger eine Erkrankung dauert – und dies gilt natürlich auch für eine Zwangsstörung – desto mehr lernt der Patient aus den bestehenden Symptomen Vorteile zu ziehen („sekundärer Krankheitsgewinn"), was bis zum Renten-, Versorgungsanspruch gehen kann. Nicht selten ist damit auf unbewußter Ebene der Versuch verbunden, eine frühere Vernachlässigung auf diese passiv-regressive Weise zu kompensieren.

Wie schon angedeutet, sind es dann diese Faktoren der Aufrechterhaltung einer Zwangssymptomatik, die insbesondere die therapeutische Intervention erschweren (siehe Kap. 5).

4. Ätiologie und Aufrechterhaltung der Zwangsstörungen aus verhaltenstherapeutischer Sicht

Barbara Heiniger Haldimann

Früher gehörten Zwangsstörungen zu den rätselhaftesten psychischen Störungen. Es gab immer wieder berühmte Menschen, die davon betroffen waren: der frühere Filmproduzent Howard Hughes etwa oder die shakespear'sche Lady Macbeth (siehe Kapitel 3). Im neunzehnten Jahrhundert beurteilte man Zwänge als Teufelswerk oder als Bestandteil von Depressionen. Seit der Jahrhundertwende werden Zwangsstörungen als eigenständiges Syndrom betrachtet. Den Symptomen (Gedanken und Handlungen) wurde in den psychodynamischen Erklärungsmodellen viel (symbolische) Bedeutung beigemessen, in der Behandlung wurde nach den Hintergründen dieser Symptome gesucht, die Symptome selber wurden aber nicht direkt angegangen. Bis in die 60er Jahre galten Zwangsstörungen als Störungen mit schlechter Behandlungsprognose. Die zunehmende Anwendung behavioristischer und kognitiver Prinzipien nicht nur auf Erklärung und Therapie von Phobien, sondern auch auf Zwangsstörungen, führte zur Entwicklung von psychologischen Modellen, die die Ätiologie und Therapie von Zwangsstörungen einen entscheidenden Schritt vorwärts gebracht haben. Sicher ist die Frage, wie Zwänge entstehen und aufrechterhalten werden, in vielen Punkten noch ungeklärt und kann auch unter verschiedenen Perspektiven betrachtet werden, Perspektiven, die nicht in Konkurrenz zueinander stehen, sondern eher in einem Ergänzungsverhältnis (siehe auch Kap. 8). Trotzdem kann man heute sagen, daß es plausible Bestandteile eines theoretischen störungsspezifischen Modells gibt. Diese Bestandteile werden in diesem Kapitel erläutert. Es handelt sich um die Darstellung des behavioralen und des kognitiv-behavioralen Modells von Zwangsstörungen.

Behaviorales Modell

Grundlage für dieses Modell ist das Zwei-Faktoren-Modell, das von Mowrer bereits 1947 für die Erklärung von Angststörungen, insbesondere von Phobien, entwickelt wurde. Es handelt sich hier um ein Modell, das von konditionierungstheoretischen Annahmen ausgeht, nämlich vom Prozeß des klassischen Konditionierens (Faktor eins der Theorie von Mowrer) und vom Prozeß des operanten Konditionierens (Faktor zwei).

Exkurs zur Begriffserklärung

Klassisches Konditionieren

Unter klassischem Konditionieren wird ein Lernprozeß verstanden, der auf zeitlicher Assoziation beruht: Es wird angenommen, daß zwei Ereignisse, die zeitlich dicht beieinander auftreten, im Bewußtsein einer Person in dem Sinn „verschmelzen", daß die Person nach kurzer Zeit auf beide Ereignisse in gleicher Weise reagiert. Wenn das eine Ereignis Freude auslöst, tut es das andere auch, wenn das eine Erregung auslöst, tut es das andere auch. Ein Beispiel:

Der neue Geliebte löst Kribbeln im Bauch aus (in der behavioristischen Sprache wird in diesem Zusammenhang die neue Liebe unkonditionierter Stimulus UCS genannt); der Duft seines Rasierwassers löst auch Kribbeln im Bauch aus, da er mit der neuen Liebe assoziiert wird (der Duft ruft vor der Konditionierung keine besondere Reaktion hervor, daher wird er konditionierter Stimulus CS genannt; das Kribbeln im Bauch nach bloßem Riechen des Rasierwassers ohne Gegenwart des Geliebten bezeichnet man demnach als konditionierte Reaktion CR). Tritt der konditionierte Stimulus nach der Konditionierung wiederholt alleine, d.h. ohne den unkonditionierten Stimulus, auf, wird mit der Zeit die konditionierte Reaktion nicht mehr ausgelöst, was in dieser Terminologie Extinktion oder Löschung genannt wird. Ist – in unserem Beispiel – die große Liebe erloschen oder der Geliebte lange weg, kann auch der Duft seines Rasierwassers nicht mehr Kribbeln auslösen.

Operantes oder instrumentelles Konditionieren

Operantes oder instrumentelles Konditionieren bedeutet, daß Menschen oder Tiere bestimmte Verhaltensweisen lernen, weil sie dafür Verstärkung erfahren. Die Prinzipien dabei sind, daß Verhaltensweisen, die zu befriedigenden Konsequenzen führen, verstärkt werden und mit größerer Wahrscheinlichkeit wiederholt werden, dagegen Verhaltensweisen mit unbefriedigenden Folgen geschwächt und mit geringerer Wahrscheinlichkeit wiederholt werden. So zeigt z.B. ein Kind ein bestimmtes Verhalten häufiger, wenn es dafür gelobt wird oder wenn ihm als Folge seines Verhaltens viel Aufmerksamkeit geschenkt wird; es wird ein anderes Verhalten dagegen bleiben lassen, wenn es negative Konsequenzen hat.

Der Verstärkungsbegriff wird folgendermaßen differenziert: Positive Verstärkung bedeutet, daß ein Verhalten positive Konsequenzen hat (z.B. erfährt der Sohn besonders viel von ihm gewünschte Aufmerksamkeit von seiner Mutter, wenn er niedergeschlagen und deprimiert ist), negative Verstärkung bedeutet, daß ein Verhalten zum Wegfall negativer Konsequenzen führt (z.B. verschwinden Anspannung und Gefühle der Überforderung am schnellsten, wenn der Betroffene ein bis zwei Glas Wein getrunken hat).

(Ausführlicheres zu den Lerntheorien vgl. z.B. Comer 1995, S. 48–54.)

Das folgende berühmte Fallbeispiel aus den 20er Jahren (Bagby 1922 nach Comer 1995, S. 209) illustriert die Bedeutung der klassischen Konditionierung im klinischen Bereich, besonders bei spezifischen Ängsten.

Es handelt sich in diesem Beispiel um eine junge Frau mit einer phobischen Angst vor fließendem Wasser. Als Kind blieb sie während eines Ausflugs mit dem Fuß in einer Felsspalte stecken und konnte sich alleine nicht befreien. Sie schrie um Hilfe, doch niemand konnte sie hören. Ihre Verzweiflung wurde immer stärker, d.h. das Eingeklemmtsein löste starke Angst aus. Gleichzeitig war sie aber noch anderen Stimuli ausgesetzt, nämlich dem Geräusch eines nahen Wasserfalles. Das Geräusch des plätschernden Wassers und das angstauslösende Ereignis des Eingeklemmtseins verbanden sich in ihrem Bewußtsein mit dem Ergebnis, daß auch plätscherndes Wasser diese Angstgefühle auslösen konnte.

Übertragen auf Patienten und Patientinnen mit einer Zwangsstörung heißt das nun, daß ursprünglich eher neutrale, nicht angstauslösende Stimuli, wie z.B. Schmutz (denken wir daran, welch positives Verhältnis kleine Kinder zu Schmutz, Schlamm, Pfützen, Sand u.ä. haben), scharfe Gegenstände, Krankheiten oder auch bestimmte Gedanken, im Zusammenhang mit Situationen, die emotional belastend waren (Konfliktsituationen, Überforderung, life events u.a.) und Gefühle wie Angst, Unwohlsein, Ekel, Unruhe auslösten, genauso mit diesen Gefühlen assoziiert werden und diese später allein auslösen können. Zwangsgedanken können demnach als ursprünglich emotional neutrale Gedanken betrachtet werden, die irgendwann in der Entwicklung mit Angst oder Unruhe in Verbindung gebracht wurden.

Der Faktor des Prozesses der klassischen Konditionierung ist zwar wichtig für die Entstehung einer Zwangsstörung, reicht aber alleine noch nicht aus zur Erklärung, denn die Angst beim Auftauchen dieser Gedanken würde im Lauf der Zeit ohne das Auftreten der ursprünglich angstauslösenden Situation wieder abnehmen. Für die Aufrechterhaltung der Störung ist ein anderer Prozeß von zentraler Bedeutung, nämlich Faktor zwei im Modell von Mowrer, die instrumentelle Konditionierung: Treten unangenehme Gefühle wie Angst oder Unruhe auf, wird versucht, etwas dagegen zu unternehmen, d.h. es wird versucht, diese Gefühle und die befürchteten aversiven Konsequenzen zu vermeiden. Gelingt es tatsächlich, mit einem bestimmten Verhalten aversive Konsequenzen zu vermeiden oder zumindest zu verringern, wird dieses Verhalten gemäß dem oben dargestellten Prinzip der negativen Verstärkung in Zukunft immer wieder eingesetzt werden, da es ja erfolgreich war. Im Fall der Zwangsstörung besteht das Vermeidungsverhalten aus den Zwangshandlungen (Waschen, Kontrollieren) und/oder den „Gegengedanken" zu den Zwangsgedanken. (Bei den Zwangsgedanken wird unterschieden zwischen den aufdringlichen angst- oder unruheauslösenden Gedanken = Zwangsgedanken mit Stimulus-Charakter und den „Gegengedankens" = den Zwangsgedanken mit Reaktions-Charakter.) Die Zwangshandlungen und/oder Gegengedanken führen kurzfristig zu einer Abnahme von Angst oder Unruhe. D.h. kurzfristig ist dieses Verhalten erfolgreich, langfristig verhindert es, daß die Betroffenen die Erfahrung machen, daß die Angst verschwindet und die befürchteten Konsequenzen nicht eintreten, wenn sie die Zwangsrituale nicht durchführen. Eine Neubewertung der Situation wird verhindert. Mit der Zeit verfestigt sich das als kurzfristig erfolgreich erlebte Zwangsverhalten, die Zwangsrituale werden durchgeführt, wann immer eine Situation entfernt z.B. an Schmutz erinnern könnte, denn der Verzicht auf die Rituale würde sofort Angst und Unruhe steigern.

Das Zwei-Faktoren-Modell erscheint durch seine Einfachheit sehr plausibel und hat in seiner Nachvollziehbarkeit hohe klinische Relevanz. Es zeigte sich aber, daß das Modell zu einfach ist und daß für eine differenziertere Betrachtung dieser komplexen Störung verschiedene Ergänzungen nötig sind.

➤ Biologisch-evolutionäres Prinzip: Betrachtet man die Zwangshandlungen und die Zwangsgedanken genauer, wird deutlich, daß sie nicht an x-beliebige Inhalte/Situationen gekoppelt sind, sondern daß sich diese Gedanken und Handlungen bei den verschiedenen Betroffenen zumeist auf ähnliche Situationen (Schmutz, Krankheit, Chaos) beziehen. Forscher wie Seligman (1971) und Marks (1987) sprechen aufgrund von experimentellen Befunden und klinischen Beobachtungen in diesem Zusammenhang von einer „preparedness", einer biologischen Disposition, zu bestimmten Ängsten zu neigen. Die Verfechter einer solchen Annahme gehen davon aus, daß diese Disposition im Evolutionsprozeß genetisch weitergegeben wird, daß es sich dabei um Ängste vor Gefahren handelt, die für unsere Vorfahren lebensbedrohlich waren.

➤ Kulturelle Aspekte: Hier geht man von der Annahme einer kulturellen Prädisposition (Carr 1979) aus. Die Ängste vor bestimmten Situationen sind demzufolge nicht biologisch vorbestimmt, sondern werden im Lauf der Sozialisation erworben, d.h. es wird aufgrund von Erfahrungen gelernt, daß bestimmte Objekte/Situationen Anlaß für legitime Ängste sind. Im Zusammenhang mit einer preparedness kann angenommen werden, daß sowohl biologische wie auch kulturelle Faktoren eine Rolle spielen. Aber nicht nur bezüglich legitimer Ängste scheinen kulturelle Faktoren eine Rolle zu spielen, sondern auch bei Zwangshandlungen (etwas weniger bei Zwangsgedanken) wird bei genauerer Analyse klar, daß diese Handlungen/Rituale eine Art Übertreibung oder Überformung von Ritualen darstellen, wie sie praktisch jede Kultur kennt: Religiöse Rituale, Reinigungsrituale, ritualisierte Verhaltensmuster im Zusammenhang mit Sexualität. Auch in diesem weiteren Zusammenhang kann angenommen werden, daß solche ritualisierten Verhaltensweisen entwickelt wurden, um den Angehörigen der jeweiligen Kultur Sicherheit zu vermitteln im Umgang mit zentralen, aber schwierigen Themen. Es handelt sich dabei um den Themenkreis Schuld oder Sühne, der auch bei Zwangsgedanken ausgesprochen häufig eine wichtige Rolle spielt. Der von angst- oder schuldauslösenden Gedanken geplagte Betroffene einer Zwangsstörung versucht demnach, auf individueller Ebene diesen Zustand mit Hilfe von Ritualen zu bewältigen. Diese Art von Umgang mit Schwierigkeiten scheint etwas zu sein, das nicht nur individuell vorzufinden ist, sondern könnte eine Art kulturell vorgeformter Lösungsversuch bei Problemen darstellen.

➤ Entwicklungspsychologische Aspekte: Bei Zwangspatienten können bei näherer Betrachtung ihrer Biographie Phasen der Verunsicherung (z.B. Verlusterlebnisse) oder Übergänge im Lebenszyklus (z.B. Schulabschluß, Auszug aus dem Elternhaus) bei gleichzeitigen mangelnden Bewältigungsmöglichkeiten vorgefunden werden (Röper 1994). (Das trifft selbstverständlich nicht nur für Zwangspatienten zu.) In diesem Zusammenhang können die mit der Zwangsstörung verbundenen problematischen Verhaltensmuster als (unglückliche) Suche nach Sicherheit und als eine Art von Problemlösung interpretiert werden.

Kognitiv-behaviorales Modell

Das oben beschriebene Zwei-Faktoren-Modell ist in erster Linie nützlich bei der Erklärung von Zwängen, die auch eine Verhaltenskomponente aufweisen, wie dies bei Zwangshandlungen der Fall ist. Bei etwa einem Viertel der Zwangspatienten jedoch handelt es sich um Fälle, bei denen sich die Zwänge nur auf der gedanklichen Ebene manifestieren. In diesen Fällen muß das Modell erweitert werden durch Vorstellungen über Prozesse der Informationsaufnahme, der Informationsbewertung und Informationsverarbeitung.

Zentrale Annahme dieses Modells ist, daß die Wurzeln der Zwangsgedanken aufdringliche Kognitionen sind, und die praktisch jeder Mensch hat, wie Befunde von Untersuchungen von Rachman u. da Silva (1978) zeigen. Es gehört zu den normalen menschlichen Denkprozessen, daß unser Handeln andauernd von praktisch automatisch ablaufenden Gedanken begleitet wird. Wenn es sich um Aktivitäten handelt, die eine bestimmte Konzentration erfordern, wie z.B. einen Artikel schreiben, ein Formular ausfüllen oder eine Prüfung absolvieren, richten wir unsere Gedanken gezielt auf die erforderte Aufgabe. Doch auch andere Aktivitäten wie z.B. Fahrrad fahren, Geschirr waschen oder wandern sind dauernd von Gedanken begleitet. Die Gedanken an sich sind nicht unbedingt affektiv besetzt. Eine besondere Bedeutung erhalten Gedanken erst durch den Prozeß der Selektion und der Bewertung. So haben sicher viele von uns, wenn sie jemand geärgert oder verletzt hat, schon einmal gedacht „ich wünschte, der wäre tot" oder „ich könnte ihn umbringen". Der Unterschied zwischen normalen aufdringlichen Kognitionen und zwanghaften Kognitionen liegt nicht im Auftreten an sich, er auch nicht in der (Un-)Kontrollierbarkeit, sondern in der Bewertung eines derartigen Gedankens. Ein Mensch mit Zwangsgedanken bewertet einen solchen Gedanken als etwas ganz Schreckliches, als etwas, das er nie und nimmer denken dürfte, als etwas, das dazu führen könnte, daß er jemanden verletzt oder gar umbringt, als etwas, das er in Zukunft auf alle Fälle verhindern muß. Diese stark negative Bewertung wird dann von diesem Menschen als Hinweis für die Relevanz dieses Gedankens gewertet und bildet somit einen zentralen Faktor für die weitere kognitive Beschäftigung damit. (Ein Mensch ohne Zwangsgedanken wird sich wahrscheinlich sagen „tja, ich war jetzt wütend und hatte deshalb diesen Gedanken, die Wut wird vorbei gehen und für meine Handlungen ist ein solcher Gedanke völlig irrelevant, nach dem Motto: die Gedanken sind frei". Darauf wird er diese „kognitive Episode" wieder vergessen und sich etwas anderem zuwenden.)

Wie kommt nun der eine Mensch dazu, solchen Gedanken keine besondere Bedeutung beizumessen, der andere aber bewertet sie als störend und besorgniserregend?

Ein zentraler Faktor liegt in der Interpretation der Verantwortlichkeit für eine Bedrohung für einen selbst oder für andere. Menschen mit Zwangsstörungen neigen zu einer unrealistischen Überschätzung der persönlichen Verantwortung des Schadens, den sie anrichten könnten.

Ein 45 Jahre alter Akademiker steht durch eine Scheidung plötzlich vor der Situation, als alleinerziehender Vater für seinen zwölf Jahre alten Sohn verantwortlich zu sein. Da sich vorher seine Ehefrau um die Belange der Kindererziehung und des Haushalts gekümmert hat, fühlt er sich von der neuen Situation überfordert. Hatte er vorher nur ab und zu Angst, sich mit Aids angesteckt zu haben, verschlimmern sich diese Gedanken insofern, als er nun von der Idee besessen ist, nicht nur selber krank zu werden und zu sterben, sondern, daß er durch Unvorsichtigkeit auch seinen Sohn anstecken könnte und somit verantwortlich wäre für eine allfällige Krankheit, das Leiden und den Tod seines Sohnes. Er beginnt, jedesmal wenn er auf der Toilette gewesen ist, exzessiv das Badezimmer zu putzen, damit der Sohn keinesfalls mit seinem Urin in Berührung kommen kann, zudem achtet er beim Kochen bzw. der Vorbereitung der Mahlzeiten darauf, alles zu unternehmen, um sich ja nie in die Finger zu schneiden, damit sein Sohn auch nie mit seinem Blut in Berührung kommt. Obwohl er mehrmals einen Aids-Test machen liess, ist er nie ganz sicher, ob er nicht doch infiziert ist und der Test dies nur noch nicht feststellen konnte.

Verschiedene Studien (z.B. Reynolds u. Salkovskis 1991) zeigen, daß Menschen, die zu Zwangsstörungen neigen, meist depressiver sind als andere Menschen, bzw. daß den negativen aufdringlichen Gedanken meist eine ängstliche und depressive Verstimmung vorausgeht. Im Zusammenhang mit der Überschätzung von Verantwortung führt das Auftauchen dieser negativen und unkontrollierbaren Gedanken als eine Art Rückkoppelung zu einer Zunahme an Hilflosigkeit und depressiver Verstimmung, was wiederum das Auftreten der störenden Gedanken erhöht etc.

Menschen mit Zwangsstörungen scheinen auch dysfunktionale Überzeugungen von Gedankenkontrolle zu haben. Sie glauben, alle Gedanken, die ihnen in den Sinn kommen, kontrollieren zu können oder kontrollieren zu müssen, weil sie fürchten, unvollkommene Kontrolle der Gedanken könne auch zu Kontrollverlust im Verhalten führen oder dazu, daß sie völlig verrückt würden (z.B. Rachman 1993).

Schließlich findet man bei Menschen mit Zwangsstörungen oft Menschen mit strengen Betragens- und Moralmaßstäben. Ihre unerwünschten Gedanken, insbesondere mit aggressiven, sexuellen oder blasphemischen Inhalten, sind für sie absolut unakzeptabel. Oft werden in ihrem Moralsystem Gedanken und Handlungen gleichgesetzt (Rachman 1993).

Nach Annahme des kognitiven Zwangsmodells führen nun die eben angeführten Merkmale eines Menschen dazu, daß gewisse Gedanken besonders beachtet und bewertet werden. Für die Stabilisierung dieser Gedanken, die in der Folge zu Zwangsgedanken werden, spielt der Versuch des Patienten, den Gedanken zu neutralisieren, die entscheidende Rolle. Also gerade der Prozeß, mit dessen Hilfe der Patient verhindern möchte, einen ihm unangenehmen, angsteinflößenden, beunruhigenden Gedanken denken zu müssen, führt dazu, daß sich diese Gedanken festsetzen. (Versuchen Sie einmal, nicht an ein rotes Nashorn zu denken!)

Was versteht man unter dem „kognitiven Zwangsmodell" und unter „Neutralisieren"?

> Einer Person kommt ein Gedanke, den sie als aufdringlich erlebt und als
> schrecklich, verwerflich, schlimm, unakzeptabel u.ä. bewertet.
> Dies führt zu einer emotionalen Beunruhigung, Angst, Erregung und zu dem Bedürfnis, etwas dagegen zu unternehmen.
> den Gedanken zu neutralisieren oder ungeschehen zu machen. Dieses Neutralisieren kann die Form von anderen Gedanken annehmen, eine Art „Gegengedanken" zu den angstmachenden Gedanken, oder die Form von Zwangshandlungen. In der Regel treten diese Gedanken oder Handlungen als stereotype Ablaufmuster, als Rituale auf, die in der immer gleichen Art und Weise durchgeführt werden. Um das Auftreten von aufdringlichen Gedanken zu verhindern, versuchen Betroffene oft, bestimmte Situationen, die als Auslöser für diese Gedanken betrachtet werden, zu vermeiden. Die Konsequenz des Neutralisierens ist nicht die vom Patienten erhoffte, sondern ist die, daß die störenden Gedanken noch häufiger auftreten und somit die Störung aufrechterhalten. Es entsteht eine Spirale, die diesen Prozeß verschlimmert.

➤   Verschiedene Gründe sind dafür verantwortlich, daß das Neutralisieren nicht den vom Betroffenen erwünschten Erfolg hat:

➤   Neutralisieren verhindert eine Exposition. Somit ist es für die Betroffenen nicht möglich zu erfahren, daß ihre Angst vor dem, was passieren würde, wenn sie nicht den entsprechenden neutralisierenden Gedanken denken oder die entsprechenden Zwangshandlung vollziehen, widerlegt wird. Die Bedeutung, die der Gedanke durch die Bewertung bekommen hat, kann so nicht gelöscht werden.

➤   Neutralisieren gelingt zwar kurzfristig, daher wird dieses Verhalten auch immer wieder eingesetzt, langfristig wird die Erregung, Unruhe und Angst gesteigert, vor allem auch deshalb, weil der Betroffene zunehmend damit beschäftigt ist, sich auf seine eigenen Gedanken und internen Abläufe zu konzentrieren und nach beunruhigenden Gedanken zu „fahnden".

➤   Das Neutralisieren selbst ist für den Betroffenen wiederum ein Zeichen für die Bedeutsamkeit seiner beunruhigenden Gedanken.

Eine 36jährige Frau, verheiratet und Mutter eines kleinen Kindes, leidet seit Jahren an Zwangsgedanken, die sie jeden Tag verfolgen und sie in der Bewältigung des Alltags erheblich einschränken. Sie hat Schwierigkeiten, das Haus zu verlassen, weil sie keine Medien (Zeitungen, Radio, Fernsehen) ertragen kann. Sie hat große Angst davor, durch Zeitungsberichte, Radio- oder Fernsehsendungen mit etwas konfrontiert zu werden, das im Zusammenhang mit der Judenverfolgung durch die Nationalsozialisten im zweiten Weltkrieg stehen könnte. (Sie kommt selber weder aus einer jüdischen Familie noch hat ihre Familie Schreckliches erlebt während des Krieges.) Begonnen hat diese Angst vor 17 Jahren an einem Tag, an dessen Datum sich die Patientin genau erinnern kann. Sie schaute sich mit ihrem damaligen Freund im Kino einen Spielfilm an, in dem einige schreckliche Szenen über die Greuel der Nazizeit zu sehen waren, von denen sie seit diesem Tag nicht mehr loskommt. Sie wacht seither am Morgen auf und denkt als erstes an diesen Film. Die Gefühle von Angst und Schrecken versucht sie dadurch zu bekämpfen, daß sie als Gegenmaßnahme an eine Reihe von angenehmen Filmen denken muß, die sie ebenfalls vor 17 Jahren gesehen hat. Erst wenn sie diese angenehmen Filme durchgegangen ist, kann sie aufstehen. Nützen diese Gegengedanken zu wenig, versucht sie, mit Alkohol die immer wiederkehrenden Gedanken an diesen schrecklichen Film zu ertränken.

Mit diesen kognitiven Modellvorstellungen läßt sich die Entwicklung und die Aufrechterhaltung von Zwangsstörungen gut erklären. Im folgenden sind die wichtigsten Komponenten nochmals zusammengefaßt:

➤   Gedanken sind Elemente der menschlichen Informationsverarbeitung; aufdringliche Gedanken sind Bestandteile des normalen Gedankenablaufs.

➤   Zentral ist die Bedeutung der Bewertung dieser Gedanken, vor allem auf dem Hintergrund persönlicher Verantwortung und negativer Erwartungen.

➤   Berücksichtigt werden prädisponierende Bedingungen wie z.B. erhöhte Depressivität, strenge Moralvorstellungen und dysfunktionale Überzeugungen zu Verantwortung und Kontrolle.

➤   Das von den Betroffenen eingesetzte Problemlösungsverhalten, nämlich das Neutralisieren, hat den paradoxen Effekt, daß es wesentlich zur Aufrechterhaltung und Stabilisierung der Störung beiträgt.

Diese kognitiven Modellvorstellungen sind sowohl für die Patienten hilfreich, die dadurch selber eine gut verständliche und einleuchtende Erklärung ihrer Störung erhalten, als auch für die Implikationen einer Therapie (siehe Kapitel 6 und 7). Trotzdem ist weitere Forschungstätigkeit gefordert, um das kognitive Modell in Richtung einer umfassenderen Theorie zur Entstehung von Zwangsstörungen zu entwickeln. Es bleibt beispielsweise in vielen Fällen unklar, warum die Störung zu einem bestimmten Zeitpunkt ausbricht. Unklar sind auch unsinnige Gegengedanken, wie das Nennen spezieller Zahlen oder Aufsagen von Sprüchen zum Neutralisieren der Zwangsgedanken. Unbeachtet in diesen Modellen sind zudem die Fragen nach intraindividueller und interaktioneller Funktion von Zwangsstörungen (Hand 1992a, siehe auch Kapitel 8). Auf dem Gebiet der Hirnforschung wird versucht herauszufinden, ob auch biologische Faktoren eine Rolle spielen, d.h. es wird die Frage einer biologischen Prädisposition untersucht (siehe Kapitel 10). Schließlich werden, in Ergänzung zu kognitiven Modellen, Zwänge als emotionale Netzwerke konzipiert. Es wird davon ausgegangen, daß es sich um Störungen kognitiver und emotionsverarbeitender Prozesse handelt. (Weiterführendes dazu findet sich z.B. bei Reinecker 1994, S. 64–69.)

5. Psychodynamische Therapie bei Zwangsstörungen

Hermann Lang

Nach einer kurzen Einleitung, welche die heutige Stellung psychodynamischer Therapie anhand einer Fallstudie anreißt, wird eine Systematik zentraler Faktoren bei der Behandlung von Zwangskranken aus psychodynamischer Sicht entwickelt, wobei die analytische Einzeltherapie zunächst das Modell abgibt:
- Herstellung eines Arbeitsbündnisses
- Bildung einer positiven Übertragung
- Erste Einsichten in die psychodynamischen Zusammenhänge der Symptomentstehung
- Über-Ich-Entlastung bzw. Reduktion von Schuldgefühlen
- Intensivierung des therapeutischen Prozesses durch den Umschlag der positiven in negative Übertragung
- Berücksichtigung der aktuellen interpersonellen Beziehungen.

Die Darstellung des zuletzt genannten Punktes leitet über zu weiteren Verfahren wie Paar- und Familientherapie, Gruppentherapie und Kurztherapie.
Abschließend wird auf die Therapie von Zwangskranken mit sogenannten „frühen" Störungen eingegangen.

Einleitung mit Fallskizze

Mit gewaltigem Werbeaufwand werden heute Antidepressiva als „Mittel der Wahl" bei Zwang und Angst propagiert. Allenfalls läßt man im Mainstream der angelsächsischen Psychiatrie noch Behavior-Therapy gelten. Auf der letzten Jahrestagung der „American Society of Psychoanalytic Physicians" in New York über das Thema Zwang, auf der der Referent über einen entsprechenden hermeneutischen Zugang zur Psychopathologie und Psychotherapie berichtete (Lang 1996b), bemerkte in der Diskussion der Vertreter der biologischen Psychiatrie, er habe noch nie gehört, daß ein „washer" durch eine Psychoanalyse geheilt worden wäre. Nun – er übersieht, daß die überwiegende Mehrzahl der Psychoanalytiker und humanistischen Psychotherapeuten an der empirischen Forschung wenig interessiert ist und der labororientierte Kollege sicherlich nur empirische Arbeiten nach dem bewährten amerikanischen Strickmuster liest. Aber auch die Pharmakotherapie hat bei Zwang und Angst ihre Grenzen und dies nicht nur statistisch. Bei einem Patienten mit massiven stundenlangen Duschritualen z.B. erbrachte die Behandlung mit Anafranil keine Besserung und dies, obwohl dieses Antidepressivum nach seiner relativ späten Einführung in den USA als *das* Mittel der Wahl gegen OCD (Obsessive compulsive disorder) angepriesen worden war. Erst unter einer analytischen Therapie reduzierte sich die Symptomatik so, daß der Patient z.B. sein Studium fortsetzen und erfolgreich abschließen konnte.

Könnte es nicht sein, daß der Patient seine Zwangssymptomatik, so hinderlich sie einerseits für die Lebensentfaltung war, andererseits aber „brauchte", um vielleicht ein noch größeres Übel zu vermeiden bzw. zu bewältigen – und dann erst die Psychotherapie dieses „Brauchen" reduzierte (siehe Kapitel 3)?

Selbst Glen O. Gabbard, der sich mit seinem ausgezeichneten Lehrbuch „Psychodynamic Psychiatry in Clinical Practice – The DSM-IV Edition" dieser radikalen Biologisierung entgegenstemmt, reiht sich in diesen Mainstream gewissermaßen ein, wenn er notiert: „The symptoms of OCD patients are notoriously refractory to psychoanalysis and inside-oriented psychotherapy" (1994). (In Abhebung dazu spreche die anankastische Persönlichkeitsstörung (OCPD) gut auf diese Therapie an). Interessanter- und paradoxerweise gibt er in der Einleitung „Basic Principles of Dynamic Psychiatry" ein OCD-Fallbeispiel wieder, in dem eine psychodynamische Intervention und ein psychodynamisches Verständnis entscheidend halfen. Das Fallbeispiel sei hier kurz skizziert, weil es sowohl dem klassischen Konzept als auch neueren interaktionalen Ansätzen gerecht wird.

> Als der 29 Jahre alte Mr. A. stationär aufgenommen wurde, hatte er bereits acht Jahre untätig zu Hause gesessen. Seit zehn Jahren sei er „besessen" von Verschmutzungsfurcht. Aus Angst, Frauen zu schwängern, weil Samen an seinen Händen kleben könnte, wurde er zum exzessiven „hand washer". Seine Mutter, auf deren 24-stündiger Präsenz er insistierte, half ihm beim Anziehen, so daß er seine Kleidung nicht zu berühren brauchte, die dadurch verunreinigt werden könnte. Darüber hinaus hatte sie einem 58 Stufen-Ritual bei der Zubereitung seines Essens zu folgen. Folgte sie dem nicht präzise genug, mußte sie das ganze Essen wegwerfen und von neuem beginnen. Tausende von Dollar wurden auf diese Weise jedes Jahr verschwendet. Auch bestand Mr. A. darauf, daß sein Vater entweder dem Zuhause fernblieb oder sich in einem abgelegenen Teil des Hauses aufhielt – damit er (Patient) nicht durch Keime verseucht würde, die der Vater von der Arbeit nach Hause anschleppen könnte.
>
> Bis auf eine Episode im Alter von fünf Jahren erschien die kindliche Entwicklung unauffällig. Der Patient erinnerte sich, wie damals der Vater nach den Brüsten der Mutter gegrapscht habe, während die Mutter schrie, er (Patient) solle ihr zu Hilfe kommen. Er habe dann versucht, den Vater aufzuhalten, wurde aber von diesem sehr viel Stärkeren überwältigt. Ein in seiner Erinnerung schreckliches Ereignis!
>
> Obwohl Mr. A. bereits eine Vielzahl von Psychiatern aufgesucht hatte, war es nie zu einer Behandlung gekommen, weil er sich jedes Mal geweigert hatte, ein zweites Mal hinzugehen. Einmal habe er auch Clomipramin (Anafranil) genommen, habe es aber wieder abgesetzt, weil, wie er sagte, die Nebenwirkungen zu stark gewesen seien. Die Situation zu Hause war nun immer unerträglicher geworden, so daß es jetzt zur stationären Behandlung kam. Im Erstgespräch fragte ihn der Arzt, weshalb er behandelt werden möchte. Die Antwort des Patienten lautete: „I'm determined to be dependent – I mean, independent". Der Arzt machte ihn auf diesen „Versprecher" aufmerksam und fragte: „Is there perhaps a part of you that would like to be dependent?" Er gab darauf die Antwort: „You mean on my mother?" ... „Well, she does take pretty good care of me."

Es war der Versprecher, der hier die Art des Widerstandes gegen alle bisherigen Therapieversuche aufscheinen ließ. Jede Form erfolgreicher Behandlung hätte sein Verhältnis zur Mutter bedroht. Bereits nach einer Woche Klinikaufenthalt kam es ohne Pharmakotherapie zu dramatischen Besserungen. Es wurde klar, daß er in den letzten Jahren zunehmend über seine sexuellen Wünsche hinsichtlich seiner Mutter beunruhigt war. Jedesmal, wenn sie ihn anzog, fühlte er, daß „there was something sexual about that". Die Distanzierung vom emotional aufgeladenen Zuhause – sowohl räumlich als auch durch die Bearbeitung der Konflikte – verminderte die ödipale Problematik (inzestuöse Wünsche gegenüber der Mutter, feindselige gegenüber dem Vater) – und damit die Zwangsrituale, waren diese doch als Abwehr der ödipalen Wünsche anzusehen, sofern sein später ödipaler Sieg, im Gegensatz zur traumatisierenden Niederlage des Fünfjährigen, zugleich massive Angst und Schuld hervorgerufen hatte.

Ein psychodynamischer Behandlungsansatz, der sich sowohl hinsichtlich des therapeutischen Verständnisses als auch der therapeutischen Technik der Psychoanalyse bediente, erwies sich hier als wesentlich.

Im folgenden soll versucht werden, die einzelnen Schritte des therapeutischen Prozesses zu skizzieren, wie er sich in psychodynamischer Sicht bei der Behandlung der Zwangsstörung darstellt. Dabei gibt zunächst die analytische Einzeltherapie das Modell ab.

Systematik der psychodynamischen Therapie der Zwangsstörung

Herstellung eines Arbeitsbündnisses

Entscheidend ist hier vor allem, daß der Leidensdruck den Gewinn, den ein Patient aus seiner Störung zieht (siehe Kapitel 3), überwiegt. So war für Mr. A. die häusliche Situation immer unerträglicher geworden, die Zwangssymptome konnten Angst und Schuldgefühle nicht mehr genügend binden, es waren Überlegungen angestellt worden, ihn zu entmündigen und auf Dauer zu hospitalisieren.

Je mehr die Störung die Lebensmöglichkeiten einschränkt, desto mehr kommen narzißtische Bedürfnisse zur Selbstverwirklichung zu kurz. Oft weisen Patitenten mit Zwangsstörungen eine entsprechende „anale" Charakterstruktur auf, die u.a. durch Sparsamkeit, Ordentlichkeit und Perfektionismus gekennzeichnet ist – Eigenschaften, die in unserer Gesellschaft hohe soziale Anerkennung bringen können; die Symptomatik hindert jetzt an deren Realisierung, so daß sich depressive Versagensgefühle einstellen.

Hand in Hand sollte mit dem zunehmenden Leidensdruck ein entsprechender Gesundungswille gehen. Hier können allerdings schon anfängliche Ängste entstehen, sofern Gesundung auch mit Änderungen verbunden ist. So z.B. bei einer Patientin mit stundenlangem Wasch- und Duschzwang, die unter so massivem Leidensdruck stand, daß sie oft minutenlang schrie. Trotz dieser Qualen sagte sie schon im Erstgespräch, ihre größte Angst sei, durch eine Psychoanalyse in ihrer Persönlichkeit verändert zu werden. Ein Arbeitsbündnis und damit die entscheidende Voraussetzung für eine erfolgreiche Therapie wird der Patient eher eingehen können, wenn er Ängste um seine Nähe-Distanz-Regulierung respektiert findet, bildet doch gerade auch eine Zwangsstörung einen (pathologischen) Lösungsversuch dessen, sofern die Symptomatik Intimität und zugleich deren Kontrolle verschafft. Im Duschritual der genannten Patientin – der Vater mußte sie „auf Distanz" abspritzen – wie auch in den Ankleidungsriten von Mr. A. erfolgt eine Befriedigung „ödipaler" Bedürfnisse; da diese aber in der Zwangsstörung ritualisiert war, geschah sie auf Distanz, stand sie unter Kontrolle des Kranken und band so aufkommende Angst vor der möglichen Intrusivität des ödipalen Partners bzw. der Realisierung der eigenen Wünsche.

Bildung einer positiven Übertragung

Die Berücksichtigung der strukturellen Konfliktdynamik, eng zusammenhängend mit der genannten Nähe-Distanz-Problematik, und hier insbesondere die zwangsneurotischen Grundkonflikte „Autonomie-Heteronomie" und „Über-Ich-Es-Verhältnis", wird die Entstehung einer positiven Übertragung fördern. Das bedeutet, daß Gefühle des Vertrauens und der Sympathie, der Erwartung von Hilfe, die in früheren wichtigen Beziehungen erfahren wurden, sich jetzt auf den Therapeuten übertragen finden. Eine solche Übertragung festigt das Arbeitsbündnis. Dabei kann es zunächst nötig sein, daß der Therapeut sich auf ein aktives Zuhören beschränkt, die oft endlosen Symptom- und Ritualschilderungen geduldig anhört und – dies vor allem – generell den psychotherapeutischen Grundprinzipien Geduld, Empathie, Verständnis, Respekt (vgl. Lang 1994) zu folgen sucht (siehe Kap. 13).

Erste Einsichten in die psychodynamischen Zusammenhänge der Symptomentstehung

Zu solchen Einsichten kann es, wie das Beispiel Mr. A. zeigt, schon im Erstgespräch kommen, da hier aufgrund des Versprechers und der sich anschließenden Deutung dieser Fehlleistung und natürlich aufgrund der Schilderung des Zwangs und der damit untrennbar verbundenen häuslichen Situation, die klassische Konflikthaftigkeit des Zwangsneurotikers aufschien: In psychoanalytischer Sicht läßt sich das Krankheitsbild der Zwangsstörung als neurotische Abwehr ungelöster ödipaler Konflikte sehen, wobei es zu einer Regression auf die vorangehende anal-sadistische Stufe mit ihrem magischen Weltbild und ihrem charakteristischen Grundkonflikt „Autonomie vs. Fügsamkeit" kommt. Versprecher und ärztliche Intervention sprachen zunächst den „analen" Konflikt (Abhängigkeit vs. Unabhängigkeit) an. Die weitere Exploration zeigte dessen Einbettung in eine massive ödipale Problematik. Angesichts der traumatisierenden Erfahrung des Fünfjährigen, eines basalen Ohnmachtserlebens, erscheint die Zwangsstörung als ein Mittel, mehr und mehr den mächtigen ödipalen Rivalen auszuschalten.

Für den therapeutischen Ansatz war es entscheidend zu sehen, daß eine Stärkung des Bedürfnisses nach Unabhängigkeit zugleich die ödipale Problematik neutralisierte und damit die zwangsneurotische Verarbeitung überflüssig werden ließ.

Innere bislang latente Konflikte können sich pathogen auswirken, wenn sie auf eine Aktualsituation treffen, die in ihrer intra- und interpersonellen Strukturiertheit diese Konflikthaftigkeit aktualisiert und auf diese Weise zur „Scheinlösung" der Symptomatik führt. Psychogene Krankheit entsteht am „Schnittpunkt" (Heigl-Evers u. Heigl 1984) der vertikalen Achse der Lebensgeschichte mit der horizontalen Achse der aktuellen psychosozialen Situation. Es sind dann diese durch die aktuelle Situation bedingten Belastungen – Versagungen aber auch Versuchungen –, die wie der Schlüssel ins Schloß der konflikthaften Dispositionen passen und deshalb zu auslösenden Faktoren werden. Ist eine solche Auslösesituation auszumachen, so kann die Untersuchung ihrer Strukturiertheit bereits zentrale Hinweise auf die zugrundeliegende Konflikthaftigkeit geben.

So z.B. bei der 23-jährigen Patientin mit ihrem ausgeprägten Wasch- und Duschzwang. Sie erkrankte, als sie eine auswärtige Arbeitsstelle antrat. Schmerzhaft waren ihr jetzt ihre ungelösten Abhängigkeitsverhältnisse bewußt geworden, insbesondere die ungelöste ödipale Bindung an den Vater. Der jetzt einsetzende Reinigungszwang sollte vielleicht zunächst auf diese charakteristische symbolische Weise von triebhaften Regungen sowohl libidinöser als auch aggressiver Natur „reinwaschen" – Abhängigkeit macht wütend auf jene, von denen man abhängig ist. Die damit verbundene Aktivität wirkte zudem antidepressiv, zwang aus der depressiven Apathie heraus, band autodestruktive Tendenzen und zwang schließlich vor allem zur Rückkehr ins Elternhaus und damit zur Beseitigung des verzweifelten Heimwehs. Hier erhielt der Zwang dann schnell die Funktion interpersoneller Kontrolle und Dominanz (siehe Kap. 3 über Erhaltungsbedingungen der Zwangserkrankung).

Einsicht in die psychodynamischen Zusammenhänge gibt auch das Fallbeispiel des 38-jährigen Patienten, der in Kap. 3 vorgestellt wurde. Im Tötungsimpuls wie auch in den Zwangsbefürchtungen besteht eine alte ungelöste Problematik fort: Einmal ein Autonomie-Fügsamkeits-Konflikt hinsichtlich der Mutter, gegen deren Dominanz der Patient sich nicht aufzulehnen wagte – und dies erst recht nicht nach dem tragischen Tod des Vaters, der die Mutter in eine lang anhaltende Trauer stürzte.

Wie auch sonst nicht selten, wurde diese Konflikthaftigkeit auf die Ehefrau übertragen, an ihr unbewußt aktualisiert. Die Zwangsneurotiker bedürfen, exemplifizierte Freud am Rattenmann, „der Todesmöglichkeit zur Lösung der von ihnen ungelöst gelassenen Konflikte" (1909). In diesem Todeswunsch scheint die Aggressivität des Zwangsneurotikers begründet, aus ihm resultieren seine mächtigen Schuldgefühle und Ängste, welche an die Tötungsimpulse des 38-jährigen Patienten gegenüber seiner Frau erinnern. In seinen unbewußten Phantasien kann wohl nur der Tod des dominanten anderen autonomisieren. Aufgrund seines magischen, „abergläubischen" Weltbildes der „Allmacht der Gedanken" (Freud) muß er dann auch die Realisierung dieser Wünsche ganz konkret fürchten. In gewisser Weise war dies nun bei unserem Patienten hinsichtlich des ödipalen Über-Ich-Es-Konfliktes der Fall. Im unbewußten Erleben mußte der Unfalltod des Vaters zu Beginn der Pubertät mit der für diese Phase charakteristischen Reaktivierung der ödipalen Konstellation wie eine Realisierung der feindseligen Wünsche gegen den Vater imponieren. Die eigene Fahrerflucht im Alter von 18 Jahren konnte dann zwangsläufig zur Identifikation mit dem todbringenden Aggressor des Vaters führen, der Fahrerflucht begangen hatte und nie ausgemacht worden war. So nimmt es nicht wunder, daß dieses Ereignis zur Auslösesituation wurde, denn es mußte bislang verdrängte Schuldgefühle wecken und verstärken. Die jetzt einschießenden Zwangsbefürchtungen und Zwangshandlungen des Umschauen- und Umkehrenmüssens, um sich zu vergewissern, daß er niemanden überfahren habe, dienten dann der Abwehr dieser Schuldgefühle und der damit verbundenen Ängste.

In der Untersuchung der Auslösesituation gelingt es häufig, Einsicht in die psychodynamischen Zusammenhänge zu gewinnen, und von hier aus ist es am ehesten möglich, sie dem Patienten verständlich zu machen. Entgegen landläufiger Meinungen über psychoanalytische Therapie ist es keineswegs immer notwendig, die gesamte Lebensgeschichte zu erhellen. Die Arbeit an den Konflikten, wie sie sich z.B. in der Auslösesituation manifestieren, kann hier – unter Einbeziehung der nun weiterzubehandelnden Faktoren – genügen. So ist es letztlich auch nicht von essentieller Bedeutung, ob beispielsweise der beim Zwangsneurotiker zentrale Grundkonflikt „Autonomie vs. Fügsamkeit" in der analen Phase entstanden ist. Entscheidend ist, daß die Symptomatik mit diesem Konflikt essentiell zu tun hat und natürlich dieser Konflikt für jeden Lebensabschnitt der menschlichen Existenz von zentraler Bedeutung ist.

Die klassisch analytische Technik der freien Assoziation vermittelt Einblicke in unbewußte Vorgänge. Beim Patienten mit Zwangsstörungen begegnet nun häufig die Schwierigkeit, daß der Versuch, diese Grundregel zu befolgen, im Abstrakt-Intellektuellen bleibt, der Zwangsneurotiker immer wieder den Therapeuten in theoretische Diskussionen (Fenichel 1975) zu verwickeln versucht. „Mit den bevorzugten Abwehrmechanismen Intellektualisierung, Rationalisierung und Isolierung boykottiert er den „therapeutischen Prozeß" (Csef 1994a). Auch ist immer wieder zu beobachten, daß Patienten die Stunden quasi „vorprogrammieren", sich gerade deshalb nicht unkontrolliert den eigenen Einfällen überlassen können. Die ausgeprägte Ambivalenz zwischen äußerlicher Fügsamkeit und versteckter Opposition kann dazu führen, daß der Zwangsneurotiker formal-zwanghaft das therapeutische Setting einhält, er aber andererseits den therapeutischen Prozeß unterläuft, „indem er Einsicht verhindert, Gefühle versteckt und durch Haarspalterei lebendigen Regungen aus dem Wege geht oder sie zerstört" (Quint 1993). Schnell findet sich hier der Therapeut in einem „obsessional tug-of-war" (Salzmann 1995) gefangen.

Hier ist entscheidend, daß der Therapeut sich nicht in argumentative Machtkämpfe verwickeln läßt, und daß er vermeidet, daß die therapeutische Situation vornehmlich zur Stätte unverbindlicher Intellektualisierung und rationaler Erklärung wird. Nicht selten versteckt sich gerade hier die jeden therapeutischen Fortschritt blockierende Opposition des gehemmten Rebellen. Gerade bei der Analyse von zwangsneurotischen Patienten ist zu berücksichtigen, daß „deren Analyse" – wie Freud (1919) formulierte – „immer in Gefahr ist, sehr viel zutage zu fördern und nichts zu ändern". Andererseits können Schuldgefühle nur dann entscheidend bearbeitet werden, wenn die Situationen, die Konflikte freigelegt sind, woraus sie originär kommen. Einsicht in die unbewußten Determinanten vermittelt eine gewisse Distanzierung hinsichtlich der Symptomatik. Die Möglichkeit, die bislang als „unsinnig", „absurd" und „verrückt" erlebten Zwänge zu verstehen, läßt ein Stück Souveränität zurückgewinnen. Von zentraler Bedeutung ist dabei, daß es hier nicht bei einem intellektualisierenden Bewußtmachen bleibt, sondern es zur „erlebten Einsicht", zur Verbalisierung im Emotionalen kommt.

Über-Ich-Entlastung bzw. Reduktion von Schuldgefühlen

Im Zuge der Bildung eines guten Arbeitsbündnisses und der Entwicklung einer positiven Übertragung, verbunden mit ersten Einsichten in psychodynamische Zusammenhänge der Symptomproduktion, wird der Therapeut zu einem guten, externalisierten Über-Ich, das von eigenen Schuldgefühlen entlastet. Die Erfahrung, daß bislang tabuisierte Vorstellungen, Wünsche, Ängste verbalisiert werden können, ohne daß der Therapeut schockiert ist, der Patient nicht auf Ablehnung stößt, mindert die strengen Über-Ich-Kriterien. Das bedeutet zugleich, daß bislang nicht eingestandene Gefühle jetzt akzeptiert werden können und so die Ambiguitätsintoleranz zurückgeht.

Hatte der in Kapitel 3 geschilderte 38-jährige Patient zunächst seine Mutter ganz idealisiert gezeichnet, erscheint sie im Laufe der Therapie mehr und mehr als rigide einengend, als eine, die den Patienten aller aggressiven Ausdrucksmöglichkeiten beschneidet. Er selbst erweckt den Eindruck, als wolle er, nach dem schrecklichen Unfalltod des Vaters, ihr nie mehr Kummer bereiten. „Wenn die Mutter da war, habe ich nie geweint, habe ihr nie eine Widerrede gegeben und alles mit mir selber ausgemacht." Die entsprechende Haltung fand sich dann auf die Ehefrau übertragen. Hatte er bislang Ehefrau wie Mutter als quasi sakrosankte „Madonnen" ausgeklammert, zeigte er jetzt mehr und mehr emotionale Differenzierung, konnte sich jetzt eingestehen, daß da noch ganz andere Regungen in ihm waren. Es sei an seine Zwangsvorstellung erinnert, sich die Madonna mit nackten Brüsten zu vergegenwärtigen und sie zu vergewaltigen, wie auch an die Zwangsimpulse, die Ehefrau zu erwürgen. Wie so oft zeigt sich die massive Aggressivität des Zwangsneurotikers, nicht selten untrennbar verbunden mit sexuellen Triebregungen, bereits in der Symptomatik. Verstärkten sich zunächst die Zwangsrituale beim An- und Aussprechen der bislang nicht eingestandenen Konflikte und Ängste, so reduzierten sie sich dann mehr und mehr, je integrierter er damit umgehen konnte, d.h. die eigene Ambiguität gegenüber diesen wichtigen Bezugspersonen bei sich sehen und akzeptieren vermochte. Entsprechend lockerten sich bislang blockierte Handlungsvollzüge. Er konnte sich besser gegenüber Mutter und Ehefrau wie auch am Arbeitsplatz durchsetzen. Die Erfahrung, ohne Schuldgefühle und „magische" Ängste vor der eigenen Aggressivität, sich „draußen" besser durchsetzen, auf sein Recht pochen zu können, konnte aus der bislang geübten Gefügigkeit und Unsicherheit eine Stabilisierung seiner selbst werden lassen – und damit Zwang als Sicherungsmechanismus überflüssig machen.

Intensivierung des therapeutischen Prozesses durch den Umschlag der positiven in negative Übertragung

Eine durchgreifende Besserung ist allerdings zuweilen erst dann zu erzielen, wenn die hochambivalente strukturierte Gefühlswelt des Kranken explizit und durchgreifend in die Therapeut-Patient-Beziehung selbst eingebracht wird. Es gelingt, daß der Patient sich „draußen" ein Stück weit emanzipiert, Wut- und Ärgergefühle äußern und leben kann, ohne weiterhin aufgrund seiner magischen Weltsicht fürchten zu müssen, daß die davon betroffenen Personen dadurch zerstört würden. Wie wir gesehen haben ist eine entscheidende Voraussetzung dessen, daß sich eine positive emotionale Beziehung zum Therapeuten entwickelt hat, der Patient aber nun, um dieses Verhältnis nicht zu gefährden, in der Beziehung zum Therapeuten das alte interpersonale Muster des gehemmten Rebellen konserviert – und damit eine durchgreifende Strukturänderung ausbleibt. Es muß sich deshalb eine negative, d.h. aggressive Übertragung einstellen. So verwundert es nicht, daß für erfolgreiche Therapien von Zwangsneurosen Passagen heftigster Wut – und ihre Artikulation! – charakteristisch sind (vgl. z.B. Freud 1908 – Analyse des Rattenmanns –, Thomä 1974, Kutter 1976, Lang 1986, Lang u. Weiß 1997). Oft kündigt sich diese „Rebellion" nur zaghaft an, so beim 38-jährigen Patienten durch plötzliches Zu-spät-Kommen, Absagen von Stunden, subtile Entwertungen der therapeutischen Methode (noch nicht des Therapeuten), Widerspruch gegen bestimmte Deutungen.

Manchmal kann ein Zufall zu Hilfe kommen, um diesen dialektischen Umschlag von einer positiven in eine negative Übertragung herbeizuführen. So war es z.B. bei der Analyse eines Patienten mit anankastisch-narzißtischer Persönlichkeitsstörung die zunächst abstinente Haltung des Therapeuten, als der Patient um eine Bescheinigung bat, die diese Wende herbeiführte. Mit dem sozusagen bislang exerzierten „Gentlemen's-Agreement" zwischen Therapeut und dem gehemmten Rebellen war es nun vorbei, die bislang häufig praktizierten Abwehrmechanismen Intellektualisierung und Isolierung (d.h. Ausblendung der Affekte) machten heftigen emotionalen Reaktionen Platz (vgl. Lang 1989). Bei der erwähnten 23-jährigen Patientin mit ihrem Wasch- und Duschzwang markierte diesen Wendepunkt ihre plötzliche Weigerung, die Grundregel einzuhalten: Zu Beginn einer analytischen Therapie verpflichtet sich schließlich der Patient, alles was ihm einfällt, sei es ihm auch unangenehm, erscheine es ihm unwichtig usw., mitzuteilen, um auf diese Weise bislang verdrängte, konfliktbesetzte Inhalte zu erschließen. Eine Freundin hatte ihr aber ein Geheimnis erzählt und sie habe ihr versprochen, es niemandem weiterzuerzählen. Deshalb könne sie auch hier in der Therapie nicht darüber berichten. Joraschky (1996) machte eine ähnliche Erfahrung: „Als der Patient sich gegen die Grundregel, alles erzählen zu müssen, als unterwerfende Pflicht auflehnen konnte, kamen im Schwall seine ganzen Ohnmachtserfahrungen. Er konnte nun als Erwachsener den Demütigungen des Kindes entgegentreten und für das Kind eintreten und nicht den Versuchungen der ständigen Opferwiederholung nachkommen."

Eine solche „Pflichtverletzung" kann natürlich im Therapeuten selbst Gefühle heftiger aggressiver (sadistischer) Gegenübertragung wecken, sieht er doch sein Verfahren, mit dem er sich identifiziert und auf das er baut, gesprengt. Er wird sich erinnern, daß Freud die Behandlung von Patienten, die nicht bereit waren, der Grundregel zu folgen, abbrach oder gar nicht begann. Er kann deshalb versucht sein, in eine Dialektik von Herr und Knecht (Lacan 1966, Lang 1973, Lang 1986), in ein „klassisches Macht-Ohnmachtsspiel" (Joraschky 1996) einzutreten. Um nicht in eine solche unfruchtbare, antitherapeutische Machtkollusion zu geraten, muß sich der Therapeut mehrerer Punkte bewußt sein:

➤ Für eine erfolgreiche Therapie kann charakteristisch sein, daß hier plötzlich etwas geschieht, das über das hinausgeht, was in der Schulpsychotherapie gewissermaßen Programm, Norm ist. Balint (1968) hat diesen Punkt eines ungeplanten interaktionalen Ereignisses „Neubeginn" benannt.

➤ Eine durchgreifende Strukturänderung kann wohl nur eintreten, wenn die Auseinandersetzung auch in die Beziehung zum Therapeuten eingeht. Mögen die eigenen aggressiven Gegenübertragungsgefühle angesichts der jetzt gezeigten Aggressivität des Patienten noch so hoch kochen, der Therapeut muß sich vergegenwärtigen, daß er hier ein Subjekt vor sich hat, das sich aufgrund einer basalen Verunsicherung eine quälende Symptomatik eingehandelt hat und nun in einem interaktionellen Prozeß hofft, dieser Verunsicherung wie auch der Symptomatik ledig zu werden und es Aufgabe des Therapeuten ist, dabei zu helfen.

➤ Er muß sich dessen bewußt sein, daß es dieser Auseinandersetzung im Rahmen einer negativen Übertragung bedarf, damit es zu einer „Symmetrisierung" der Beziehung und entsprechenden Emanzipation kommen kann. Auf diese Weise kann dann die Therapeut-Patient-Beziehung das Modell für interpersonelle Relationen überhaupt abgeben. Die „gehemmte Rebellion", gestaltet durch das zwangsneurotische Abwehrgeschehen, wird hinfällig und somit die Zwangsneurose überhaupt.

Berücksichtigung der aktuellen interpersonellen Beziehungen

Wenn trotz des Versuchs einer psychodynamischen Aufarbeitung die Symptome persistieren, ist zu fragen, ob sie nicht im Sinne eines Krankheitsgewinns eine solch zentrale Funktion in den zwischenmenschlichen Beziehungen des Patienten erfüllen, daß er darauf nicht verzichten kann. Bei der Darstellung der aufrechterhaltenden Bedingungen in Kapitel 3 wurde dieser interaktionale Aspekt ausführlich behandelt. Hier kann es indiziert sein, Angehörige und Partner in die Therapie direkt miteinzubeziehen (siehe auch Kap. 8).

Paar- und Familientherapie

Eine Paar- und Familientherapie ist vor allem dann angezeigt, wenn Partner und Angehörige selbst Gewinn aus der Symptomatik des Patienten ziehen. Der Kranke kann z.B. essentiell auf sie bei der Verrichtung seiner Zwangshandlungen angewiesen sein. Ein solches Abhängigkeitsverhältnis kann trotz der damit verbundenen Belastungen für den Angehörigen oder Partner willkommen sein, braucht er z.B. nicht zu fürchten, verlassen zu werden – sei es in einer Paarbeziehung oder im Eltern-Kind-Verhältnis.

Gruppentherapie

Naturgemäß stehen auch bei der Gruppentherapie interaktionelle Aspekte im Vordergrund (siehe Kap. 9). Besonders hat sich hier ein stationäres Setting bewährt. So in einer Studie von Quint u. Rath (1987). Es wurde hier eine homogene Gruppe von „hoffnungslosen" Fällen behandelt. Bereits das enge Zusammenleben auf der Station führte zu emotionalen Konflikten dergestalt, daß die habituelle Abwehr schon dadurch unterlaufen wurde. Die Homogenität der Gruppe – die Mitglieder der Gruppe setzten sich also nur aus Zwangskranken zusammen – setzte die Schwelle der Scham- und Schuldgefühle herab. In der hier gemachten Erfahrung der „Universalität des Leidens" (Yalom 1985a) schwinden Befürchtungen der Patienten, ob ihrer Zwangsvorstellungen und Zwangshandlungen als „abwegig" und „verrückt" zu gelten. Über die jetzt am eigenen Leib erlebten ärgerlichen Reaktionen auf die Zwangssymptome der Mitpatienten „erreichen sie ein nachhaltigeres Verständnis für das, was sie selbst mit ihren Symptomen anstreben und bei ihren Mitmenschen zu Hause an aggressiver Gegenwehr auslösen" (Quint u. Rath 1987). Die Gruppe spiegelt auf diese Weise, daß der Zwangskranke durch seine Symptomatik nicht nur sich selbst, sondern auch seine Bezugspersonen kontrolliert und so seine aktuellen interpersonellen Bezüge trotz zwanghafter Abwehr aggressiver und sexueller Antriebe belastet. Eine psychodynamisch orientierte Gruppentherapie kann also schon deshalb indiziert sein, um die interpersonellen Beziehungen, das „social functioning" (Gabbard 1994) zu verbessern.

Vor allem kann der Patient mit Zwangsstörungen in der Gruppe (wie in der Einzeltherapie s.o.) die für den therapeutischen Prozeß zentrale Erfahrung der „Über-Ich-Entlastung" machen. Es kommt auf diese Weise zur Minderung der für die Symptomatik verantwortlichen Konflikthaftigkeit bzw. der aus dieser resultierenden Ängste und Schuldgefühle. Mehr als ein Einzeltherapeut repräsentiert eine Gruppe die äußere Realität – und das gilt sowohl für eine homogen als auch für eine heterogen zusammengesetzte. Hier zu erfahren, daß verpönte Vorstellungen und Wünsche geäußert werden können, ohne daß es zur Verurteilung kommt, ist von zentraler Bedeutung. Der Patient kann so lernen, daß seine Befürchtungen, von anderen ob solcher Gedanken und Gefühle „verdammt" zu werden, Projektionen des eigenen strengen Über-Ichs sind. Im Zuge der auf diese Weise sich vollziehenden Modifikation des Über-Ichs mindern sich die entsprechenden Ängste und damit die entsprechenden Zwangsvorstellungen und Zwangsrituale, dienten sie doch der Bindung dieser Ängste.

In der vorgenannten Gruppe Quints und Raths kam es bei 67% der Patienten zur Symptomfreiheit oder zu wesentlichen Besserungen. Neben einer viermal pro Woche durchgeführten Gruppensitzung waren in dieses Setting auch zwei Einzelgespräche eingebettet. Wohl die erste systematische Studie zur analytischen Gruppentherapie im deutschen Sprachraum wurde am Max-Planck-Institut für Psychiatrie in München durchgeführt (Schwarz 1979). Die Behandlung begann im stationären Setting und wurde dann ambulant weitergeführt. Die zwei bis sieben Jahre nach Beendigung der stationären Behandlung durchgeführte Katamnese zeigte, daß 83% der Patienten gebessert bis geheilt waren. In Csefs Monographie „Die Psychosomatik des Zwangskranken" (1988) finden sich ebenfalls Beispiele für erfolgreich abgeschlossene – rein ambulante – Gruppentherapien bei Patienten mit Zwangsstörungen. Als besonders relevant hebt Csef hervor, daß im Gruppensetting die Gefahr der sadistischen Gegenübertragung durch die jetzt gegebene Vielfalt der Übertragungsbeziehungen relativiert wird und insbesondere die vom Zwangsneurotiker bevorzugten Abwehrmechanismen der Rationalisierung, Intellektualisierung und Affektisolierung in einer Gruppentherapie weniger aufrechterhalten werden können, da andere Gruppenmitglieder mit anderen Neurosestrukturen frühzeitig und direkt solchen Tendenzen begegnen und intensive Gefühle entgegensetzen. In Abhebung zu Quint und Rath sieht hier also Csef einen Vorteil in einer heterogen zusammengesetzten Gruppe (siehe Kapitel 9).

Kurztherapie

Nicht zuletzt aus ökonomischen Zwängen, wie auch durch die Tatsache, daß die Mehrzahl psychodynamisch orientierter Therapeuten keine klassisch analytische Ausbildung an einem sog. anerkannten Institut absolviert hat und ihr deshalb die Durchführung sehr langfristiger Therapien im Couch-Setting kassentechnisch nicht möglich ist, haben in den letzten Jahrzehnten kurztherapeutische analytische Verfahren sehr an Boden gewonnen. Können sich in der Langzeitanalyse die oben skizzierten Probleme, insbesondere die komplexen Übertragungskonstellationen, langsam entfalten und in aller Gründlichkeit geklärt und therapeutisch angegangen werden, kann eine zeitlich begrenzte Kurztherapie ein nur begrenztes Therapieziel anvisieren. Man begnügt sich mit der Fokussierung auf einen Zentralkonflikt bzw. dessen Bearbeitung soweit, daß es zur Symptomreduktion und/oder Verbesserung in der Problematik aktueller interpersoneller Beziehungen kommt. Aufgrund dieser zeitlichen Begrenzung wird das Vorgehen des Therapeuten aktiver, konfrontativer sein müssen. Die Ansatzpunkte der therapeutischen Intervention gleichen natürlich den anderen psychodynamisch orientierten Therapieverfahren, sofern sie sich an der Dynamik der Patienten zu orientieren haben. So sieht Beck (1974) drei zentrale Bearbeitungsfelder für die psychoanalytische Kurztherapie von Zwangskranken:

➤ Bearbeitung der heftigen Schuldgefühle, welche die Expansivität und Autonomisierung blockieren.
➤ Bearbeitung der charakteristischen emotionalen Ambivalenz in der Beziehung zum Therapeuten.
➤ Bearbeitung des Abwehrmechanismus der Affektisolierung und emotionalen Vermeidehaltung, verhindern diese doch, daß Deutungen wirksam werden.

Therapie bei Zwangskranken mit sogenannten „frühen" oder „strukturellen Ich-Störungen"

Behandlungen von Zwangsneurosen reichen, wie wir in Kapitel 3 gesehen haben, bis in die ersten Anfänge der Psychoanalyse zurück. Trotz dieser langen Tradition therapeutischer Erfahrung galten Zwangskrankheiten als schwer behandelbar. „Die Zwangsneurose stellt unter allen Neurosen das therapeutisch unbefriedigendste Problem dar" (Hoffmann u. Hochapfel 1995). Neben der großen Schwierigkeit vieler Therapeuten, sich auf die „russische Taktik" (Freud) der Zwangskranken in ihrer hohen Ambivalenz zwischen Befolgung und Boykottierung des therapeutischen Settings einzulassen, langatmigabstrakte Schilderungen anhören zu müssen und schließlich heftige Episoden aggressiver Übertragung auszuhalten, hängt die Schwerbehandelbarkeit vor allem damit zusammen, daß sich hinter einer zwangsneurotischen Fassade eine Borderline- oder psychotische Struktur verbergen kann. Wie wir in Kapitel 3 ausgeführt haben, hat jetzt ein Zwang weniger die Funktion, ein neurotisches Sicherungsbedürfnis mittels einer Kompromißbildung zwischen Konfliktpolen zu stillen, als vielmehr im Sinne eines autoprotektiven Regulans einer drohenden Auflösung bisheriger Selbst- und Weltbezüge entgegenzuwirken. Es wäre jetzt ein Kunstfehler, wie bei der Behandlung einer klassischen Neurose vorzugehen (vgl. Lang 1985a). So kann das Couch-Setting mit mangelndem

Sichtkontakt und generell mangelnder Strukturiertheit der therapeutischen Situation eine schon gefährdete Identitätsstruktur weiter destabilisieren. Aus diagnostischen Tests ist bekannt, daß der frühgestörte Patient umso konfuser antwortet, je unstrukturierter die Untersuchung abläuft (vgl. Rohde-Dachser 1995). Auch wird ein solcher Patient Schwierigkeiten haben, Deutungen überhaupt zu verstehen, oder er wird dazu neigen, sie paranoid zu verarbeiten oder sogar, je treffender sie sind, annehmen, der Therapeut könne seine Gedanken lesen. Es ist deshalb kontraindiziert, die Zwangssymptome sozusagen in einem psychodynamischen (oder auch verhaltenstherapeutischen) Frontalangriff sprengen zu wollen. Es gilt vielmehr in einem modifizierten analytisch orientierten Setting den zugrundeliegenden „basic fault" (Balint 1968) zu behandeln – sei er noch auf der Ebene einer Persönlichkeitsstörung oder bereits auf psychotischem Niveau (vgl. Lang 1985b, c, 1996, Thomä u. Kächele 1988, Quint 1988, Kernberg 1994). Ist die „Grundstörung", worauf der Zwang eine reparative Antwort war, therapeutisch gebessert, braucht es dann weniger des Zwangs als (pathologischer) Sicherung einer fragilen Identitätsstruktur.

6. Verhaltenstherapie bei Zwangsstörungen

Hansruedi Ambühl

Die Verhaltenstherapie hat sich seit den 60er Jahren schwerpunktmäßig auf die Möglichkeiten der Veränderung von Zwangsverhaltensweisen konzentriert. Dabei wurde diese Störung als ein „multikonditional bedingtes Syndrom mit wechselnden Symptomkonfigurationen und unterschiedlichen intraindividuellen wie interaktionellen Funktionalitäten" – also als Resultat heterogener Einflußvariablen aus früheren wie auch aktuellen belastenden Lebensereignissen, elterlichen, schulischen und religiösen Erziehungsstilen, gesellschaftlichen Normierungs- und Anpassungsprozessen, genetischen und z.T. auch hirnorganischen Variablen betrachtet (Hand 1992a). Dementsprechend ergibt sich der Stellenwert symptomgerichteter störungsspezifischer Vorgehensweisen innerhalb der Gesamttherapie erst aus der sorgfältigen Differentialdiagnostik sowie den umfassenden Funktions- und Problemanalysen des Patienten und seines privaten wie beruflichen sozialen Umfelds. Sorgfältige und wohlüberlegte Indikationsüberlegungen auf der Basis dieser Informationen sind daher ein unverzichtbares Merkmal eines seriösen verhaltenstherapeutischen Vorgehens.
Die verhaltenstherapeutische Standardmethode zur Behandlung von Zwangsstörungen ist die In-vivo-Exposition mit Reaktionsmanagement. Diese hat sich in zahlreichen Studien als sehr wirksam erwiesen. In diesem Kapitel soll diese störungsspezifische Interventionsmethode dargestellt werden. Zunächst werden das psychologische Modell des Zwangssyndroms und die daraus abgeleiteten Konsequenzen für die störungsspezifische Behandlung kurz beschrieben. Es folgt eine Beschreibung der Diagnostik sowie der einzelnen Schritte zur Vorbereitung und Durchführung der Reizkonfrontation. Schließlich werden anhand des Fallbeispiels einer Patientin mit einer schweren Zwangsstörung die wichtigsten Aspekte des verhaltenstherapeutischen Vorgehens bei der Reizkonfrontation mit Reaktionsverhinderung illustriert und verdeutlicht.

Zur Entwicklung der Methode der Reizkonfrontation mit Reaktionsverhinderung

Seit den 60er Jahren hat sich die Prognose für die erfolgreiche Behandlung von Zwangsstörungen entscheidend verbessert, nachdem sich die Verhaltenstherapie schwerpunktmäßig auf die Möglichkeiten der Veränderung von Zwangsverhalten konzentriert hatte. Ausgangspunkt waren Berichte von Meyer (1966), der die erfolgreiche verhaltenstherapeutische Behandlung von zwei Fällen mit chronischer Zwangsneurose beschrieb. Diese Arbeiten kündigten die Anwendung psychologischer Modelle auf Zwänge und die Entwicklung effektiver verhaltenstherapeutischer Behandlungsformen an. Meyer vertrat den Standpunkt, daß es notwendig sei, das bei Zwangsstörungen zu beobachtende Vermeidungsverhalten direkt anzugehen, indem man die Patienten daran hindert, ihre ritualisierten Zwangshandlungen auszuüben (Reaktionsverhinderung). Etwa zur selben Zeit entwickelten Rachman et al. (1973) in ihrer Arbeit mit Patienten, die unter chronischen Zwangserkrankungen litten, Behandlungsmethoden, bei denen die Konfrontation mit gefürchteten Situationen eine zentrale Rolle spielte. In der Folge wurden diese beiden unterschiedlichen Ansätze zu einer hochwirksamen verhaltenstherapeutischen Behandlungsmethode verbunden, nämlich zur Reizkonfrontation mit Reaktionsverhinderung. Die beiden Begriffe „Reizkonfrontation" und „In-vivo-Exposition" beinhalten dasselbe, nämlich sich prolongiert angstauslösenden Situationen auszusetzen.

Das psychologische Modell des Zwangssyndroms beschreiben Salkovskis u. Kirk (1996) folgendermaßen:

➤   Zwangsgedanken sind Gedanken, die im Laufe der Zeit mit Angst verbunden wurden. Die Angst nimmt normalerweise wieder ab, wenn die Gedanken ohne weitere Konditionierung wiederkehren; bei Zwangsgedanken ist dies aber wegen des Auftauchens von Zwangshandlungen nicht der Fall.

➤   Zwangshandlungen sind ein willkürliches Verhalten (offenes oder in Gedanken), das die Konfrontation mit den Zwangsgedanken beendet und so zu einer Abnahme von Angst und Unbehagen führt. Lerntheoretisch ausgedrückt heißt das, daß zwanghaftes Verhalten durch diese Reduktion der Angst negativ verstärkt und damit wahrscheinlicher wird (siehe auch Kap. 4). Zwangshandlungen sind also eine kurzfristige Flucht vor dem Unbehagen, halten das Problem aber langfristig aufrecht.

➤   Außerdem lernen die Patienten, daß vermeidendes Verhalten gegen das Auftauchen der Zwangsgedanken (und der Angst) vorbeugen kann, so daß die Konfrontation mit dem Gedanken immer seltener wird.

Zusammenfassend kann also gesagt werden, daß die aktive Vermeidung von bestimmten Situationen und Gegenständen einer Konfrontation mit gefürchteten Gedanken vorbeugt, während auf der anderen Seite offene oder verdeckte Zwangshandlungen eine Konfrontation beenden. Beide Verhaltensweisen haben auf der intrapersonalen Ebene hauptsächlich die Funktion, den Patienten vor der Konfrontation mit gefürchteten Gedanken und Situationen bzw. den damit verbundenen unangenehmen Gefühlen zu schützen. Salkovskis u. Kirk (1996) betonen, daß Zwangshandlungen und Vermeidungsverhalten hauptsächlich eine Neubewertung verhindern, d.h. daß der Patient so nicht entdecken kann, daß die Dinge, vor denen er sich fürchtet, nicht wirklich passieren.

Aus diesem Erklärungsmodell zur Aufrechterhaltung der Zwangsstörungen folgt, daß ein wichtiger Teil der Behandlung darin besteht, die Patienten den gefürchteten Reizen auszusetzen und sie gleichzeitig zu ermutigen, jegliche Verhaltensweisen zu unterdrücken, die eine solche Konfrontation verhindern. Gleichzeitig wird eine Neubewertung der Ängste angestrebt, damit die Patienten entdecken können, daß ihre Befürchtungen nicht wirklich eintreten.

Als Behandlungsprinzip läßt sich aus den obigen Annahmen die verhaltenstherapeutische Methode der Reizkonfrontation mit Reaktionsverhinderung ableiten, eine Methode, die sich auch zur Behandlung von agoraphobischen Angststörungen sehr gut bewährt hat (Grawe, Donati u. Bernauer 1994). Dieses Vorgehen umfaßt nach Salkovskis u. Kirk (1996) im einzelnen:

➤   willkürliche Konfrontation mit allen bisher vermiedenen Situationen
➤   direkte Konfrontation mit den gefürchteten Reizen, u.a. auch eine Konfrontation mit den Zwangsgedanken
➤   Identifikation und Modifikation der Interpretationen, die vom Patienten in bezug auf das Auftreten und auf den Inhalt seiner aufdringlichen Gedanken gemacht werden

➤   Unterbindung von Zwangshandlungen und neutralisierendem Verhalten und der Verhinderung verdeckter Reaktionen.

Eine prolongierte Konfrontation mit den symptomauslösenden Reizen begünstigt nach Fiegenbaum u. Tuschen (1996):

➤   Habituationsprozesse an Problemsituationen, wie z.b. den Rückgang psychophysiologischer Angstreaktionen
➤   Veränderungen in der Wahrnehmung und Bewertung der Problemsituationen und Handlungskompetenzen, wie z.b. realistischere Einschätzungen von Gefahren oder positivere Einschätzungen der eigenen Coping-Strategien
➤   Aufbau neuer Verhaltensmuster, wie z.b. sich aktiv den Problemsituationen stellen, anstatt vor ihnen zu fliehen.

Diagnostische Phase

Die wichtigsten Ziele der diagnostischen Phase sind, die Indikation für die Reizkonfrontation abzuklären und die für die Therapieplanung notwendigen Informationen zu erheben. Der diagnostische Prozeß umfaßt bei Patienten mit Zwangssyndrom im wesentlichen die folgenden Komponenten:

➤   Erstgespräch
➤   diagnostisches Interview zur Klassifikation psychischer Störungen und der Erhebung therapierelevanter Informationen (z.b. SKID-Interview)
➤   psychodiagnostische Abklärung, d.h. eine ausgiebige Testung mit einer Standardmeßbatterie (z.b. Symptom-Check-List SCL-90, Befindlichkeitsinventar EMI-B, Unsicherheitsfragebogen etc.) und mit störungsspezifischen Tests (z.b. Hamburger Zwangsinventar HZI)
➤   medizinische Abklärung, um allfällige medizinische Risikofaktoren zu erheben
➤   Systemgespräch mit relevanten Bezugspersonen des Patienten
➤   Verhaltensbeobachtung vor Ort, d.h. dort, wo die Zwangsrituale in der Regel stattfinden
➤   Indikationsstellung und ein Therapievorschlag.

Ist bei einem Patienten die Indikation für eine störungsspezifische Behandlung mit der Methode der Reizkonfrontation gegeben, entwickelt der Therapeut ein Modell zur Erklärung und Veränderung der Probleme. In diesem Modell sollen prädisponierende, auslösende und aufrechterhaltende Faktoren beschrieben werden. Ein sehr gutes Beispiel für die Entwicklung eines Therapierationals für den Patienten findet sich bei Salkovskis u. Kirk (1996, S. 72):

„Nach dem, was Sie beschreiben, sieht es so aus, als hätten Sie ein psychologisches Problem, das Zwangssyndrom genannt wird. Wie jeder Mensch haben Sie aufdringliche Gedanken, die Ihnen plötzlich in den Sinn kommen. Diese Gedanken müßten nicht notwendigerweise ein Problem darstellen; was bei Leuten passiert, die dieses Problem haben, ist, daß sie solche aufdringlichen Gedanken als besonders negativ betrachten. Anstatt zu denken "Es ist ja nur ein Gedanke", denken die Leute "Ich sollte keinen solchen Gedanken haben" oder "Ich muß etwas unternehmen, sonst wird dieser Gedanke noch wahr" oder "Vielleicht sollte ich sicherstellen, daß alles in Ordnung ist".

Wenn man die Gedanken auf diese Art und Weise betrachtet, werden sie natürlich eher bemerkt, und sie werden Sie auch eher stören oder verunsichern. Bei Ihnen ist es so, daß Sie Gedanken über Bakterien hatten und über die Möglichkeit, daß Sie dafür verantwortlich sein könnten, solche Bakterien auf Ihre Familie zu übertragen, und daß Ihre Familie deswegen krank wird. Sie wußten zwar, daß das eher unwahrscheinlich ist, aber Sie konnten das Risiko auch nicht auf sich nehmen, wenn es irgendeine Möglichkeit gebe, die Gefahr abzuwenden; und so haben Sie angefangen, viele Dinge zu waschen und zu säubern. Sie haben außerdem Ihre Kinder nicht mehr angefaßt, Ihre Hände bis zu eine Stunde lang gewaschen und alles vermieden, von dem Sie dachten, daß es mit Krebs zusammenhängen kann. Unglücklicherweise haben all diese Dinge Sie nur kurzzeitig beruhigt, so daß sich das Problem langfristig noch eher verstärkt hat und die Gedanken und Ihr Verhalten ein immer größeres Problem wurden. Indem Sie alle diese Dinge taten, haben Sie die Möglichkeit akzeptiert, daß Sie wirklich für einen möglichen Schaden für Ihre Familie verantwortlich sein könnten. So etwas passiert bei dieser Art Problemen häufig: Je mehr man versucht, das Problem durch Vermeidung oder „Ungeschehenmachen" zu lösen, desto realer erscheint es, und desto mehr setzen sich die Gedanken im Kopf fest. Gibt dies Ihre Erfahrung richtig wieder?"

Kognitive Vorbereitung

Die eben beschriebene Entwicklung eines Therapierationals ist ein ganz zentrales Element der kognitiven Vorbereitung des Patienten auf eine störungsspezifische Behandlung. Fiegenbaum u. Tuschen (1996) schlagen für diese kognitive Vorbereitung eine (prolongierte) Sitzung vor, die je nach Problemlage und den individuellen Voraussetzungen des Patienten ca. ein bis vier Stunden in Anspruch nehmen kann. Der Therapeut informiert zunächst den Patienten über die wichtigsten diagnostischen Ergebnisse und entwickelt dann mit ihm zusammen zunächst ein Modell, das die lebensgeschichtliche Entwicklung und die Aufrechterhaltung der psychischen Störung erklärt (Störungsmodell). Im zweiten Schritt werden die Implikationen für die Therapie abgeleitet (Veränderungsmodell).

Wichtig dabei ist, daß sich der Therapeut in das Denk- und Wertesystem des Patienten hineindenken kann und Erklärungsmodelle benutzt, die der Patient verstehen und akzeptieren kann. So gesehen ist eine gute kognitive Vorbereitung das Kernstück der gesamten Therapie. Im weiteren ist die Schaffung einer guten Motivation für die Reizkonfrontation eine wichtige Aufgabe des Therapeuten, denn es kann nicht erwartet werden, daß der Patient die Motivation von sich aus in die Therapie mitbringt, da seine Angst vor den vermiedenen Emotionen viel zu groß ist. Fiegenbaum u. Tuschen (1996) heben vier Merkmale hervor, durch die sich gute, d.h. motivationsfördernde Erklärungsmodelle auszeichnen:

➤   Sie haben eine hohe Kompatibilität mit dem kognitiv-affektiven System des Patienten.
➤   Sie sind durch Einzelerfahrungen des Patienten nicht widerlegbar (Nicht-Falsifizierbarkeit).
➤   Sie implizieren eine angemessene Perspektivität für Veränderung.
➤   Sie haben eine hohe Plausibilität für den Patienten.

Vorbereitung und Durchführung der Reizkonfrontation

Nach der Vorstellung des Therapierationals wird mit dem Patienten der Behandlungsplan besprochen, indem man sich mit ihm auf kurz-, mittel- und langfristige Ziele einigt. Alle Konfrontationen werden mit dem Patienten im voraus besprochen, es wird auch klargestellt, daß es keine „Überraschungen" geben wird. Die Auswahl der ersten Aufgaben und die Reihenfolge, in der an Problemen gearbeitet wird, hängen nach Salkovskis u. Kirk (1996) stark von folgenden Faktoren ab:

> ➤   Vertrauen des Patienten in das therapeutische Vorgehen
> ➤   Ausmaß der Beeinträchtigung durch die verschiedenen Aspekte der Problematik
> ➤   Ausmaß, in dem die verschiedenen Aspekte im normalen Lebensumfeld des Patienten auftauchen
> ➤   Bereitschaft des Patienten, die Übungen durchzuführen.

Die Methode der Reizkonfrontation orientiert sich an den folgenden beiden Grundprinzipien: Erstens einer direkten Konfrontation mit den symptomauslösenden Reizen und zweitens der Reaktionsverhinderung. Bei der direkten Konfrontation werden die Patienten unter therapeutischer Anleitung in genau diejenigen Situationen gebracht, die sonst vermieden werden bzw. bei nicht gelungener Vermeidung ein Zwangsritual zur Folge haben. Entscheidend für den Erfolg der Therapie ist, daß die Patienten so lange in den für sie schwierigen Situationen bleiben, bis das damit verbundene Unbehagen deutlich abgenommen hat. Im allgemeinen sollte diese Konfrontationsbehandlung mit einer In-vivo-Übung beginnen, die eine moderate Schwierigkeit aufweist und die für die alltägliche Lebensführung des Patienten relevant ist.

Manche Therapeuten haben mit der Konfrontationsphase der Behandlung gewisse Schwierigkeiten, da der Patient in solchen Situationen außerordentliche Belastungen erleben kann (vgl. Ambühl u. Heiniger Haldimann 1997). Patienten mit Zwangsstörungen sind in der Regel jedoch durchaus bereit, großes Unbehagen und starke Angst zu ertragen, wenn sie überzeugt sind, daß diese Behandlung letztendlich erfolgreich sein wird. Standfestigkeit des Therapeuten verbunden mit einfühlendem Verständnis für die Schwierigkeiten des Patienten, sind wichtige Voraussetzungen für eine vertrauensvolle und aufgabenorientierte therapeutische Beziehung (siehe auch Kap. 13). Salkovskis u. Kirk (1996, S. 76) halten hierzu fest, daß der Patient stets an das Rational der Konfrontationsbehandlung erinnert werden sollte, z.B.:

> „Daß Angst entsteht, wenn man mit einem solchen Programm beginnt, ist völlig normal. Es ist sogar ein ausgesprochen wichtiger Teil der Behandlung, da die Patienten oft denken, daß die Angst anhalten und unannehmbar groß werden wird. Eines der wichtigsten Dinge, die Sie während der Behandlung lernen werden, ist, daß die Angst nicht auf ein solches unerträgliches Ausmaß anwächst und oft schneller zurückgehen wird, als Sie vorher erwarten. Manchmal reduziert sich die Angst bereits nach zwanzig Minuten, häufiger nach etwa einer halben bis einer Stunde. Eine weitere wichtige Sache, die Sie bemerken werden, ist, daß nach zwei oder drei Konfrontationen das Unbehagen am Anfang einer Übung immer weniger werden wird. Dies zeigt am besten, wie die Behandlung funktioniert, und mit der Zeit werden Sie bemerken, daß Sie fähig sind, sich auf diese Weise mit den bisher gefürchteten Situationen zu konfrontieren, ohne daß es Ihnen überhaupt noch unangenehm sein wird."

Die Reaktionsverhinderung besteht einerseits darin, daß der Therapeut während der Konfrontationen jegliches Vermeidungsverhalten – auch kognitive Vermeidung – zu verhindern versucht. So darf sich der Therapeut z.B. nicht auf ablenkende Gespräche einlassen, sondern muß statt dessen den Patienten immer wieder anleiten, seine Aufmerksamkeit auf die Reize zu richten, die sein Unbehagen auslösen. Andererseits ist die Reaktionsverhinderung darauf ausgerichtet, daß der Patient nach erfolgter Konfrontation nicht wieder sein ritualisiertes Zwangsverhalten praktiziert, um das Unbehagen und die Angst auf diese Weise zu reduzieren. Zwar sollte bei einer erfolgreichen prolongierten Exposition das Unbehagen und die Angst automatisch auf ein erträgliches Maß reduziert werden, so daß für den Patienten gar kein Bedarf für Zwangsverhalten mehr besteht. Trotzdem erscheint es sinnvoll, mit dem Patienten (und ggf. seinen relevanten Bezugspersonen) genau zu besprechen, wie er allenfalls an der weiteren Ausübung seines Zwangsverhaltens gehindert werden könnte (siehe auch Kap. 8).

Bei der praktischen Durchführung von Konfrontation und Reaktionsverhinderung gilt es nach Reinecker (1994), folgende Aspekte zu berücksichtigen:

➤ Vor der Durchführung des Verfahrens sollte abgesichert werden, am besten durch eine schriftliche ärztliche Stellungnahme, daß keine medizinischen Bedenken gegen die durchaus belastende Therapie bestehen. Im Zweifelsfalle oder bei bestehenden chronischen Belastungen wie z.b. Bluthochdruck bietet sich die Durchführung im stationären Setting an (siehe Kap. 12).

➤ Eine Durchführung von Konfrontation und Reaktionsverhinderung ist nur bei entsprechender Motivation des Patienten möglich. Eine mit der Zwangsproblematik deutlich verknüpfte depressive Verstimmung des Patienten verlangt, zuerst die Depression psychotherapeutisch anzugehen. Erst wenn diese und die damit verbundene Hoffnungslosigkeit behandelt wurde, kann bei entsprechender Motivation die Behandlung der Zwangsproblematik angegangen werden (siehe Kap. 11).

➤ Die Rolle der Medikation in der Therapie von Zwängen wird kontrovers diskutiert. Für die Durchführung von Konfrontation und Reaktionsverhinderung soll die Medikation von Tranquilizern grundsätzlich vorher abgesetzt werden, weil sonst die Gefahr besteht, daß die erreichte Verbesserung der Einnahme von Beruhigungsmitteln zugeschrieben wird. Dies gilt auch für den Konsum von Alkohol, der nicht selten als problematische Strategie der Ablenkung und Bewältigung eingesetzt wird. Für Antidepressiva gibt es bei Zwangskranken jedoch häufiger eine direkte Indikation zur parallelen Weiterverabreichung während der Expositionstherapie, weil verschiedene Studien gezeigt haben, daß bei einer Kombination von Verhaltenstherapie und Antidepressiva (z.B. Fluoxamin) vor allem die Reduktion der Zwangsgedanken erfolgreicher war als bei alleiniger Expositionsbehandlung (siehe Kap. 10).

➤ Eine zielgerichtete und effektive Konfrontation ist nur dann möglich, wenn die entsprechende Situation und das zwanghafte Verhalten detailliert und verhaltensnah beschrieben sind. Wichtig ist vor allem eine präzise Identifikation derjenigen Situationen, die Auslöser für das Zwangsverhalten sind.

➤ Die Habituationsgeschwindigkeit für emotionale Reaktionen weist große Variationen auf. Patient und Therapeut müssen für die Durchführung des Verfahrens genügend Zeit aufbringen. Das Ende einer therapeutischen Sitzung ist häufig nicht im voraus zu bestimmen, so daß eine flexible Termingestaltung notwendig ist. Auf keinen Fall darf eine Konfrontationssitzung beendet werden, wenn die Angst des Patienten sich immer noch auf einem hohen Niveau befindet. Im allgemeinen reichen 2–6 mehrstündige Sitzungen mit bis zu 20 zusätzlichen Übungsstunden, um den angestrebten Effekt der Symptomreduktion zu erreichen.

➤   Die Bezugspersonen des Patienten sollten über die Durchführung der Therapie informiert sein. In vielen Fällen können Partner oder Eltern langfristig die Rolle von Co-Therapeuten übernehmen. Dies erfordert eine gewissenhafte Schulung und Aufklärung der relevanten Bezugspersonen. Diese haben die Zwangsproblematik zwar zumeist jahrelang miterlebt, bringen dafür allerdings kaum ein psychologisches oder therapieorientiertes Verständnis mit, im Gegenteil: Sie unterstützen den Patienten in seinen Ritualen, indem sie ihn entweder kritisieren oder ihm eine Reihe von Dingen abnehmen, und ihm so kurzfristige Sicherheit geben Die ambulante Durchführung von Konfrontation und Reaktionsverhinderung erfordert in den meisten Fällen eine minimale Kooperation von seiten der Bezugspersonen des Patienten (siehe Kap. 12).

➤   Während der Therapie können verschiedene Schwierigkeiten auftreten: z.B. ein Ausbleiben der Habituation (Angstreduktion) in den Konfrontationsübungen. Dieses Problem tritt nur selten auf, und die Gründe dafür liegen meistens in zu kurz angelegten Konfrontationsübungen oder bei einer in der diagnostischen Phase nicht identifizierten nebenher bestehenden depressiven Störung, die behandelt werden müßte. Eine weitere große Schwierigkeit besteht in der Non-Compliance des Patienten. Für die Compliance und die Akzeptanz der Behandlung ist es entscheidend, daß das Konzept und das Rational der Behandlung für den Patienten verständlich ist.

Das folgende Fallbeispiel einer Patientin soll die Grundprinzipien der Reizkonfrontation und das konkrete therapeutische Vorgehen verdeutlichen. Es stammt aus dem Lehrbuch der Verhaltenstherapie (Margraf 1996, Band 1, 307–310) und wird mit der freundlichen Genehmigung der beiden Autoren W. Fiegenbaum und B. Tuschen hier abgedruckt.

Fallbericht

Diagnostische Phase

Therapieanlaß:
Frau M. war 32 Jahre alt, als sie erneut psychotherapeutische Hilfe suchte. Seit vier Jahren fühlte sie sich von der Angst beherrscht, daß sie ihr Kind umbringen könnte. Das Kind, das gerade in die Grundschule gekommen war, durfte deshalb keine Minute mit der Mutter allein verbringen. Der Ehemann hatte seine Frau unterstützt so gut er konnte, aber nach vier Jahren fühlte er sich erschöpft und hatte kaum noch Hoffnung auf ein glückliches Familienleben.

Entwicklungsgeschichte:
Der Grund der Zwangsproblematik lag vier Jahre zurück. Bis zu diesem Zeitpunkt schien nichts darauf hinzudeuten, daß das Leben von Frau M. eine jähe Wende nehmen könnte: Eine Kindheit mit schönen, aber auch einigen belastenden Erlebnissen, Realschule und abgeschlossene Banklehre, Jugendlieben, mit 25 Jahren die Heirat und ein Jahr später das ersehnte Kind. Dieses Kind, ein Junge, hatte im Alter von zwei Jahren eine schwierige Phase: Nächtelang holte er die Familie aus dem Bett, und tagsüber zeigte er bis dahin völlig unbekannte Trotz- und Tobsuchtsanfälle. Die Nerven der Familie waren nach einigen Wochen ziemlich strapaziert. Bei einem solchen Trotzanfall, ein Familienerbstück war gerade zu Bruch gegangen, erwischte sich die Mutter beim Gedanken: „Ich könnte ihn an die Wand werfen". Einen solchen Gedanken hatte sie bisher nie gehabt, und sie erschrak: Wie konnte sie nur so etwas den-

ken? War ihr Kind nicht das Wichtigste in ihrem Leben? Wie konnte sie sich dazu hinreißen lassen, so etwas zu denken? Und schlimmer noch: Könnte es nicht auch sein, daß sie sich dazu hinreißen lassen würde, das Gedachte auszuführen? Immer wieder las man ja in den Zeitungen, daß Eltern ihre Kinder umbrachten. War sie wirklich immer und in allen Situationen sicher, sich nicht hinreißen zu lassen? Liebte sie ihren Sohn wirklich?

Das alles waren Fragen, die sich Frau M. in den nächsten Wochen stellte und die sie sehr beunruhigten. Bei diesen Gedanken spürte sie auch ein starkes Herzklopfen und einen andauernden Kloß im Hals.

Eines Tages nahm sie sich vor, einfach nicht mehr an dieses Thema zu denken. Dieser Vorsatz war naheliegend und sehr plausibel, doch er löste das Problem nicht. Es wurde sogar immer schlimmer, und das bewies ihr wiederum, daß mit ihr etwas nicht stimmte. Sie war sich jetzt ganz sicher, daß ihr Kind in Gefahr war und daß sie es schützen mußte. Deshalb beschloß sie wieder etwas sehr Plausibles: Sie schaffte nach und nach alle gefährlichen Gegenstände, z.B. Messer oder Scheren, aus der Wohnung. Da die Familie im vierten Stock wohnte, montierte sie auch die Griffe von den Fenstern ab. Sie wollte ihr Kind davor bewahren, von der Mutter erstochen oder aus dem Fenster geworfen zu werden. Doch wodurch konnte sie verhindern, daß sie ihr Kind an die Wand werfen oder erwürgen würde? Konsequenterweise half da ihrer Meinung nach nur noch eines: Das Kind, das sie so sehr liebte, durfte nur noch im Beisein anderer Menschen Kontakt zur Mutter haben.

Nach vier Jahren waren alle Beteiligten am Ende: Das Denken, Fühlen und Handeln der Mutter kreiste nur noch darum, den Tod des Kindes zu verhindern. Die Mutter-Kind-Beziehung war erheblich beeinträchtigt, und die Ehe war so sehr in Mitleidenschaft gezogen, daß Zweifel aufkamen, ob die Beziehung tragfähig bleiben würde.

Frühere Therapieversuche:

In den vier Jahren kam es zu drei Therapieversuchen, die jeweils eine deutliche, wenn auch nicht stabile Verbesserung erbrachten: Ein erster Ansatzpunkt waren die starken körperlichen Begleitsymptome, die durch sedierende Medikamente verringert wurden. Allerdings ließ im Laufe der Zeit die Wirkung nach, und die notwendige Dosis der Medikamente wurde größer. Aufgrund des möglichen Suchtpotentials wurde der Patientin geraten, sich in eine Psychotherapie zu begeben. Die dann folgende Therapie ging der Frage nach, inwiefern die Patientin unbewußte Aggressionen gegen ihr Kind hegte und inwieweit diese vielleicht ihre Ursache in der Kindheit der Patientin hätten, insbesondere in der Beziehung zu ihrer Mutter. Frau M. wurde während dieser Therapie deutlich, welche Gefahren möglicherweise in ihrem eigenen unbewußten Inneren lauerten, und sie fühlte sich darin bestärkt, daß ihr Kind in Gefahr war.

Ein viermonatiger stationärer Klinikaufenthalt war schließlich für die Patientin eine große Entlastung. Hier ging es ihr zunehmend besser, denn ihr Kind war währenddessen in Sicherheit und bei Besuchen bei der Mutter in der Obhut des Ehemannes oder anderer Begleitpersonen. Leider blieben die Erfolge nach der Rückkehr in die eigene Wohnung nicht stabil.

Problemanalyse und Therapieplanung:

Ein Jahr nach dem stationären Aufenthalt bemühte sich die Patientin erneut um psychotherapeutische Hilfe. Sie hatte zwar keine große Hoffnung mehr auf Änderung, aber sie wollte dennoch einen letzten Versuch wagen, ihrem und dem Leben der gesamten Familie eine neue Wendung zu geben.

Die psychologische Diagnostik führte zu der Diagnose Zwangsstörung (300.30; DSM-III-R). Darüber hinaus wurden depressive Symptome, Suizidgedanken und erhebliche Beeinträchtigungen in der Partnerschaft sowie in der Mutter-Kind-Beziehung festgestellt. Psychotische Erkrankungen und eine Gefährdung des Kindes konnten ausgeschlossen werden. Die medizinischen Untersuchungen ergaben keine Hinweise auf organische Erkrankungen.

Auf der Basis umfangreicher psychologischer und psychophysiologischer Erhebungen wurden folgende Hypothesen zur Entwicklung, Aufrechterhaltung und Veränderung der Zwangsstörung formuliert:

Sehr wahrscheinlich bestand ein Großteil der Probleme zu Beginn darin, daß sich die Patientin an einer unrealistischen Norm bezüglich der Gefühle und Gedanken orientierte, die eine ihr Kind liebende Mutter haben darf. Um eine langfristig stabile Veränderung der Zwangsproblematik zu begünstigen, erscheint daher eine Veränderung normativer Vorstellungen zum Thema »gute Mutter« sinnvoll.

Der aktive Versuch, an etwas Bestimmtes nicht mehr zu denken, begünstigt ein verstärktes Auftreten der unterdrückten Gedanken (vgl. Salkovskis u. Campbell 1994, Wegner et al. 1990, Wenzlaff et al. 1988). Vermutlich wird das Gedächtnis zu diesem Thema durch jeden gescheiterten Versuch, einen bestimmten Gedanken nicht zu denken oder sich bewußt abzulenken, immer weiter ausdifferenziert, indem z.B. assoziative Verknüpfungen zu immer mehr Umgebungsmerkmalen, Gefühlen und Gedanken hergestellt werden. Aufgrund der häufigen Lerndurchgänge ist zu erwarten, daß die Gedächtnisinhalte immer leichter aktivierbar werden (zum Überblick vgl. Baddeley 1990). Die Patientin sollte daher Einsicht in diesen Mechanismus gewinnen und durch konkrete Aufgaben angeleitet werden, die Gedankenunterdrückung aufzugeben (z.B. indem sie versucht, sich intensiv mit einem angstbesetzten Gedanken zu befassen).

Starke körperliche Reaktionen auf Erschrecken können anlagebedingt sein. Wichtiger ist aber, daß dieser Mechanismus in einen Teufelskreis münden kann, bei dem eine Reaktion (z.B. ein bedrohlicher Gedanke) automatisch andere Reaktionen auslöst (z.B. physiologische und subjektive Angstreaktionen) und sich ein gegenseitiger Aufschaukelungsprozeß entwickelt, der willentlich kaum beeinflußbar ist. Wenn dieser Aufschaukelungsprozeß erst einmal in Gang gesetzt wurde, sind Flucht- und Vermeidungsverhalten plausible Strategien, um die Angst zu mildern. Ein Ziel der Therapie sollte daher sein, die psychophysiologische Reaktivität in den mit Angst gekoppelten Situationen zu reduzieren. Zu diesem Zweck muß sich die Patientin wiederholt und zeitlich ausgedehnt genau den Situationen aussetzen, vor denen sie massive Angst hat (z.B. mit dem Kind allein sein). Um den Organismus vor längerer extremer Erregung zu schützen, setzen bei jedem Menschen nach einem individuell verschiedenen Zeitintervall physiologische Habituationsreaktionen ein. Die Reizkonfrontation nutzt diese Prozesse durch häufige und zeitlich verlängerte Darbietung der angstevozierenden Reize. Der Rückgang der körperlichen psychophysiologischen Angstreaktionen begünstigt auch kognitive Veränderungen, indem neue Erwartungen und Bewertungen in bezug auf die Bedrohlichkeit der Situation aufgebaut werden (Foa u. Kozak 1986).

Das Vermeidungsverhalten (z.B. scharfe Gegenstände aus dem Haus entfernen; nicht mehr mit dem Kind allein sein) spielt eine wesentliche Rolle bei der Aufrechterhaltung der Störung. Informationstheoretisch betrachtet entsteht damit ein sich selbst immunisierendes kognitives System: Die Patientin kann keine Erfahrungen zulassen, anhand derer sie überprüfen könnte, ob die befürchteten Ereignisse eintreten oder nicht. Sie muß daher weiter an dem Gedanken festhalten, eine Gefahr für ihr Kind zu sein. Daß ihr Kind noch lebt, wird konsequenterweise von ihr als Beweis dafür interpretiert, daß das Vermeidungsverhalten sinnvoll ist, um das Leben ihres Kindes zu schützen. In der Therapie muß die Patientin daher angeregt werden, ihre Überzeugungen einer empirischen Überprüfung zu unterziehen (z.b. indem sie die Erfahrung zuläßt, allein mit ihrem Kind zu sein. Durch wiederholtes Falsifizieren der Grundannahme („Ich bin eine Gefahr für mein Kind") kann sie allmählich eine realistischere Einschätzung der Gefahren gewinnen (z.b. „Absolut sicher kann man sich nie sein. Aber ich bin kein größeres Risiko für mein Kind, als andere Menschen es sind").

Die depressiven Symptome, Suizidgedanken, Partnerschaftsprobleme und Beeinträchtigungen in der Mutter-Kind-Beziehung sind aller Wahrscheinlichkeit nach als Folgeprobleme der Zwangsstörung entstanden. Es ist daher zu erwarten, daß die Probleme ohne speziell auf sie ausgerichtete psychotherapeutische Interventionen zurückgehen, sobald die Zwangsstörung erfolgreich behandelt wird. Es sind demnach zunächst keine psychotherapeutischen Interventionen einzuplanen. Sollte sich wider Erwarten zeigen, daß sich die Probleme inzwischen verselbständigt haben, sind entsprechende psychologische Interventionen vorzunehmen.

Kognitive Vorbereitung

Erklärungsmodell:
Die Therapie begann mit einer kognitiven Vorbereitung, die sechs Zeitstunden in Anspruch nahm. Unter Berücksichtigung der subjektiven Ursachentheorie der Patientin wurde das im Rahmen der Problemanalyse entwickelte Erklärungsmodell schrittweise mit Frau M. erarbeitet. Um nicht nur abstrakte Einsichten zu vermitteln, nutzte die Therapeutin Strategien, mit denen unmittelbare Evidenzerlebnisse induziert werden können. So arrangierte sie u.a. mit Müttern einer Kindergartengruppe ein Gespräch zum Thema „Ich könnte mein Kind an die Wand werfen". Wenngleich es für die Patientin sehr belastend war, wurde das Gespräch so lange ausgedehnt, bis die Patientin halbwegs ruhig über dieses Thema reden konnte. Die Patientin gewann den Eindruck, daß ihre strengen Vorstellungen zum Thema „gute Mutter" vermutlich ein wichtiger Grund für die Entstehung ihrer Probleme waren.

Gedankenunterdrückung:
Den Mechanismus, daß Gedankenunterdrückung zu einem vermehrten Denken an die unterdrückten Gedanken führt, demonstrierte die Therapeutin anhand folgender Aufgabe: Sie ließ die Patientin fünf Minuten allein und bat sie – trotz der offensichtlichen Lächerlichkeit der Aufgabe – intensiv zu versuchen, nicht an die Zahl fünf zu denken. Als die Therapeutin zurückkam, berichtete die Patientin lachend, daß sie immer wieder an die Zahl fünf denken mußte. Die Therapeutin zeigte natürlich auch, was passiert, wenn man fünf Minuten an die Zahl fünf denken soll: Immer wieder schweifen die Gedanken ab.
Die übrigen Komponenten des Erklärungsmodells, z.B. der psychophysiologische Aufschaukelungsprozeß der Angst, die Rolle des Vermeidungsverhaltens für die Aufrechterhaltung der Probleme, wurden ebenfalls in nachvollziehbaren und erfahrungsorientierten Schritten mit der Patientin erarbeitet.
Auch bei der Ableitung der Implikationen für die Therapie wurde die Patientin aktiv einbezogen, indem sie z.B. in einem Gedankenexperiment durchspielte, was mit ihrer Angst passieren würde, wenn sie – umgeben von Messern und anderen scharfen Gegenständen – stundenlang mit ihrem Kind zusammen wäre. Am Ende der kognitiven Vorbereitung war die Patientin sehr genau darüber informiert, was während der

Konfrontationsbehandlung auf sie zukommen würde. Sie hatte große Angst vor der Behandlung und äußerte auch Zweifel darüber, ob sie den Strapazen gewachsen sein würde. Da sie aber absolut davon überzeugt war, nur so ihre Probleme loswerden zu können, war sie fest entschlossen, diese Therapie zu machen. Die Therapeutin legte allerdings Wert darauf, daß sich die Patientin Zeit ließ, ihre Entscheidung für die Therapie mit allen Vor- und Nachteilen zu bedenken.

Intensivphase der Reizkonfrontation

Während der Intensivphase der Behandlung setzte sich die Patientin täglich mehrere Stunden lang mit ihren Ängsten auseinander. Im Beisein der Therapeutin verbrachte sie vier Tage mit ihrem Kind in ihrer Wohnung, während der Ehemann für kurze Zeit ausquartiert worden war. Es wurden all die gefährlichen Dinge wieder ins Haus gebracht, die Fenster geöffnet und die Patientin mit dem Kind allein gelassen. Bei jeder neuen Aufgabe traten anfangs starke körperliche Reaktionen, manchmal auch Weinanfälle und Verzweiflung auf. Die Therapeutin ließ sich dadurch nicht beirren, achtete aber darauf, daß durch psychologische Hilfen, wie z.B. Wahrnehmungsveränderungen oder durch die Beachtung spezifischer physiologischer Reaktionsmuster, bei der Patientin letztlich eine Erregungsreduktion erzielt wurde. Diese vier Tage waren sicher für die Patientin sehr hart, aber sie konnte in der Nacht des vierten Tages allein in der Wohnung mit ihrem Kind schlafen, wenn auch sehr unruhig.

Nach Gesprächen mit den Bezugspersonen und der Patientin kam am Morgen des neunten Therapietages der vorläufige Abschied von der Therapeutin. Es war ein Wochenende, und die Therapeutin hatte die Patientin beauftragt, mit ihrem Sohn für zwei Tage in einen Freizeitpark zu fahren – das erste Mal nach langer Zeit war das Kind mit der Mutter länger allein.

Selbstkontrollphase

In der folgenden Zeit hatte die Patientin die Aufgabe, selbständig weiterzuarbeiten. Die Therapeutin hatte zusammen mit der Patientin und ihrem Ehemann genau besprochen, worauf Frau M. besonders achten sollte. Anfangs gab es noch tägliche Telefonkontakte mit der Therapeutin. Es folgten vier Treffen, davon zwei mit der ganzen Familie. Erwartungsgemäß berichtete die Patientin, daß es nicht immer leicht für sie gewesen sei, bei wiederkehrenden Ängsten mit all den gefährlichen Gegenständen in der Wohnung allein mit dem Kind zu sein. Aber sie hatte es geschafft und berichtete stolz über ihre Erfolge.

Evaluation der Therapie

Insgesamt wurden 63 Behandlungsstunden benötigt. Bei der Katamnese zwei Jahre später waren Mutter, Vater und Sohn wohlauf. Es hatte aber zwischenzeitlich auch Zeiten gegeben, während derer sich die Patientin wieder ängstlicher fühlte und sich der Gedanke aufdrängte, daß sie eine Gefahr für ihr Kind sein könnte. Frau M. hat sich aktiv diesen Ängsten gestellt und sie dadurch wieder erfolgreich bekämpft.

Zusammenfassung

Das Kernstück jeder verhaltenstherapeutischen Behandlung von Zwangsstörungen ist die In-vivo-Exposition (Reizkonfrontation) mit Reaktionsverhinderung. Sie verlangt, daß sich der Patient freiwillig in jene Situationen begibt, in denen mit großer Wahrscheinlichkeit Zwangsgedanken und -befürchtungen auftreten, er aber gleichzeitig, gemäß einer Absprache mit dem Therapeuten, freiwillig auf das Ausüben seines Abwehrverhaltens verzichtet. Er lernt dabei, diese Situationen anders zu bewältigen. Die Reizkonfrontation hat nach Hoffmann (1994a) folgende drei Zielsetzungen:

➤   Sie ermöglicht dem Patienten, die Beschaffenheit seiner Reaktionen (körperliche Empfindungen, Gefühle, Kognitionen und Handlungsimpulse) auf äußere Auslösereize besser kennenzulernen. Oft kommt es dabei auch zum erneuten Bewußtwerden von früheren traumatischen Erlebnissen und – damit verbunden – zum Erleben von bislang vermiedenen Gefühlen wie Hoffnungslosigkeit, Wut etc. Oft erfährt der Patient auch, daß seine Erwartungen bezüglich der Heftigkeit seiner Reaktion falsch waren, und daß er besser als erwartet damit umgehen kann.

➤   Die In-vivo-Exposition mit Reaktionsverhinderung bildet den Rahmen für den zentralen Lernschritt, die den Zwängen zugrundeliegenden Ängste aktiv zu bewältigen. Der Patient soll dabei seine Reaktionen voll zulassen, mit Ausnahme des motorischen (aktiven oder passiven) Vermeidungsverhaltens. Die Bewältigung wird zusätzlich unterstützt durch eine zuvor erreichte veränderte Einstellung zum Zwangsverhalten, mit Hilfe derer der Patient seine Reaktionen als Anzeichen einer Krankheit, aber nicht als Indiz für reale Gefahren bewertet (siehe auch Kap. 7).

➤   Der wichtigste Lernschritt ist schließlich, daß der Patient normales, nicht zwanghaftes Verhalten in seinen Alltag integrieren kann, und so eine Stabilisierung des Gelernten erreicht.

7. Kognitive Therapie bei Zwangsstörungen

Birgit Hofmann, Nicolas Hoffmann

Zunächst werden bisherige kognitive Modelle und Therapiestrategien kurz beschrieben. Danach folgt die Darstellung eines um zwangsrelevante volitionale und emotionale Faktoren erweiterten kognitiven Modells zur Entstehung von Zwangsstörungen. Sich daraus ergebende Therapieziele und Interventionen werden tabellarisch aufgezeigt. Schließlich wird ein Fallbeispiel vorgestellt. Nach der Beschreibung der Symptomatik folgen eine auf dem theoretischen Modell aufgebaute Verhaltensanalyse und die Darstellung der Therapie. Sie ist in fünf Phasen gegliedert. Letztlich wird ein zur Diagnostik und Therapie genutztes Instrument zur Erfassung der Emotionen beschrieben. Gefühlsveränderungen und deren kognitive Korrelate in den einzelnen Therapiephasen werden dargestellt.

Theoretische kognitive Modelle über die Entstehung von Zwangsstörungen

Folgende Vorstellungen stehen zum jetzigen Zeitpunkt im Mittelpunkt der Diskussion:

Modell von Salkovskis

Nach Salkovskis (1989a) werden einschießende Gedanken und Vorstellungen dann zu Zwangsgedanken, wenn sie aufgrund dysfunktionaler Bewertungsprozesse für nicht zulässig gehalten werden. Dabei spielen zwei unangemessene Bewertungsprozesse eine große Rolle: Einmal die Überschätzung der Wahrscheinlichkeit des Eintretens negativer Konsequenzen. Allein schon die Möglichkeit ihres Eintretens bedeutet große Gefahr und löst ein Bedürfnis nach Sicherheit gebenden Handlungen aus. Zum anderen wird die persönliche Verantwortung für die antizipierten Katastrophen überschätzt. Diese Bewertungen werden gesteuert durch zugrundeliegende dysfunktionale „Beliefs" über Schuld, Wertlosigkeit oder Ablehnung durch andere. Nicht selten lassen sich Überzeugungen wie die folgenden identifizieren: „Ist ein Ereignis nicht mit Sicherheit auszuschließen, dann tritt es mit Sicherheit ein", „Wenn ich das denke, bedeutet das, daß ich will, daß es passiert" (z.B. sein Kind erstechen), „Nicht zu versuchen, ein mögliches Unglück von vornherein abzuwehren, ist genauso schlimm, wie ein solches Unglück willentlich herbeizuführen" (Salkovskis u. Kirk 1996, S. 79). Durch solche Bewertungen verschlechtert sich die Stimmung, es entstehen Erregung, Unruhe und Angst. Neutralisierende Zwangsrituale werden eingesetzt, um das Unbehagen zu reduzieren, aber auch um Gefühle der Verantwortung für mögliche negative Konsequenzen zu verringern. Schließlich sollen die Schuldgefühle besänftigt werden, die es verbieten, solche Gedanken überhaupt zu haben. Dadurch werden aber das abwehrende Zwangsverhalten negativ verstärkt und die irrationalen „Beliefs", die der hohen subjektiven Valenz der Intrusionen zugrunde liegen, stabilisiert.

In der Kindheit wurde oft gelehrt, daß Probleme dadurch verursacht werden, daß man nicht genügend aufpaßt. Dadurch, daß die Patienten nun „aufpassen" auf gefährliche Gedanken und sie neutralisieren, ist ihnen die Einsicht verwehrt, daß die zwangsauslösenden Situationen und Gedanken eigentlich normal sind und keine besonderen Maßnahmen erfordern.

Modell von Rachman

In Ergänzungen zu den Vorstellungen von Salkovskis legt Rachman (1993) einen Hauptschwerpunkt in seinem Modell auf das inflationäre Verantwortungsgefühl von Zwangskranken hinsichtlich Gegebenheiten wie Unfällen und eigenen intrusiven Gedanken. Die Personen scheinen Verantwortung allgemein zu überschätzen in Familie und Arbeit, sie nehmen aus Angst oft unter ihren Kompetenzen liegende Tätigkeiten im Beruf an. Hohe Außenanforderungen intensivieren über gesteigerte Angst vor Verantwortung die Zwangssymptomatik. Im Gegenzug verlieren Menschen mit Kontrollzwängen ihre Symptome vorübergehend dann, wenn sie in subjektiv sicherheitsgebende Strukturen kommen (Krankenhaus, Berufsumfeld). Aber mit der Eingewöhnung im Krankenhaus z.b. beginnt das Verantwortungsgefühl, sich wieder mit der Zeit zu erhöhen hinsichtlich der Standards an Eigenmanagement und Erreichen von Sicherheit. Dann treten die Zwangssymptome wieder auf.

Eine Gemeinsamkeit von Zwangskranken und Sozialphobikern ist, daß sie negative Ereignisse verstärkt wahrnehmen und sich selber zuschreiben, im Gegensatz zu positiven Ereignissen. Sie können Ärger wenig offen ausdrücken, können aber Fortschritte bei der Bewältigung von Zwängen nur dann machen, wenn sie dies tun.

Patienten mit Zwangsgedanken haben hohe moralische Standards, die oft in der Erziehung erworben wurden und meinen daher, daß sie immer und ganz exzessiv nachdenken und korrekt sein müssen. Gedanken (meist mit aggressiven, sexuellen und blasphemischen Inhalten) haben bei ihnen einen höheren Impulscharakter als andere Gedanken oder Grübeleien. Im subjektiven Erleben verwischen sich weitgehend die Unterschiede zwischen Gedanken und Tat. Aus dem Grund werden die Gedanken als um so gefährlicher angesehen.

In der Therapie neigen die Patienten dazu, Verantwortung auf den Therapeuten zu übertragen oder sie zumindest mit ihm zu teilen. Dies kann am Anfang teilweise zugelassen und genutzt werden, um die Risikobereitschaft zu erhöhen. Dadurch können die Kognitionen besser analysiert werden, die das Verhalten steuern. Wenn im Lauf der Therapie eine Reduzierung des Verantwortungsgefühls erreicht wird, kann zwanghaftes Verhalten vermindert werden.

Perspektivenerweiterung durch Röper

Nach Röper (1992) wirken Eltern oft als Modell dafür, daß das Auftreten von Problemen mit Angst verbunden ist, und nehmen Kindern damit die optimistische und kontrollüberzeugte Einstellung bei Auseinandersetzungen mit Schwierigkeiten. Teilweise lösen die Eltern sogar die Probleme der Kinder, die sich daraufhin inkompetent fühlen. Auf die Art entsteht ein geringes, aufgabenbezogenes Selbstvertrauen. Um den persönlichen Lebensspielraum zu erweitern und die affektiv-kognitive Entwicklung, die zurückgeblieben sein kann, zu fördern und damit dem Zwang die Grundlage zu entziehen, wird der Therapierahmen auf die ausführliche Analyse der lebensgeschichtlichen Entwicklung ausgeweitet.

Modell von Kuhl

Kuhl (1996, u. Kazén 1997) geht davon aus, daß das System, das für die Gewohnheitshandlungen zuständig ist, überaktiviert ist. Dadurch werden Handlungsimpulse unterdrückt, die positives Erleben hervorrufen und Bedürfnisse befriedigen. Auf die Art realisiert eine Person nicht mehr das, was sie eigentlich will. Die anreizmotivierte Verhaltenssteuerung ist reduziert, so daß automatische Routinen geradezu „zwanghaft", d.h. auch dann, wenn sie unangenehm oder sinnlos sind, ausgeführt werden. Je schwächer der verhaltenssteuernde Einfluß anderer Systeme ist (wie Fühlen, planendes Denken usw.), desto mehr können sich automatisierte Verhaltensroutinen verselbständigen, die dann in keine umfassenden Ziel-, Anreiz- oder Sinnzusammenhänge eingebettet sind.

Modell von Süllwold

Süllwold et al. (1994) gehen im Anschluß an Rappaport (1989) davon aus, daß es angeborene Auslösemechanismen für Zwangshandlungen gibt, die keiner differenzierten Situationsbewertung zugänglich sind. Durch eine partielle Funktionsuntüchtigkeit höherer Zentren tritt eine simplifizierte Form einer Leistung in Erscheinung. Stammesgeschichtlich gespeicherte Programme werden unangemessen aufgerufen (z.B. Ordnungszwang zur Territorialabsicherung), sind aber im aktuellen Kontext ohne Funktion. Kognitive Prozesse der Bewertung haben dann keinen steuernden Effekt darauf. Ungeachtet ihrer Wahrnehmungen bleiben die Patienten unsicher und hinsichtlich ihres Handlungsabschlusses im Zweifel.

Stand der kognitiven Therapie bei Zwängen

Im folgenden sollen die therapeutischen Implikationen hauptsächlich aus der Theorie Salkovskis aufgeführt werden, die u.a. durch van Oppen u. Arntz (1994) und Lakatos (1994) weiterentwickelt wurden.

Mit dem Zwangskranken wird ein umfassendes kognitiv-behaviorales Modell der Struktur (angsterzeugender Zwangsgedanke und daraufhin Neutralisierung durch offene oder mentale Rituale) und der Aufrechterhaltung des Zwanges entwickelt. Der Zwangskranke ist sich wenig sicher über die Natur seines Problems. Er beurteilt sein Verhalten als übertrieben, die Bedrohung (z.B. Bakterien an der Türklinke) als realistisch. Deshalb muß der Problemfokus des Zwangskranken von dem Reiz auf die Reaktion verschoben werden. Die Zwangskranken müssen ihr Problem als ein Gedankliches begreifen und nicht als eine reale Gefahr.

Um sich von den Befürchtungen zu distanzieren und Zwangsimpulsen Widerstand zu leisten, soll der Zwangskranke (Hoffmann 1993, S. 363) unter Anleitung die Einstellung erlernen: „Das ist ein Zwangsgedanke. Er ist lediglich ein Anzeichen dafür, daß ich noch an einer Zwangserkrankung leide. Er ist kein Indiz dafür, daß ich selbst in irgendeiner Weise gefährdet bin oder andere gefährden könnte. Es gibt also nichts, was ich dagegen unternehmen müßte".

Hinsichtlich der Aufrechterhaltung muß der Zwangskranke darüber aufgeklärt werden, daß erst die Neutralisierungsversuche über negative Verstärkung den ursprünglichen Gedanken zum Zwangsgedanken gemacht haben. Es muß hier vermittelt werden, daß Versuche der Unterdrückung und der Kontrolle des Gedankens die Aufmerksamkeit erst recht auf ihn richten.

Zudem müssen nach dem Modell von Salkovskis Fehlinterpretationen und deren Bewertungen, die zu Ritualen führen, detailliert über Selbstbeobachtung identifiziert werden. Das wird kombiniert mit dem Einüben von Diskussionstechniken, die die grundlegenden dysfunktionalen Annahmen zu modifizieren versuchen, unter Nutzung der kognitiven Verfahren von Beck und der „RET". Daneben wird versucht, die Verantwortungsüberzeugungen zu verändern (siehe dazu: van Oppen u. Arntz 1994 und Lakatos 1994). Da die meisten gängigen Verfahren auch in unserer Therapiestudie angewandt werden, wird hier nicht näher darauf eingegangen.

Bisherige vergleichende Studien zwischen kognitiven und Expositionsverfahren (Emmelkamp et al. 1993) sind in ihren Ergebnissen sehr widersprüchlich und weisen darauf hin, daß noch mehr Suchrichtungen in Diagnostik und Therapie ergründet werden müssen.

Integratives Modell zur Entstehung der Zwangserkrankung

Das nachstehende Modell zur Zwangsentstehung ist nach dem derzeitigen Stand der Grundlagenforschung der Psychologie integrativ und bezieht kognitive, volitionale und emotionale Komponenten mit ein. Anschließend ist ein dem Modell entsprechender Fallbericht einer Zwangspatientin dargestellt.

Prädisponierende Bedingungen

Folgende prädisponierende Faktoren können die Entwicklung eines Zwanges begünstigen:

Eltern und Persönlichkeit betreffend

➤ Durch geringes Erlernen von Auseinandersetzungen kommt es zu durchlässigen Grenzen zwischen Selbst und Außenwelt und zu einer wenig integrierten und kohärenten Konzeption des Selbst. Auf die Art kann z.B. magisches Denken entstehen, d.h. der Glaube, man könne die Realität durch eigene mentale oder motorische Rituale beeinflussen (Meares 1994).

➤ Eltern-Modell: Angstfokussierung bei Problemen (Röper 1992) statt Experimentieren und probierende Entfaltung, d.h. Lage- statt Handlungsorientiertheit. Zusätzlich wird Orientierung als Fehlersuche („Paß auf, sonst passiert x") überbetont. Die elterliche Erziehung scheint nicht selten sehr kritisch und eher bestrafend zu sein. Dadurch reagieren die Patienten mit einer hohen Bestrafungssensitivität in sozialen Situationen, beobachten vermehrt sich selbst und nutzen nicht eine angemessene metakognitiv-holistische Perspektive beim Handeln, vor allem in emotional stark belastenden Situationen.

Einige grundlegende kognitive Besonderheiten scheinen darüber hinaus eine wichtige Rolle zu spielen:

➤ Mißgeschicke im Alltag, wie Vergessen, Unterlassungen und Fehlhandlungen sind sehr häufig (Ecker 1995) Dies führt vermutlich zu einem geringeren Gefühl der Eigenkontrolle und nachfolgend zu einer stärkeren Außenorientierung. Darüber hinaus kommt es zu inneren Suchprozessen, zur Handlungsrekonstruktion und zu Vergewisserungen („Habe ich x getan? Woran sehe ich, daß ich es wirklich getan habe?").

➤   Sehr persönliche, zu enge Kategorien von Strukturen (Reed 1985); damit verbunden ist eine zu enge Aufmerksamkeitsfokussierung und ein zu früher uneffektiver, „energieverschwenderischer" Einsatz der Aufmerksamkeit (Kathmann 1989) und eine sich daraus ergebende Rigidität (Umstellungserschwertheit) im Handeln (Ecker 1995).

➤   Vermutlich ist eine Neuintegration von Informationen in die engen Strukturen erschwert, denn dazu ist eine teilweise Auflösung der Struktur notwendig. Sie zerfällt aber durch die genannte Beschaffenheit in zu viele Einzelinformationen, wodurch das Arbeitsgedächtnis überlastet wird und weniger frei ist für den Einsatz von Strategien der Verarbeitung kurzfristig gespeicherter Informationen wie z.B. des Ordnens und des Abstrahierens. Der Gesamtüberblick geht verloren, die Patienten weichen letztlich aus auf rigide Mechanismen des Tuns und Bewertens (siehe dazu: Verlaufsinterpretation der Wortfeldanalysen 1–2 des Fallbeispiels, S. 69).

➤   Metaprozesse betreffend zeigen Zwangskranke wenig Initiative, kaum Selbstberuhigung, kaum Einsatz der Freeze-Funktion (Handlung bei Schwierigkeiten abstoppen, um umzuplanen).

Verlauf der Entstehung eines Zwanges

Auftreten einer unangenehmen unerwarteten Emotion

Auslöser ist das Auftreten einer unangenehmen unerwarteten Emotion. Damit verbundene gespeicherte ungelebte Gefühle, wie z.B. aggressive Impulse, werden aktiviert. Die Person ist zunächst überrascht und empfindet kurz ein Handlungsbedürfnis im Sinne der aktivierten Gefühle. Gleichermaßen wird ein altes Bestrafungssystem (Kuhl u. Kazén 1997) aktiv. Dieses Bestrafungssystem kann hier als älteres, aus der Kindheit stammendes Selbstkontrollsystem verstanden werden, das nicht ausgelöscht wurde mit der Entwicklung neuer komplexerer Kontrollsysteme. Nach Sokolowski (1996) koexistieren oftmals ältere mit neuen Systemen oder werden in neue Funktionseinheiten mehr oder weniger integriert. Dieses Bestrafungssystem lehnt nun die Realisierung der Handlungstendenz ab, blockiert sie. Die Person fühlt sich hilflos und klein.

Dieser Vorgang läuft sehr schnell und ohne Bewußtheit ab. Es entstehen daraufhin eine erhöhte Unsicherheit und Spannung. Nun wird bewußt versucht, die unklaren, ängstigenden Gefühle irgendwie unter Kontrolle zu bringen, zu verdrängen.

Erleben der Desintegration des Selbst und teilweiser Ersatz von Selbst- durch Fremdsteuerung

Das sogenannte „Fühlwissen" nach Kuhl u. Kazén (1997) oder das „Konfigurationswissen" nach Sokolowski (1996) wird gehemmt. Es bietet normalerweise dem Handelnden eine Vielzahl von Erfahrungen sowie Beziehungen zwischen diesen Erfahrungen. Es verbindet damit Gefühle und Bedürfnisse zu einem hochkomplexen, nicht immer vollständig verbalisierbaren Ganzen. Dieses Wissen ist notwendig, um Klassen adaptiver Verhaltensweisen in Bereitschaft zu versetzen (Sokolowski 1996), um möglichst rasch die richtigen Handlungen zu finden. Dagegen wird nun eine sogenannte Empfindungsfunktion aktiviert, die Wahrnehmungen der Innen- und Außenwelt, die zu irgendwelchen anderen Wahrnehmungen nicht passen, besonders verstärkt. Die Schwelle für das Erkennen von Sinnesdaten senkt sich (die Wahrnehmung verbessert sich). Das dient normalerweise dazu, innere Strukturen zu ändern, um sie an äußere

Gegebenheiten anzupassen. (Assimilationsprozesse werden zugunsten von Akkomodationsprozessen gehemmt). Dazu müssen sich innere Strukturen teilweise auflösen, um neu integriert zu werden.

Die Patienten empfinden nun eine Dissoziation des ganzen Selbst durch Intensivierung der inkongruenzstiftenden Aufmerksamkeitsfunktion, die mit der Empfindungsfunktion verbunden ist. Die Dissoziation ist größer als bei anderen Personen aufgrund des wenig integrierten Selbst, der erwähnten zu kleinen Kategorienweite der inneren Strukturen und der durchlässigen Außengrenzen. Zwanghafte erleben eine Desintegration des Selbst mit Unvollständigkeitsgefühl, Fehlerhaftigkeit, Kleinheit, geringer Kontrollüberzeugung und Selbstentfremdung.

Normalerweise schaltet man in schwierigen Zuständen rechtzeitig eine Überwachungsfunktion ein, um aus einer „oberen" Gesamthandlungssicht den derzeitigen inadäquaten Zustand zu identifizieren, zu interpretieren und daraufhin Handlungsentwürfe abzurufen. Sie werden am inneren Modell früherer erfolgreicher Erfahrungen erprobt, ggf. neu konstruiert und dann eingesetzt. Aber gerade das innere Probehandeln bleibt ungenutzt. In diesem Zusammenhang werden auch keine Einsichtsfragen gestellt, da die Patienten bei Selbstanalyse eine völlige Auflösung und Zerstörung des Selbst befürchten. Aber gerade auf dem Wege des einsichtsuchenden Analysierens könnte ein Sinnzusammenhang konstruiert werden, und die betreffende Person könnte sich wieder als Steuerinstanz eigener psychischer Funktionen erleben, sich sozusagen „von oben nach unten" koordinieren.

Zwangskranke bleiben aber metakognitiv auf einer zu niedrigen Ebene. Sie betrachten nicht das Ganze im Sinne einer holistischen Orientierung und einer lösungsorientiert gerichteten Verarbeitung der Gegebenheiten. Wenn sie schon auf eine höhere Ebene gelangen, dann sind sie auf den falschen (nicht zielführenden) Inhalt ausgerichtet. Sie betrachten dann lediglich die eigene Person global, abgehoben bis hin zur existentialistischen Ebene (Erleben der Bedrohung der eigenen Existenz: „Es geht um Leben und Tod, ich bin verlassen, auch von meinen psychischen Funktionen."). Nicht selten spüren die Patienten dies bei jeder Zwangshandlung. Meist aber fokussieren sie die Aufmerksamkeit auf zu enge Bereiche oder gar isolierte Details des Selbst. Die Grundlage dafür bildet auch hier die genannte ungenügend entwickelte Konzeption des Selbst und die stark durchlässige Grenze zwischen Selbst und Außenwelt. Auf das Gefühl der Entfremdung und Existenzbedrohung des Selbst hin erfolgt die Suche nach Vertrautem, nach irgendeinem sicherheitsgebenden Halt. Dazu werden beispielsweise vertraute Fremdinstruktionen aus der Kindheit abgerufen („Sei vorsichtig, sonst passiert etwas", „sei genau", „halte Ordnung") und Gewohnheiten reaktiviert, die gleichzeitig der Unterdrückung der Emotionen dienlich sind (z.B. magisches Denken). Durch Blockierung des Fühlwissens können sich nach Kuhl u. Kazén (1997) anreizunabhängige Gewohnheitshandlungen oder Rituale verselbständigen. Die Patienten rufen also auch relativ beliebige Verhaltensroutinen auf unterer Ebene ab.

Es hat insgesamt den Anschein, als ob die Patienten im Zwangsbereich auf eine sehr niedrige Regulationsebene menschlichen Handelns zurückfallen. Die innere Regulation (Denken als Probehandeln am inneren Modell, einsichtiges Denken) fällt weg, die niedrigste Regulationsstufe, die bis zum Entwickeln metakognitiver Funktionen (ca. 4. Lebensjahr) Vorrang hat und von offensichtlichen Merkmalen der Außenwelt abhängig ist, gewinnt an Bedeutung. Es ist dies die sogenannte externe Regulationsform. Rückmeldungen werden immer aus den sichtbaren Effekten abgeleitet, die das Selbst in der Außenwelt hergestellt hat. Es scheint wie ein Rückfall in eine frühe kognitive Entwicklungsstufe. Aber sie hat eine vermeidende Komponente, funktioniert in der Reizverarbeitung nicht tief genug. Denn je mehr den Zwangshandlungen nachgegangen wird, desto mehr nimmt das Unvollständigkeitsgefühl zu („Ich gehe aus der Welt heraus", „ich bin nicht ganz da", „ich will die Intensität der Gefühle nicht ertragen"). Letztlich können sich die Zwangshandlungen zur Gewohnheit verselbständigen.

Bedeutung des Einflusses des Fremdsystems auf die konkrete Handlung im Zwangsbereich

Die Person erlebt einen fremden „muß"-Charakter (introjizierte Kontrolle) ohne eigene wirklich bedürfnisgeleitete Handlungseinsicht. Damit verpflichtet sich die Person für Instruktionen aus dem Fremdsystem (dem Zwang), aber hier liegen dann keine konkreten Beendigungskriterien vor. Zudem bestehen die Instruktionen oft aus „Nein"-Zielen, die Verbote und Einschränkungen als Ziel vorgeben. Aus solchen Zielen ist kein Weg ableitbar, keine Zielerreichung und damit kein „befriedigender" Handlungsabschluß möglich.

Die betroffenen Personen richten ihre Aufmerksamkeit auf automatisierte Bestandteile von Handlungen. Das führt auch bei Nichtzwangskranken immer zum Handlungsverfall. Zur Handlungsreparatur ist der funktionstüchtige Einsatz metakognitiver Überwachungs- und Steuerungsprozesse notwendig. Der Einsatz dieser Funktion ist aber gestört. Die Patienten konstruieren künstliche Handlungseinheiten bei immer höher schraubbaren Beendigungskriterien. Das macht ohnmächtig, klein und hilflos. Damit verbundene Wut, Haß, Sättigung, Verzweiflung und Trauer dürfen aber wiederum nicht ausgelebt werden und werden angstvoll durch Zwangsrituale gebunden bzw. unterdrückt.

Therapeutische Ziele und Interventionen

Im folgenden sollen die Therapieziele und Interventionen, die sich aus dem theoretischen Modell ergeben, kurz skizziert (Tab. 7.1) und anhand eines Fallbeispiels illustriert werden. Sie sind vorwiegend darauf gerichtet, das Selbst vom Zwangssystem zu dissoziieren und es zur Steuerinstanz eigener psychischer Funktionen zu erheben, um diese angemessen und kontrollüberzeugt zu koordinieren. Die Hauptschwerpunkte dabei sind:

➤ Krankheitsaufklärung, Dissoziation des Zwanges und Einüben von angemessenen Handlungen
➤ Anleiten zum Experimentieren und Flexibilisierung von bislang rigiden Zwangshandlungen
➤ Bearbeiten von dem Zwang zugrundeliegenden Emotionen wie Aggression und Schuldgefühl
➤ Transfer des im engeren Zwangsbereich Erlernten auf den Alltag, also Einüben von Genußfähigkeit
➤ Soziale Aktivierung und Verbesserung der sozialen Kompetenz.

Als Instrumente zur Erfolgskontrollmessung werden die VCC 3.3.1 – Volition Component Check List (Kuhl und Fuhrmann 1994) und eine Wortfeldanalyse von Gefühlen eingesetzt. Diese ist eine Methode, die es erlaubt, die kognitive Struktur von Gefühlen zu erfassen. Das mit ihr gewonnene Material wird auch als Grundlage der therapeutischen Bearbeitung zwangsrelevanter Gefühle eingesetzt.

Tab. 1 Therapeutische Ziele und Interventionen	
Ziele	**Interventionen**
Entlastung und Einsicht in die Struktur der Krankheit und ableitbare Ziele und Methoden	➤ durch Krankheitsaufklärung
Dissoziation vom bisher leitenden Zwangssystem (introjektiven Fremdsystem)	➤ durch Selbstinstruktion: kognitive Dissoziation: „Das ist nur ein Zwangsgedanke, ich muß nicht danach reagieren" ➤ durch Dialog mit dem Zwang zur Einsicht in Sinnlosigkeit, Starrheit und Sättigungscharakter der Zwangsinstruktionen ➤ durch klare Strukturierung, Transparenz und Vorhersehbarkeit der Sitzungen, besonders am Therapieanfang (Erleben von Sicherheit, Geborgenheit trotz Fehlerhaftigkeit), als Voraussetzung für zunächst suggestiven Ersatz vom Zwangsfremdsystem durch das therapeutische System ➤ durch nachfolgendes Handlungstraining ➤ durch erweiterte Selbstanalyse und Selbstmanagement im Mikrobereich
Korrektur der Zwangshandlung in eine normale effektive zielgerichtete Handlung: Gesamtstruktur der Fertigkeiten als kognitive Grundlage für die Bewegungsregulation wird erlernt Aufbau und Anpassung des Bewegungsprogramms Begriffliche Kodierung des Programms Automatisierung des Aktionsprogramms, das dann letztlich als Ganzes ausgelöst ablaufen kann und Verfestigung der kognitiven Orientierungsgrundlage	➤ durch Training einer sensumotorisch akzentuierten Normalverrichtung über folgende kombinierte Methoden: a) Erarbeitung der Orientierungsgrundlage über Handlungsinhalte (verbunden mit Einführung von Ziel und Bewertungskriterien) b) Modellausführung durch den Therapeuten c) kurze aktive Ausführung der Handlung mit optischer Rückmeldung, danach ggf. ohne optische Rückmeldung, aber verbaler Korrektur durch den Therapeuten d) mentale Ausführung mit begleitenden Sprechimpulsen e) erneute aktive Ausführung mit verbundener Korrektur durch den Therapeuten f) Selbsteinschätzung (und ggf. Korrektur) g) aktive selbständige Ausführung
Aktives Erheben zur Steuerinstanz eigener psychischer, sensorischer und motorischer Funktionen im Zwangsbereich, statt Lageorientiertheit bzw. Detailfixiertheit Handlungsorientiertheit:	➤ durch Selbstinstruktionen zu Beginn der konkreten Zwangsbewältigung:

a) höherer Aktivierungsgrad, Selbstverpflichtung und Erzeugen eines Spannungszustandes, der zur Handlungsausführung drängt, besserer Zugang zur inneren Repräsentation von Ziel, Handlungswegen und -mitteln, außerdem bessere optische Wahrnehmung möglich b) Anhebung des Selbstvertrauens in eigenes Leistungsvermögen (Erhöhung der Kontrollüberzeugung) und Aktivierung (z.B. bzgl. der geringen sensorischen Integration von Informationen: „Es kommt nicht richtig an im Kopf", „ich traue meinen Augen nicht")	a) Setzen von Entschlüssen: „Ich will wirklich..." (zuerst laut) b) Selbstinstruktionen vor der Zwangsbewältigung in Abstimmung mit dem Patienten, z.B. „Ich traue meinen Augen" oder vorherige Konzentrationsübungen (z.B. Rechnen)
Korrektur der Erwartung, daß katastrophale Konsequenzen zu erwarten sind, (Gefühlsintensitäten aushalten lernen), Erfolgsfreude (statt negativer Emotionen), erhöhte Risikobereitschaft im Zwangsbereich, Verringerung der Bestrafungssensitivität und dadurch besserer Zugang zum blockierten ganzheitlichen Fühlwissen, das mit der Zeit handlungsleitend werden kann	Realitätstesten im Zwangsbereich a) Expositionsübungen (in vivo, in sensu) b) Positive Verstärkung beim eigenständigen Verändern der Zwangshandlungen (z.B. leichtere Teilhandlungen unterlassen), dazu Entscheidungs- und Probierraum explizit geben
Förderung hypothesengeleiteten Denkens (Offenheit, Flexibilisierung)	Besprechung der Ergebnisse des Realitätstestens und Erstellung neuer Vermutungen über das Zwangssystem in den Sitzungen zur eigenen späteren Selbstbeobachtung und Korrektur
Verringerung metakognitiver Defizite ➤ Bildung einer übergeordneten Tätigkeitsstruktur, die bei allen Handlungen nützlich ist ➤ Einführung einer sparsamen Informationsverarbeitung	a) neben genannter Entschlußbildung, Einführung in die „Freeze-Funktion" („Halt-was ist los?") bei Schwierigkeiten, Gedankenstop bei emotionalem Perseverieren nach Mißerfolgen und im Entscheidungsprozeß vor der Ausführung Einsatz von Selbstberuhigung („ruhig bleiben", Gelassenheit)
Verringerung kognitiver Defizite a) zu enge Strukturklassen, enge Aufmerksamkeitsfokussierung, Handlungsrigidität b) gleichzeitig Einbeziehung affektiv-kognitiver Zusammenhänge im lebensgeschichtlichen Kontext, um realistische Sinnzusammenhänge herzustellen für eine Neuintegration (z.B. realistischere strukturiertere kognitive Einbettung von Gefühlen als Grundlage für eine realitätsangemessene Orientierung)	a) Üben des logischen Denkens (Vergleichen, Zusammenhänge bilden) anfangs mit Hilfe des Modellernens, später durch Fragen an sich selber stellen im Zwangsbereich b) unter Einbezug des Makrobereiches Techniken des kognitiven Neubenennens (Alternative Erklärungen, Reattribuieren, Entkatastrophisieren) und Einbezug einer Wortfeldanalysetechnik zu Gefühlsbegriffen

Verringerung weiterer, verhaltensanalytisch erfaßter symptomaufrechterhaltender Problembereiche, wie:	Interventionen sind beispielsweise:
➤ soziale Isoliertheit, Inaktivität ➤ Bearbeitung dysfunktionaler Einstellungen (Tendenz zur sozialen Erwünschtheit, geringe Risikobereitschaft, Vermeidung von Kritik, Normunsicherheit, Bindungsunsicherheit, geringe Genußfähigkeit, allgemeines Denken in Katastrophisierungen)	➤ Aktivitätsaufbau ➤ Methoden zur kognitiven Umstrukturierung (Sokratischer Dialog, Methoden des kognitiven Neubenennens und Realitätsüberprüfung) ➤ Soziales Kompetenztraining ➤ Genußtraining

Die genannten therapeutischen Ziele und Interventionen stellen kein sequentielles Programm dar, sondern sind Bausteine, die je nach Therapieerfordernissen eingesetzt werden.

Fallbeispiel

Beschreibung der Patientin

Frau Z., verheiratet, zwei Kinder, 45 Jahre, meldet sich wegen eines ausgeprägten Ordnungs- und Kontrollzwanges und eines Reinigungszwanges: Die Patientin kontrolliert seit 26 Jahren fast alle Gegenstände des Hauses und im Garten, von der Eingangstür bis hin zum Salzstreuer, ob sie an der „richtigen Stelle" stehen und ob die Beschaffenheit noch in Ordnung ist (z.B. Henkel an der gleichen Stelle). Sie führt dabei ritualisierte Blickbewegungen aus; Gegenstände wie Töpfe können über 70 Kontrollpunkte an sich haben. Es gibt kaum noch Gebrauchsgegenstände im Haus. Viele Aktivitäten erfolgen auch im Winter im Garten, weil eine Berührung im Hause eine Zerstörung der Ordnung bedeuten würde. Nach einem notwendigen Gebrauch muß der betreffende Gegenstand unter ritualisiertem Zählen hin und her geschoben werden, bis er bei der Zahl „5" auf der richtigen Stelle steht, wenn nicht, erfolgen in Fünferblöcken Wiederholungen. Die „reine" Konzentriertheit darf nicht durch Gedanken oder Außengeräusche gestört werden, dadurch könnten sich Fehler eingeschlichen haben, außerdem vergesse die Patientin dann, was sie getan habe. Die Patientin fühlt „Unbehagen, Wut und Unruhe", spürt einen Kontrollimpuls in sich und gleichzeitig einen starken Widerwillen dagegen.

Dabei fällt aber auf, daß die Patientin nicht zwischen „Selbstwillen" und „Fremdwillen" (d.h. dem Zwang) unterscheiden kann: „ Ich bin gegen den Zwang trotzig, ich habe mir (Bemerkung: beim eigentlich verhaßten Zählen) gesagt, so jetzt zähle ich und damit basta, ich lasse mir von niemandem reinreden."

Teilweise weiß die Patientin nicht, ob sie gezählt hat oder nicht, die Erinnerung ist unklar. Die jeweiligen Beurteilungskriterien werden von Mal zu Mal höher geschraubt, enden aber an der Erschöpfungsgrenze.

Der Reinigungszwang betrifft vor allem Fett- und Wasserflecke, wobei bei einem Fleck das ganze Haus ritualisiert über lange Zeit gewischt werden muß, teilweise unter Auslassung (!) des Fleckes (im Sinne von „das Ziel ist nichts, der Weg ist alles", was die Patientin später bestätigt).

Zudem fährt sie kaum noch Auto, da sie glaubt, die Straße biege eigentlich ab, sie fahre auf der Gegenspur oder habe jemanden vielleicht umgefahren, den sie nicht sah.

Der Zwang trat massiv seit der ersten Partnerbeziehung auf, ohne Partnerbeziehung vergeht der Zwang wieder. Der Mann darf nichts berühren und wird daher ständig kontrolliert. Faßt der Mann etwas an, reagiert die Patientin zunächst mit Erschrekken, körperlicher Erstarrung und denkt: „Er will mir absichtlich wehtun, mich ärgern." Sie wird dann sehr aggressiv, schreit ihn an und meint, er wolle ihr absichtlich wehtun. Sie muß wieder ordnen und fühlt sich schon vorher erschöpft. Ärgerliche Grundstimmung und hohe Erregung fördern den Zwang. Vermindernde Bedingungen sind innere Unlust (Faulheit) oder wenn ein Kind oder ein Haustier Gegenstände berühren. Dann können Zwangshandlungen aufgeschoben werden.

Die Patientin lebt mit ihrem Mann isoliert, die Tage sind von Zwangshandlungen des Ordnens, des Kontrollierens und des Wischens ausgefüllt. Wenn der Mann ihren Zwang nicht erträgt und sich trennt, „dann weine ich, bin unruhig, fühle mich verlassen, habe Angst vor dem Alleinsein". Der Zwang vergeht. Die Patientin sucht wieder Kontakt, dann erscheinen die Gefühle wieder: „erst Unruhe, dann Angst, alles wird irgendwie enger". Hinzu kommen starke ablehnende aggressive Gefühle, durch die die Zwangshandlungen etwas geringer werden.

Nachdem die Patientin in der letzten Therapie imaginiert hatte, als Kind von ihrer Mutter hochgenommen und getröstet worden zu sein, und sie weinen konnte (was sie nie erlebt hatte), verringerten sich die Zwänge drastisch am nachfolgenden Tag, danach stellte sich das alte Verhalten wieder ein.

Den Tag über fühlt sich die Patientin müde. Sie grübelt exzessiv über „nicht schaffbare" Tagesanforderungen und darüber, was alles zu tun ist und was dazwischen kommen könnte. Sie fühlt sich permanent unter Zeitdruck und erschöpft, „schon am Morgen ist der Tag gelaufen", sie weicht oft in Versuchungen (Fernsehen) aus. Auch Schuldgefühle am krankheitsbedingten Tod der Mutter plagten sie bis zur Therapie.

Die Patientin hat zwei erfolglose Behandlungen hinter sich, davon eine mehrjährige Psychoanalyse.

Verhaltensanalyse

Einige wichtige Faktoren, die erst im Therapieverlauf zutage traten, sollen vorweggenommen werden, damit das integrative Modell verständlicher wird.

Zu den prädisponierenden Bedingungen und ihren Auswirkungen

Von den Eltern wurden modellhaft strenge Ordnungsregeln übernommen. Die kritisch-kontrollierende Erziehung bewirkte eine erhöhte Angst vor Fehlern und eine intensive Selbstbeobachtung des Tuns überhaupt. Häufig wurde vom Vater geäußert: „Du mußt achtgeben, sonst passiert wieder etwas". Als ungerecht empfand die Patientin in der Kindheit die uneinsichtigen Bestrafungen durch den Vater, wenn sie beispielsweise einnäßte. Er sperrte sie dann solange in eine düstere ängstigende Kammer, bis sie nicht mehr weinte. Danach mußte sie sich entschuldigen und unter unterdrückter Angst und Wut Versprechungen gegen den eigenen Willen abgeben. Besonders belastend war der „Verrat" der Mutter an den Vater, wenn die Patientin einnäßte, obwohl sie Stillschweigen versprochen hatte. Die Patientin fühlte sich dann verraten, verlassen, verloren und allein.

In der Kindheit erfuhr die Patientin, daß eigene Vorsätze oft mißlangen (z.B. sich trotz Kritik und Ablehnungsangst in der Schule zu melden, der Vorsatz, nicht einzunässen). Der Vater hatte wieder recht mit seinen negativen Erwartungen, und so übernahm die Patientin nicht selten seinen Willen und entfremdete sich von eigenen Bedürfnissen.

Die Patientin fühlte sich als Kind von ihren Eltern wenig angenommen. Ihre Interessen seien nicht wahrgenommen worden, sie fühlte sich manchmal, als wenn sie nicht da sei. Zwischenmenschliche Auseinandersetzungen waren überhaupt verpönt. Sie galten als minderwertige Verhaltensweisen. Die Patientin durfte keine Trauer oder Aggression zeigen. Aus Angst vor Einsamkeit und Verlassenheit, wie sie sie zu Hause erfahren hatte, unterhielt die kritikempfindliche und mißtrauische Patientin fast immer Partnerbeziehungen. Die intensivsten Gefühle dabei waren Kleinheit, Ohnmacht und Einengung. Sie reaktivierte gegenüber dem Partner die Gefühle, die sie immer gegenüber dem Vater empfunden hatte. „Der Partner darf nicht erfahren, wie ich wirklich bin, er darf mich nicht kennen, ich bin innerlich schlecht und mache eigentlich alles falsch. Ich bin nichts wert und er wird mich ablehnen."

Eine Funktion des Zwanges wird später offensichtlich die Sicherung persönlicher Distanz aus Angst vor Ablehnung sein.

Entstehung des Zwanges

Bei der Patientin läßt sich die Entstehung der Störung folgendermaßen rekonstruieren:

➤   Wahrnehmung von eigener Aggression in der Beziehung:

Ausschlaggebend für die Entstehung des Zwanges ist die Wahrnehmung von Aggression durch Aufnahme einer partnerschaftlichen Beziehung, ein Gefühl, das sie nicht ausleben darf. Später meint die Patientin: „Es reichen Kleinigkeiten aus, um den Zwang auszulösen, meist Kritik; wenn ich mich klein fühle, ist es wieder soweit". Den Hintergrund bilden die automatisch aktivierten frühen Erinnerungen aus dem Elternhaus an den autoritären Vater, sowie frühere Verhaltensmuster und bestrafende Konsequenzen, die in die Gegenwart projiziert werden. Die Patientin meint, „ich rede wie ein Kind zu meinem Mann, ich hasse das."

➤   Desintegration des Selbst und Ersatz des Selbstwillens durch Fremdwillen:

Die Patientin spürt damit einhergehendes Unbehagen, Unsicherheit, Verlassenheit und „Kleinheit" und nimmt die Dinge im Haus plötzlich „anders" wahr (z.B. die Tische, Schränke und andere Gegenstände erscheinen weiter entfernt). Sie erlebt eine Desintegration des Selbst: „Ich bin eine Hülle, die herumläuft, ein Roboter, mein Selbst ist so klein, ich spüre mich gar nicht richtig." Auf dieses Unvollständigkeitsgefühl hin beginnt sie, sich zu beobachten. Unangenehme Wahrnehmungen an der eigenen Person und der Außenwelt werden verstärkt. So stellt die Patientin eigene Funktionen in Frage, z.B. die Sehfunktion: „Ich traue meinen Augen nicht" und beginnt dann „aufzupassen" (im Sinne des Vaters), innere Strukturen und Prozesse in ihren Defekten isoliert zu beobachten, um sie irgendwie wieder herzustellen. Da aber ein Grundgefühl reaktiviert wird aus der Kindheit mit zugehörigen „kindlichen Strukturanteilen" und zudem die Ich-Außengrenze durch ungenügendes Erlernen von Auseinandersetzungen zu durchlässig ist, entsteht dadurch keine stabile und kohärente Struktur. So kann ungeprüftes, irreales (z.B. magisches) Denken an Einfluß gewinnen.

Um das unverständliche Gefühl und die Wahrnehmungsveränderungen zu beenden und um Vertrautheit und innere Sicherheit wiederzuerlangen, aktiviert die Patientin pseudosicherheitsgebende Fremdinstruktionen (wie z.B. „Alles sauber machen") und

Gewohnheiten („Ordnungsrituale"), anstatt sich auf eigenes einsichtiges Denken und auf abstandgewinnendes, zielführendes Probehandeln zu verlassen. Die Patientin befürchtet aber, „daß ich dadurch zerstört würde". Eigene Vorsätze waren oft zum Scheitern verurteilt, weil sie ängstlich auswich und sich lieber an als fremd erlebte Instruktionen anderer hielt, „weil die sicher waren". Sie versucht damit, teilweise erfolgreich aggressive Gefühle wie Ohnmacht, Wut aber auch Trauer als „zu intensiv erlebte Gefühle" zu unterbinden, indem sie (passiv) den Selbstwillen durch Fremdwillen ersetzt und sich hierfür selbst verpflichtet, obwohl es ihren Bedürfnissen entgegensteht.

Die damit verbundene Gefühlsblockierung oder Hemmung des Fühlwissens (gut in Abb. 7.1 der Wortfeldanalyse zu sehen; siehe Seite 85) zieht eine Blockierung der Bedürfnisse nach sich. So empfindet die Patientin z.B. kaum Hunger.

Sie spürt ihre Emotionen nun anders. Sie sind „verklumpt", gedämpft und teilweise gemischt mit Selbstmitleid. Die Unterdrückungstendenzen der Gefühle gehen einher mit der Angst davor, daß sie wieder mit aller Stärke durchbrechen könnten. Dies soll sich später auch bewahrheiten.

➤   Auswirkungen auf die Handlungsregulation im zwangsnahen Bereich:

Durch Hemmung des Fühlwissens können sich anreizunabhängige Gewohnheitshandlungen oder Rituale verselbständigen. Sie übernimmt eine Selbstverpflichtung (commitment) für fremd gesetzte Ziele, hält sie teilweise für die eigenen, aber sie erfährt keine Beendigungskriterien für das zwanghafte Verhalten. Diese muß die Patientin sich selbst setzen. Die Gefühle können ihre denk- und handlungsleitenden Funktionen nicht mehr erfüllen.

Die fehlenden Beendigungskriterien werden durch die früheren Fremdinstruktionen des Vaters ersetzt („Er redete wie jetzt der Zwang zu mir."). Sie betreffen aber leider nur globale, vage Anweisungen, die eher auf den eigenen Zustand und auf die Handlungskonsequenzen gerichtet sind („Du mußt aufpassen, sonst könnte etwas passieren ...", „strenge dich an", „du mußt dich besser konzentrieren"). Vorherrschend sind Vermeidungs-Ziele („Es darf nicht sein, daß ...", „keine Fehler"), ohne daß sich daraus konkrete Teilziele und Handlungswege ergeben. Sie müssen durch die Patientin selbst künstlich abgeleitet werden. Sie werden dadurch immer höher geschraubt und lassen die Handlung sequentiell-assoziativ (weniger hierarchisch) anwachsen. Erst muß der Gegenstand ordentlich, d.h. auf dieselbe Stelle hingestellt werden, dann muß dazu gezählt werden, blockweise mit der magischen Zahl 5, ohne daß bei der „schlechten" Zahl 3 aufgehört werden darf. Auch die zu kontrollierenden Gegenstandsbereiche dehnen sich (mit höherem Vertrautheitsgrad in neuen Umgebungen) immer weiter aus. Das Endkriterium ist nicht selten die Erschöpfung der Patientin (dadurch hat sie ein übernommenes Fremdziel, ein hohes Maß an Anstrengung, erreicht).

Sie fühlt sich dann klein, ohnmächtig, voller Wut, Ablehnung und Haß. Die Patientin trotzt dagegen. Aufgrund der geringen Bedürfniswahrnehmung und der hohen Selbstverpflichtung für das „vertraute fremde Ziel" kann der Trotz letztlich im Dienste der Fremdinstruktion stehen: „Ich will nicht zählen, ... ich zähle aber doch". Sie kann Fremd und Selbst nicht unterscheiden, z.B. was eigene und fremde Wünsche anbelangt.

Die genannten Defizite in oberen Regulationsebenen finden nicht nur ihren Niederschlag in der oberflächlichen sequentiellen assoziativen Handlungsausweitung, sondern auch in der Störung automatischer Aktivitäten. Normalerweise werden automatische Prozesse durch bewußte Kontrolle empfindlich gestört, bis hin zum Zerfall. Störungen der Sinneswahrnehmung und Zerfall automatischer Handlungen sind bei der Patientin vermehrt zu beobachten. Je mehr sie wegen fehlender Beendigungskriterien Handlungen verändern muß, um so mehr muß sie die Aufmerksamkeit bewußt ausrichten. Die Handlungen zerfallen bis hin zur Bewegungsebene. Das verunsichert die Patientin und läßt sie noch bewußter kontrollieren, suchen und sinnlosere Bewegungsfolgen konstruieren. Zur Fehlervermeidung schaut die Patientin streng, fokussiert mit starrem Blick ohne Lidschlag (sonst könnte ihr ein Fehler entgehen), der Blick verschwimmt mit der Zeit, Gegenstände werden erst recht unscharf wahrgenommen und die Patientin „traut ihren Augen nicht mehr".

➤   Trotz und Zwang:

Trotz bleibt aus einem Einengungsgefühl gegen den pseudosicherheitsgebenden Zwang erhalten. Dieser Widerwille erzeugt wieder Angst. Er darf nicht gelebt werden, denn Auseinandersetzung bedeutet Vernichtung des Selbst. Der Trotz wird durch den Zwang wieder gebunden, in Einengung, Ohnmacht und wieder wachsenden Widerwillen transformiert. Aber im Lauf der Zeit wird der Widerstand aufgegeben, da das Fremdsystem immer wieder recht hat und Halt gibt. Die Patientin erfährt sich als passives Objekt, anstatt als aktives Subjekt und Handlungsagentin. Sie bemitleidet sich selbst, statt sich auseinanderzusetzen, und spricht auch oft in Passivsätzen, eine Eigenart, die bei Zwangskranken nicht selten ist (Ecker 1995). Schließlich reagiert sie ihren Widerwillen in Erschöpfung, Reaktanz und Vernachlässigen von Anforderungen ab.

➤   Alltag:

Es zeigen sich fehlende Gelassenheit und Defizite in der Handlungsregulation: „Schon am Morgen ist der Tag gelaufen." Die Patientin fühlt sich den Tagesanforderungen kaum gewachsen. Überanstrengt, schon mit Widerwillen und damit unter geringer willentlicher Selbstbeteiligung an den Anforderungen wird die Orientierungsphase falsch ausgerichtet auf das eigene Vermögen („Schaffe ich das?") und zu weit ausgedehnt über alle möglichen Konsequenzen („Was könnte passieren, dazwischen kommen?"). Die Patientin fühlt sich dadurch immer mutloser und erschöpfter, auch hier darf Gelassenheit nicht sein. Sie entwirft abnorm unterteilte, rigide, unabgeschlossene Pläne mit Zeitlimit. Das Umsetzen von Entschlüssen fällt ihr schwer, sie erwartet Mißerfolge, sie zögert, verwirft und vermeidet mit anschließendem Nachgrübeln über Mißerfolge und mit Selbstvorwürfen. Dies erhöht wieder den inneren Druck und den Widerwillen gegenüber Anforderungen überhaupt.
Würde die Patientin Handlungspläne grobschrittiger, ganzheitlicher entwerfen (um gelassen die Lücken in der Handlung konkret auszufüllen), wäre nicht nur die Quantität der Anforderungen geringer („Es erschiene nicht alles wie ein Berg"), sondern sie bräuchte sich nicht immer zu jeder Teilhandlung einen energieverbrauchenden Handlungsimpuls zu geben. Die gesamte Handlung, gesteuert durch das Ganzziel, liefe fast von allein ohne übersteigerte Bewußtheit und letztlich ohne zu Passivität führende „auferlegte" Kontrollmaßnahmen ab.

➤   Aufrechterhaltung:

Eine wichtige Rolle spielt die aus der Kindheit stammende und aus der Beziehung zum Vater reaktivierte, aber aktuell unrealistische Angst der Patientin vor Vernichtung durch aggressive Reaktionen ihres Mannes und die damit verbundene Aktivierung von pseudosicherheitsgebenden Zwangshandlungen, die die Gefühle binden bzw. unterdrücken.

Der Trotz gegen fast alle Anforderungen des Alltags erhöht tatsächlich die Defizite beim Antrieb und der Handlung. Er läßt die Kontrollüberzeugung sinken und forciert einen uneffektiven Druck und eine Hilflosigkeit erzeugende Grübelhaltung als Ersatz für handlungsorientiertes Tun. Dies verstärkt Minderwertigkeitsgefühle und die Hörigkeit gegenüber haltgebenden Fremdinstruktionen bzw. Zwangshandlungen.

Die Auflösung des Zwanges bei einer Trennung vom Partner ist nicht nur auf den Wegfall der aggressiven und einengenden Gefühle zurückzuführen, sondern auch darauf, daß die durch Zwangshandlungen und -vorstellungen gebundenen Emotionen ausgelebt werden. Die Patientin sagte in der letzten Therapiephase: „Sie wurden von dort, wo sie nicht hingehören, an ihren realen Ort zurückgebracht (Realität: Kindheitserinnerungen, Gegenwart)."

Therapie

Die Therapie läßt sich in fünf Phasen einteilen. Sie schloß sowohl Verhaltensübungen als auch zunehmend kognitive Therapie mit ein. Die kognitive Therapie verfolgte mehrere Ziele: Hauptziel war ein Willenstraining, d.h. eine bessere Koordination eigener psychischer Prozesse. Vor der Therapie wurde die Patientin mit dem VCC 3.3.1 untersucht, einem Instrument, das die grundlegenden Funktionen des Willens mißt (Kuhl u. Fuhrmann 1994, siehe Abb. 7.5). Sie zeigte erhöhte Werte in der Unflexibilität der Aufmerksamkeit und der Planungsaktivitäten, aber eher im Sinne des genauen zeitlichen Festlegens von Handlungsschritten mit der demotivierenden Bewertung „Ich schaffe es nicht". Zusätzlich fallen eine hohe Rigidität in der Verhaltensausführung auf und ein großes, auch subjektiv empfundenes Energiedefizit (Müdigkeit, Erschöpftsein schon beim Gedanken an Anforderungen).

Auch die Anpassung der Aktivierung an Handlungsanforderungen, wie die Aktivierung bei Hindernissen und Schwierigkeiten und aktive Selbstberuhigung, mißlangen. Erstere schlug bei der Erwartung von Hindernissen rasch in abwehrende Erschöpfung um. Die Selbstberuhigung, die zu einem mittleren Aktivierungspegel führen sollte, war aber nicht handlungsbezogen, sondern eher personenbezogen-selbstmitleidig.

Das Ausmaß bewußten, kontrollierten (expliziten) Tuns, sei es nach innen (Absichtshandlungen ständig bewußt halten) oder auch nach außen (die Aufmerksamkeit angestrengt aufrechterhalten) war hoch. Das implizite, eher automatische, weniger bewußte, auf der intuitiven Verhaltenssteuerung basierende, lassende und gelassene Tun war stark gemindert. Die Patientin grübelte stark über Mißerfolge nach und zögerte beim Entscheiden für eine Handlungsalternative. Das Selbstvertrauen war gering, die Patientin spürte sich wenig selbstbestimmt. Emotions- und Motivationskontrolle beispielsweise über Zeitprojektion funktionierten kaum. Die Patientin neigte zu gedanklichen Intrusionen, der Trotz als unreife und rigide Form des Eigenwillens führte zur Erschöpfung im Alltag.

Ziele der Therapie waren die Verbesserung der genannten volitiven Funktionen, des Entschließens, des Erreichens von Gelassenheit über höhere Selbstauseinandersetzung (kein Vermeiden) hinsichtlich kognitiver, metakognitiver und metaemotionaler Faktoren. Interaktionell wurde ein angepaßteres Durchsetzungsvermögen einerseits und Hingabefähigkeit andererseits angestrebt.

Die nachfolgende Schilderung der Therapie (Umfang: 48 Sitzungen) erfolgt aus der Perspektive der Therapeutin.

1. Therapiephase: Krankheitsaufklärung, Dissoziation des Zwanges und Einüben von angemessenen Handlungen

Es dauert sechs Wochen, bis die Therapie beginnen kann. Die Patientin hat starke vegetative Beschwerden, sieht sich zudem nur zu einem Termin in der Woche in der Lage.

Ich dringe in die Wohnatmosphäre (Garten) ein. Die Patientin schaut des öfteren ängstlich-mißtrauisch auf etliche Meter weiter entfernte Gegenstände, ob ich sie nicht verrücke. Sie fühlt sich schon beim Reden über die Expositionsübungen „wie im Wattebausch, als wenn ich nicht ganz da bin, ich will nicht dran (Selbstbeobachtung der Zwänge) denken".

➤   Krankheitsmodell, Dissoziation und Selbstinstruktionen zur angemessenen Selbstaktivierung und -beruhigung:

Als erstes gebe ich der Patientin ein ihr verständliches Krankheitsmodell zur Entlastung über die Struktur und Funktionsweise des Zwanges in Anlehnung an die Modelle von Salkovskis und Süllwold und beschreibe Sinn und Verlauf der Expositionsübungen. Zur Dissoziation vom Zwang betone ich daneben die lebensgeschichtlich entstandene und verinnerlichte Fremdstruktur des Zwanges, die den Selbstwillen und eigene Bedürfnisse unterdrückt, die sie aber trotzdem manchmal – wenn auch sehr eingeschränkt – spüren kann. Ich orientiere die thematische Aufklärung an der Anteilnahme der Patientin. Sie scheint sich besonders beim letzten Thema verstanden zu fühlen und angeregt zu sein.

In einem zweiten Schritt zur Förderung der Dissoziation erweist es sich als besonders nützlich, in der Anfangszeit täglich „vom Selbst aus" mit dem Zwang zu dialogisieren und verbotene „Warum-Einsichtsfragen" zu stellen, auf die die Patientin immer dieselbe Antwort erhält: „Ich will Dich klein und hilflos sehen, ich bin stark, Du bist nichts." Dies ängstigt die Patientin anfangs (weil Einsichtsfragen nicht sein dürfen), aber weniger als erwartet. Zudem kommt es zu Sättigungsphänomenen und zu einem zunehmend großen Unwillen gegenüber dem Zwang („Seine Stimme wurde immer leiser"). Sie fühlt sich ihm gegenüber flexibler und es treten Erinnerungen an den Vater auf, der ihr ähnliches wie der Zwang vermittelte. Eine Erörterung dieser Zusammenhänge trägt weiter zur Dissoziation bei. Die Dissoziation zwischen Fremd und Selbst wird der Patientin innerhalb der Zwangshandlungen deutlich, es dauert längere Zeit, bis sie überzeugt aussprechen kann: „Das ist ein Zwangsgedanke, so ist es nicht". Vor den Expositionsübungen sagt sie mit selbstgewählten Worten: „Ich will das jetzt so." Aufkommende angespannte Unruhe bewältigt sie („Keine Angst, das ist vom Zwang und hat nichts zu sagen" oder „schluß, jetzt halte ich es aus").

➤   Diagnostik in vivo und Anleitung zur Selbstexploration:

Die In-vivo-Diagnostik spiegelt der Patientin sichtbar sensorische und motorische Defizite einiger der oben genannten Willensfunktionen wider. Die Patientin hat kurz vor eigenen Kontrollhandlungen einen sichtbar rascheren Lidschlag (zur „Bewältigung von Ermüdung"), schaut dann mit starrem langem verschwimmendem Blick ohne Lidschlag („wegen möglicher Fehler") und gespannter visueller und akustischer Aufmerksamkeit gegenüber Störreizen („ein Hund bellt"). Sie verspürt körperlich eine starke Erstarrung in den Gliedmaßen, kann sich nicht von der Handlung lösen, weil die Aufmerksamkeit nicht sinnvollerweise auf die Gesamthandlungsebene, sondern auf die untere Ebene (wie Bewegungsebene) zu stark fokussiert ist. Dadurch wird eine sinnvolle Verhaltenssteuerung unmöglich.

Es folgt nach der gemeinsamen vorsichtigen Besprechung der Auswirkungen einiger solcher Verhaltensweisen die Etablierung normaler Kriterien zur Einschätzung des Handlungserfolges (Hoffmann 1990) mit Hilfe von Modellernen und das Erlernen einer angemessenen Handlung (wie in Tab. 7.**1** beschrieben wurde).

Das genannte Unvollständigkeitsgefühl (vgl. Hoffmann 1998) während der Zwangshandlung bewältigt die Patientin mit Bauchatmung vor der Exposition, mit Vornahme und Entschlußbildung („Ich will") und mit Selbstinstruktionen („Ich traue meinen Augen") und sofortiger Umsetzung des Entschlusses.

Wie bereits dargestellt, dient der Entschluß der Verbesserung der Außenwahrnehmung einer höheren Aktivierung und Bewußtheit handlungsrelevanter Repräsentationen (Ziel, Handlungswege). Nach Lewin (1963) stellt der Vornahmeakt eine Beziehung zwischen der vorgestellten Gelegenheit und der beabsichtigten Ausführungshandlung her. Es entsteht ein innerer Spannungszustand, der zur Handlungsausführung drängt. Die Vornahme und der Entschluß sind wichtige Instrumente, um Ablenkungen und Versuchungen (wie Fernsehen) zu widerstehen (Sokolowski 1996).

➤   Ergebnisse der selbstangeleiteten Mikroanalyse:

Sie erhöht das Wissen um Zusammenhänge. Dadurch entsteht eine holistische statt detailorientierte Sicht. Sie ist die Voraussetzung für eine bessere Überwachung des Tuns und eine darauf basierende Steuerung. Außerdem setzt sich die Patientin mit ihren Problemen auseinander (wofür das elterliche Modell fehlte), und die Spannungstoleranz kann so gefördert werden.

Die Patientin habituiert kaum, weil sie kaum bzw. meist gar keine Spannung nach der Unterlassung der ritualisierten Ordnungshandlungen wahrnimmt, entgegen ihren Erwartungen. Sie erfährt Veränderungen auf kognitiver, volitionaler und motorischer Ebene. Sie fühlt sich willentlich „mehr da" als Steuerungsinstanz („Ich richte mich nicht mehr so nach von innen kommenden Befehlen"), verharrt weniger in der Orientierung, leitet aus Gesamtzielen Teilziele ab und setzt Entschlüsse sofort um. Insgesamt fühlt sich die Patientin in dieser Phase etwas selbstbewußter und selbstwirksamer, sie wird sich selbst gegenüber offener, neugieriger. Sie spürt allerdings auch eine größere Disharmonie zwischen Gedanken und Handlungen.

Hier schließen wir ein Experiment an mittels Wortfeldanalyse (Chambers et al. 1978, Marx u. Hejj 1989). Sie soll auf emotionaler Ebene und auf der Ebene der sekundär damit verknüpften kognitiven Inhalte zu einer höheren Selbstauseinandersetzung verhelfen. Auf die Art kann ein anderer Zugang zu lebensgeschichtlichen Zusammenhängen (in Anlehnung an Röper) gewonnen werden. Das Experiment wurde jeweils am Ende der einzelnen Therapiephasen durchgeführt. Die Ergebnisse sind im Anschluß an die Darstellung der 5. Therapiephase zum besseren Vergleich zu sehen.

2. Therapiephase: Anleiten zum Experimentieren und Flexibilisieren

Ziele sind weiter die Verfestigung und gegebenenfalls die Ausdifferenzierung des in der 1. Phase Erlernten (Selbstexploration, Vorsätze, handlungsförderliche Selbstaktivierung und -beruhigung). Außerdem werden In-sensu-Übungen durchgeführt.

Das wichtigste Ziel ist eine Problemraumerweiterung, die unter Zurücknahme des starken Außendruckes erfolgt. Die Probierhaltung wird forciert in zwangsbezogenen

Bereichen. Die Patientin erlernt am Modell Techniken des sokratischen Dialogs, die sie im Umgang mit sich selber anwenden soll, um dadurch einige Vorgänge besser erfassen, begreifen und ordnen zu können. Durch die auf die Art vergrößerte Vertrautheit mit sich selber sollen die kognitive Flexibilität und die Distanz zum Fremdsystem erhöht werden.

➤   Weitere In-vivo-Übungen und Einführung von In-sensu-Übungen:

Die Patientin stellt sich vor, wie „Töpfe ohne genaues Hinstellen und Zählen" in der Phantasie aussehen und wie sie sich dabei fühlt. Das Ergebnis ist ein freieres Gefühl mit einer Anhebung des Kompetenzerlebens („Deshalb schaffe ich es auch äußerlich") und ein Erkennen des eigenen Willens über das bloße Wünschen hinaus („Das möchte ich und das will ich"). (Die In-sensu-Übung kann auch vor den In-vivo-Übungen zur emotionalen Entlastung und kognitiven Vorbereitung eingesetzt werden).
In diesem Therapieabschnitt beginnt die Patientin, selbständiger zu werden, die Interventionen sind weniger autoritär-direktiv, fordernd. Im Nachhinein sieht die Patientin den anfänglichen Handlungsdruck als notwendig an, um sich überhaupt zu konfrontieren und Erfolg, Freude und Mut zu erleben. Die Patientin nimmt freudig erstaunt den Wechsel zur symmetrischen Beziehung wahr, ihre gewonnene Entscheidungsfreiheit (auch ob ich zu ihr komme oder nicht), ihre Möglichkeiten zu probieren unter ständiger therapeutischer Verstärkung. Positive Verstärkung und ständiges Lob ist auch in dieser Therapie eine wichtige Voraussetzung für Erfolge.

➤   Zum kognitiven Ziel: Erlernen des Bildens von Zusammenhängen, um eine Orientierung aus einer übergeordneten Perspektive als eine Voraussetzung für ihren Einsatz als eigene Steuerinstanz zu schaffen:

Die Interventionen bestehen nun im weiteren Erwecken von Neugier zum selbstkontrollierten Eigenentdecken und Probieren mit Hilfe sokratischer Fragen. Neben inhaltlichen Zielen der erweiterten Verhaltensanalyse und Selbstkonfrontation kann damit das logische, ordnende Denken unter Nutzung aller zwangsrelevanten Bereiche auf motorischer, emotionaler Ebene gefördert werden (über Merkmalesuchen – elaborativ, und das Vergleiche- und Zusammenhängebilden – reduktiv). Beispiele für das Merkmalesuchen: „Wie würden Sie die eben gezeigte Handlung unterteilen, benennen?" „Welche Gefühle hatten Sie dabei, als Sie ...?", „Wie ist die Konzentration ...?" etc. Beispiele für das Vergleiche- und Zusammenhängebilden: „Was ist schwerer/leichter?", Wo war der Widerwille größer/wo weniger?", Was ist gemeinsam beim Wischen und Kontrollieren oder, konkreter: sind die Gefühle am Beginn der beiden Handlungen gleich, gibt es Unterschiede, was gehört zusammen, was nicht?" Später werden hypothetische Analogien eingeführt („Wenn das so ist, müßte dann ...?"). Letztlich beobachtet und überprüft die Patientin die Hypothesen in der Realität, ein Prozeß, der sich bis zum Therapieende unter hoher Motivation vollzieht.
Ergebnisse: Die Patientin fühlt sich angeregt und geordnet in der Selbstauseinandersetzung, drückt sich auch hörbar einfacher, kürzer, klarer aus.
Auch hier knüpfe ich, wie im Beispiel deutlich, an lebensgeschichtliche Bezüge an. Die Patientin ist bisher asymmetrische Beziehungen gewohnt, Probieren zur Selbstentfaltung war in der Kindheit kaum erlaubt. Modellhaft erlernt sie, verwerfbare Hypothesen zu erstellen. Zudem kann sie als Ergebnis der Anleitung zum Experimentieren und Probieren (z.B. einfach Sachen verschieben, sich dabei beobachten) die probierende Auseinandersetzung positiv umbewerten. Entgegen ihren Zerstörungs-

phantasien erlebt sich die Patientin als etwas abgegrenzter nach außen, das Selbst wird eigenständiger und als etwas „größer" erlebt.
Zwangsbewältigendes Handeln: Die Patientin „erobert" sich zunehmend immer mehr Gegenstände und wirkt mit der Zeit bei einem späteren Besuch bei ihr auch motorisch lockerer (die Finger und Hände sind nicht mehr hakenförmig-bizarr nach oben gebogen, die Gliedmaßenbewegungen sind nicht mehr ruckartig-starr, sondern lokker).

3. Therapiephase. Beurbeilung von dem Zwang zugrundeliegenden Gefühlen von Aggression und Schuld

Ziel ist weiterhin die Förderung der Selbstwahrnehmung von Gefühlen, Denken, Handeln. Außerdem soll die Selbstverantwortung erhöht werden, was bedeutet, daß die Patientin zu Fehlern ohne Schuld und Ablehnungsangst stehen kann, dazu aggressive Handlungsimpulse im sozialen Bereich ohne nachfolgende Schuld ausleben kann, eine Zunahme an Gelassenheit und Antrieb (Reduzierung der Erschöpfbarkeit) erfährt und ihr Anspruchsniveau bei Rückschlägen und Mißerfolgen verringert.
Die Interventionen entsprechen in etwa denjenigen der 2. Therapiephase. Ich motiviere die Patientin weiter zu Auseinandersetzungen mit den Zwangsphänomenen. Weiterhin stelle ich elaborierende und reduktive Fragen, die logische Zusammenhänge klären sollen. Die Patientin soll diesen Denkstil in ihre selbständige Auseinandersetzung mit dem Zwang übernehmen. Ich relativiere Mißerfolge und ermutige durch Hinweise auf bisherige Erfolge.

➤   Erfolge bei der Zwangsbewältigung und Thematisierung einiger Hintergründe:

Die Patientin nimmt sich selber Bereiche vor, in denen sie vom Zwang bestimmt wird. Statt längerfristigen Vorsätze faßt sie zunehmend kurzfristige und unterläßt, zunehmend spontaner, aber meist noch kontrolliert, Zwangsrituale. Durch das eigenständige Fassen von Vorsätzen, Umsetzen und den folgenden Erfolgen spürt die Patientin zunehmend eine Harmonie zwischen Gedanken und Handlung, die sie vorher kaum kannte. Das kann auf das Wiedereinsetzen der im Modell erwähnten Fühlfunktion (nach Kuhl u. Kazén 1997) zurückgeführt werden. Sie macht es möglich, Handlungen zu finden, die möglichst vielen Bedürfnissen und Überzeugungen gerecht werden. Durch die hohe Bestrafungssensitivität und Ablehnungsangst war der Zugang zu der Fühlfunktion blockiert. Angst und die ständige Wut aber aktivierten eher das zergliedernde Denken bei der Patientin bis hin zu sinnlosen Nicht-Handlungsebenen, nämlich Bewegungen. Wie beschrieben stellt Reed (1985) bei Zwangskranken eine zu geringe Kategorienweite der kognitiven Strukturen fest. Dadurch wird die Integrierbarkeit neuer Informationen erschwert. Nun wird statt der kongruenzstiftenden Fühlfunktion das mit der Empfindungsfunktion verknüpfte diskrepanz- und konfliktsensitive Aufmerksamkeitssystem aktiviert. So werden Wahrnehmungen in der Innen- und Außenwelt, die zu anderen Wahrnehmungen, Gefühlen und Erwartungen nicht passen, verstärkt zum Aufbau neuer bzw. zur Revision bestehender Schemata eingesetzt. Die Assimilation wird sinnvollerweise gehemmt zugunsten der Akkomodation. Die Patientin akkomodiert also ständig, aber eben auf zu niedriger Ebene (allumfassend oberflächlich); sie stellt alles und sich in Frage und unterwirft sich sicherheitssuchend dem „Muß"-Befehl.
Unerledigte Absichten mußten bewußt in das Gedächtnis gerufen und aufrechterhalten werden. Im zwangsnahen Alltagsbereich war es nicht möglich, sich von Zielen

leiten zu lassen, ohne sie sich bewußt (explizit, verbalisierbar) machen zu müssen. Vorgenommene Dinge durften nicht vergessen werden. Eher implizites, d.h. weniger bewußtes und weniger verbalisierungsfähiges Bereithalten und Verarbeiten von Informationen hat aber den Vorteil, daß es nicht so anstrengungsintensiv und kapazitätsbelastend ist, da unser Gedächtnis für bewußte Information begrenzt ist.

Die Aufmerksamkeit der Patientin mußte explizit, fokussiert, anstrengungsintensiv sein. Das Handeln durfte nicht von selbst erfolgen ohne angestrengte Konzentration. Das änderte sich im Lauf der Therapie. Die Patientin erlaubte sich, auf die übersteigerte „Bewußtheit" zu verzichten und mehr Vertrauen in ihre impliziten inneren Ressourcen zu setzen.

Dieser Erfolg und die daraus resultierende Erfahrung von Selbstwirksamkeit führt bei der Patientin über Anhebung der Stimmung und Kontrollüberzeugung zur Aktivierung von Fühlwissen. Sie spürt in dieser Phase eine Harmonie zwischen Gedanken und Handlung, die sie vorher vermißte und die oft Thema unserer Gespräche ist. Sie experimentiert viel mit Verstellen und Herausnehmen von Gegenständen und stellt immer wieder erstaunt fest, daß keine Unruhe auftritt.

➤　　Umgang mit Mißerfolgen und Rückschlägen:

Durch zunehmende Bewußtheit erkennt die Patientin immer mehr Zwangsbereiche, was sie oft ängstigt und deprimiert. Immer wieder muß die Patientin gelobt und auf Erfolge hingewiesen werden. Sie fällt phasenweise immer wieder rasch ohne Fremdlob, Erfolgsbestätigungen (durch Therapeutin und Ehemann) in Selbstvorwurfsgrübeleien zurück, fühlt sich klein, wird antriebsloser und Zwangshandlungen nehmen wieder zu. Die Patientin kann zudem ihre Emotionen noch lange Zeit nur ungenügend soweit regulieren, daß sie sich innerlich vorstellt, wie gut es hinterher tun wird, wenn sie Zwangshandlungen unterläßt. Ich relativiere Mißerfolge und ermutige durch Hausaufgaben. Die Patientin soll alle bisherigen Erfolge detailliert aufzählen.

➤　　Auswirkungen der Entschlußbildung auf die Wahrnehmung:

Die Patientin nimmt immer vertiefter wahr, daß die Zwangsstruktur in allen Bereichen dieselbe ist und sie so an früheren Situationen gewonnene Bewältigungsstrategien gut übertragen kann: Sie sagt sich „Ich will ..." und setzt dann ohne Abwägen die Entscheidung in die Tat um, bildet einen Entschluß. Letzterer führt – wie bereits beschrieben – zur Verstärkung handlungsrelevanter Wahrnehmungen bei der Außenorientierung. Zudem wird der bewußte Zugang zur ganzheitlichen inneren gespeicherten Repräsentation zu Zielen und Handlungswegen und -mitteln verbessert. Damit wird die Ausführung ganzheitlicher und selbstnäher.

Dieser willentliche Handlungsbezug hat auch Auswirkungen auf die Wahrnehmung von früheren „Zwangsgegenständen". Die Gegenstände bekommen nun eine wirkliche Funktion für die Patientin, statt einer starren „Hinstell-Funktion" nun Gebrauchs-Funktionen mit verschiedenen Handlungsmöglichkeiten, sie werden anders wahrgenommen, nämlich plastischer, begreifbarer, die Patientin vertraut der Sehfunktion ihrer Augen immer mehr, das Gefühl „meine Augen sind tot" nimmt ab.

➤　　Rückblicke:

Ich frage immer wieder nach Gründen für Therapiefortschritte, um Erfolge gezielter verstärken zu können und weitere Suchrichtungen zu erkunden. Die Patientin antwortet, daß sie anfangs einen starken Außendruck gebraucht habe, sie aber in dieser

Phase nicht feststellen konnte, daß sie einen eigenen Willen habe („Ich mußte es tun, jemand sagte immer, was ich tun soll."). Durch Erfahren eigener Erfolge im Rahmen therapeutischer Geborgenheit, Sicherheit und Anerkennung fühlt die Patientin mehr Selbstvertrauen. Sie geht mehr Risiken ein und koordiniert ihre Zwangsbewältigungsmaßnahmen zunehmend („will selbst probieren") im Sinne einer – wie sich die Patientin oft ausdrückt – „Nacherziehung". Durch innerliches und äußerliches Probieren gewinnt die Patientin ein höheres Selbstverständnis: „Wenn ich selbst verstehe, werde ich wichtiger, fühle Selbstvertrauen."

Später bemerkt die Patientin: „Druck muß sein von außen, um Mut zu bekommen." „Dann kamen die [eigenen] Vorsätze. Ich dachte, ich schaffe es allein, finde den Weg, wenn ich ein Ding nach dem anderen mache [schrittweise Zwangshandlungen abbauen], aber das ist es nicht. Bedürfnisse und Gefühle sind wichtig, ich gucke sie an und handle danach."

➤   Schuldfreies Ausleben zwangsgebundener Aggressionsgefühle und Traurigkeit (Reduzierung von Schuldgefühl allgemein und Steigerung der Fehlertoleranz):

Gegen Ende dieser 3. Therapiephase – mit besserem Selbstbehauptungsgefühl im Probierraum – wird die Patientin offen aggressiver in der Therapie (sie tritt plötzlich mit stark verschmutzten Gartenschuhen bei mir ein mit der Bemerkung, es sei meine Schuld, wenn ich so einen hellen Teppich habe.) Sie vergißt das nächste Mal einen Zettel mit der Bemerkung, ihn „verschlampt" zu haben, freut sich, daß sie nicht gelogen hat, die Ausrede des „Vergessens" nicht braucht und nicht einmal Schuldgefühle empfindet.

Wir kommen auf das Schuldgefühl wegen des Todes der Mutter und ihre Weigerung, die todkranke Mutter zu berühren, zu sprechen und die Vorwürfe des Vaters, die bis heute nachwirken. Wir kommen zum Bild, daß die Patientin von sich selbst gegenüber Mutter und Vater hatte und auf das geringe Geborgenheitsgefühl und die Verunsicherungen. Dies löst bei ihr Ärger aus, und sie gelangt zur Erkenntnis, daß es „gemein war, von einem Kind so etwas abzuverlangen" und ein Kind in dem Glauben zu bestärken, schuld zu sein, und daß „einem Kind so etwas nicht zugemutet werden darf".

➤   Neuintegration der Gefühle durch Umbewertung und Realitätstesten:

Auch zu ihrem Mann ist sie in Alltagsauseinandersetzungen aggressiver und freut sich, daß sie keine Schuldgefühle dabei empfindet, weil sie nun Fehler wie auch Haß- und Trotzgefühle als Mittel zur Willensdurchsetzung mehr verantworten könne. Verantwortung habe sie immer abgelehnt (siehe auch Wortfeld 3, Abb. 7.**3**, Seite 87).

Kurz darauf ruft die Patientin erstaunt und erfreut an, daß sie das erste Mal anders auf das „Gegenständeverrücken" ihres Mannes reagiert habe. Dem anfänglichen Haß folgt plötzlich tiefe Traurigkeit mit Kindheitserinnerungen und nachfolgend geringerem Zwangsdruck. Dies wiederholt sich öfter. Wir besprechen die lebensgeschichtlichen Zusammenhänge, die Distanzverletzungen durch den Vater, zudem der Rechtfertigungszwang, alles erzählen zu müssen, was das Selbst betraf, anderseits sich nicht auseinandersetzen zu dürfen. Letzteres ist nicht selten bei Zwangskranken anzutreffen und daher konnte auch die ähnlich erlebte Psychoanalyse in der gegebenen Form (liegen, reden müssen) nicht erfolgreich sein, in der sich die Patientin letztlich auch ohnmächtig, klein und hilflos erlebte.

Die Patientin lehnt im Zwang eigene, ihren Bedürfnissen folgende Vorsätze ab, und hält sich an äußere abgehobene (abstrakte) Befehle des Vaters, die innere Pseudosicherheit ermöglichen. Sie mußte aber an der Realität zerbrechen, als die Patientin die Befehle in symbolisierter Weise in Zwangsgedanken transferierte, um in den Zwangshandlungen „den Block", wie die Patientin ihre aggressiven „Vater"-Gefühle im Wortfeld 1 nannte (Haß, Wut, Ablehnung, Ekel), zu binden, um sich nicht mit ihnen auseinandersetzen zu müssen.

Die hohe Ähnlichkeit der Muster der Zwangsvorwürfe, -anweisungen und -konsequenzen mit denen des Vaters entdeckte die Patientin durch das erwähnte Dialogisieren mit dem Zwang. Das machte ihr anfangs viel Angst, wie auch anderen Patienten, denn „der Zwang diskutiert nicht".

➤   Zunahme von Gelassenheit, Reduzierung der Erschöpfung:

Zur Überwindung von Selbstmitleid und Lageorientierung setzt die Patientin mit Erfolg metakognitive und metaemotionale Funktionen ein. So z.B. das Einfrieren der Gedanken bei der Wahrnehmung von Schwierigkeiten bei der Handlungsrealisierung („Halt, was ist das? Stimmt das?"). Auch bei der Wahrnehmung gedanklich-emotionaler Dissonanzen analysiert sie die Widersprüche und versucht, sie von einem übergeordneten Gesichtspunkt aus aufzulösen („Ich habe schon so viel geschafft und fühle mich immer noch nicht frei. Das bedeutet, daß der Zwang Widerstand leistet und ich ihn noch aktiver bekämpfen muß."). Auch durch den bewußten Einsatz von Selbstberuhigung nehmen Selbstvorwürfe und Unruhe weiter ab. Zusätzlich wirkt das sofortige Setzen von Entschlüssen in dieselbe Richtung. Die erneute beruhigende Orientierung (ohne Selbstmitleid) verringert vermutlich auch die explizite „hyperaufmerksame" Sichtweise, läßt Impliziertheit zu und ermöglicht dadurch Zugang zu mehr Wissen (Fühlwissen). Die Patientin wird bewußt zur Steuerinstanz eigener Funktionen. Die mit den Vorwürfen zusammenhängende Müdigkeit nimmt ab, die Patientin revoltiert zudem innerlich weniger gegen Alltagsanforderungen, identifiziert sich mehr mit ihnen.

Insgesamt haben sich die Zwangshandlungen des Ordnens, Wischens, Zählens stark verringert (insgesamt über 500 Gegenstände werden nicht mehr kontrolliert). Die Tages- und Wochenpläne werden etwas flexibler. Nach höherer Einsicht in lebensgeschichtliche Zusammenhänge kontrolliert die Patientin weniger ihren Ehemann und versucht, mehr Verständnis für seine Bedürfnisse zu finden. Die genannten letzten Bereiche gewinnen in den nächsten Therapiephasen immer mehr an Bedeutung.

4. Therapiephase : Transfer des im engeren Zwangsbereich Erlernten auf den Alltag, Üben von Genußfähigkeit

Ziel ist weiterhin die auf Veränderung gerichtete Selbstauseinandersetzung zur höheren Einsicht in Gegebenheiten des Zwanges und Erhöhung der Spannungstoleranz. Dabei sollen immer weiter Neugier und Risikobereitschaft gefördert werden, sich als Steuerinstanz, als Koordinatorin eigener psychischer Funktionen bewußt zu erleben. Dadurch wird die Motivation zur Selbstauseinandersetzung und zur Zwangsbewältigung erhöht.

Im Vordergrund steht in dieser Phase der Alltagstransfer der im Zwangsbereich erlernten Selbstbeobachtungs- und gedanklichen Strukturierungsstrategien, der Freeze-Funktion und der anschließenden Selbstberuhigung zur Erhöhung der Gelassenheit und zum Umplanen. Wichtig ist z.B., nach eigenen Bedürfnissen zu schauen, sie abzugrenzen von Vermeidungshandlungen zur Realitätsflucht und sie umzusetzen.

Die Selbsteinsicht wird in den sozialen Bereich übertragen zum Verständnis und Nachsicht gegenüber anderen Personen und zum freieren Umgang mit ihnen.

➤   Interventionen:

Die Interventionen sind eher noch begleitend und stützend zur emotionalen Entlastung. Am Modell übernimmt die Patientin immer mehr das „Mal sehen", „Mal gucken" als Freeze-Funktion und Selbstberuhigung, um zwanghafte Impulse nicht gleich umzusetzen. Bevor sie nachgibt, probiert sie innerlich Alternativen aus und stellt sich die angenehmen Gefühle nach einem erfolgreichen Widerstand vor.

➤   Weitere Bewältigungen und Selbstbeobachtungen im Zwangsbereich:

Noch bestehende Zwangshandlungen führt die Patientin anders aus, übt dabei weiter Selbstberuhigungstechniken (experimentiert z.B. mit einem schmutzigen Lappen, mit dem sie Gegenstände berührt etc.) und beruhigt sich selbst („Nun guck mal ganz ruhig, das ist nicht so schlimm"). Der Blickwinkel der Wahrnehmung weitet sich, die Patientin nimmt sowohl mehr Gegenstände wahr (vorher „verklumpte" Wahrnehmung mehrerer Gegenstände zusammen) als auch deren Gebrauchsfunktion (vorher bestand die Funktion im „Richtig-Hinstellen"). So fühlt die Patientin sich immer freier.

➤   Weitere eigene Reflexionen über den Zwang aus Sicht einer höheren selbstregulativen (statt nur selbstkontrollierten) Perspektive:

Die stark kontrollierte Regulationsweise (im Sinne von „ich werde bestimmt", „ich muß lernen zu bestimmen") nimmt etwas ab, die freiere selbstorganisierte Regulation eigener Handlungen nimmt zu. So wartet die Patientin ab, schaut auf ihre Bedürfnisse, Kognitionen, Emotionen, wie sie zueinander stehen, beobachtet das Zusammenwirken. Die Patientin fühlt sich, „als wenn ich ein zweites Leben bekomme". „Vorher stand ich allem, auch dem Inneren, ablehnend gegenüber". „Am besten wäre es für den Zwang, wenn ich ganz starr wäre, keine Bewegung zeige. Was gut für ihn ist, ist Fehlerlosigkeit, Starrheit, Tod." Die Kehrseite solcher Fehlerlosigkeit ist Unvollständigkeit, denn der Einklang mit sich, seinen Emotionen und Bedürfnissen fehlt völlig. Die Patientin wurde von der Steuerinstanz, vom Handlungssubjekt (Agent) zum objektivierten Instrument. Sie war dabei um so mehr gefühlsblockiert und handelte nach einem Fremdziel, dessen Kriterien weitgehend unklar und somit kaum zu erfüllen waren. So führten die Gefühlsblockade und das unklare Gesamthandlungsziel zur Ausführung von sinnlosen Handlungen, deren Bewertungskriterien mit jeder Wiederholung nach oben geschraubt wurden. Das Ergebnis war ein diffuses Unvollständigkeitsgefühl („Wie unter einer Droge in Trance, immer weiter, immer weiter, ich bin es irgendwie nicht mehr, die handelt", sagt die Patientin). Im Laufe der Therapie lernte sie zu sagen: „Jetzt setze ich mich auseinander, erziehe mich nach" (im Sinne einer angemessenen „top-down", d.h. von oben nach unten Steuerung).

➤   Transfer auf Alltagsanforderungen:

Ohne therapeutische Hilfe transferiert die Patientin ihre Strategien auf Alltag und Sozialbeziehungen. Auch im Tagesablauf kann sich die Patientin mehr vornehmen. Sie plant organischer, die rigide Ablauforganisation wird flexibler, mögliche Mißerfolge plant sie ein (anstatt sich prophylaktisch-ängstlich zurückzuziehen). Auf erfahrene Mißerfolge folgen zunehmend weniger selbstkontrollierte Beruhigungen (noch weniger Selbstvorwürfe), sondern vielmehr nimmt die Patientin langsam zunehmend automatisch eintretende Gelassenheit wahr: „Ist egal, dann mache ich es eben ...".

➤   Bedürfnisse aufspüren und ohne Druck und Selbstvorwürfe umsetzen:

Es gelingt ihr immer öfter, ihre Bedürfnisse aufzuspüren und ihnen mit Wohlbehagen nachzugehen. Sie kann sich abgrenzen vom trotzigen realitätsflüchtenden Vermeiden („Ich spürte das erste Mal Hunger während meiner Arbeit, das gab es vorher nicht. Ich unterbrach die Arbeit und habe gegessen, das war gut. Das habe ich jetzt schon mehrmals gemacht. Mit Fernsehen, das war anders. Das war kein echtes Verlangen, sondern wurde eingesetzt, um Auseinandersetzungen mit Anforderungen zu umgehen und den nachfolgenden Selbstvorwürfen.").

➤   Kognitives Neubenennen über Selbstbeobachtungen eigenen Sozialverhaltens gegenüber dem Ehemann und erste Gespräche über seine Bedürfnisse:

Im sozialen Bereich sucht die Patientin weniger Harmonie, grenzt sich adäquater ab und freut sich, ihre Gefühle mehr wahrzunehmen und danach zu handeln. Die Patientin empfindet neue Gefühle im sozialen Bereich über differenzierte Selbstbeobachtung (siehe Wortfeld 4, Abb. 7.4, Seite 88), drei soziale Gefühle empfindet die Patientin besonders stark und ist sehr stolz darauf: Enttäuschung gegenüber der Tochter, die einen Termin absagte, worauf die Patientin zunächst spontan mit Wut („Was fällt der ein") reagierte, die aber dann in Enttäuschung umschlug anstatt sonst in Selbstmitleid („Die haben alle anderen lieb, mich nicht") und Rückzug. („Danach [nach der Enttäuschung] vermißte ich meinen Mann, ich begrüßte ihn auch anders, freudiger". Zudem spürt sie Traurigkeit (anstatt der früheren sehr tiefen, schweren Trauer).
Insgesamt nehmen die Vielfältigkeit des Gefühlslebens, deren graduelle Erlebbarkeit und die Intensität positiver Gefühle zu.

5. Therapiephase: soziale Aktivierung, Verbesserung der sozialen Kompetenz

Ziele sind weiterhin verbesserte Zwangsbewältigung, zudem Einsicht in die intra- und interindividuelle Funktionalität des Zwanges. Die Interventionen werden in erwähnter Form beibehalten, aber reduziert. Sie sind eher noch begleitend.

➤   Einsicht in das Unvollständigkeitsgefühl und in die Funktion der Zwangshandlungen im Gefühlsbereich mit anhaltender starker Reduzierung des Zwanges:

Die Patientin nimmt die Diskrepanz zwischen Gefühlen, Denken und Handeln in dem „befreiten" Alltags- und Zwangsbereich immer deutlicher wahr. „Unter Zwang kann ich nicht entscheiden, kann nicht handeln nach dem Gefühl, bin klein, wie eine Hülle, ein Roboter, im Nebel." „Jedesmal, wenn ich früher im Zwang handelte, fühlte ich mich so klein. Es kam mir der Gedanke, ich bin nichts wert". Wieder sprechen wir über Kindheitserlebnisse, das Abspalten-müssen von Gefühlen, die Übernahme von Fremdbefehlen, die angenommen und umgesetzt werden, um halbwegs das Gefühl von Angenommensein und Freiheit zu erlangen.
Die Patientin reagiert daraufhin mit noch tagelang anhaltender großer Traurigkeit. In dieser Zeit beobachtet sie, wie sie durch Zwangshandlungen Gefühle band. Als sie zufällig mit Traurigkeit geringerer Intensität den Blick auf einen früheren Zwangsge-

genstand wirft, drückt sich sofort ein starker Zwangsimpuls auf, den Gegenstand hin- und herzuschieben und dabei zu zählen, den die Patientin gerade noch reflektieren und abstoppen kann.

Daraufhin empfindet die Patientin aggressive Gefühle, die sonst weitestgehend durch die Zwangshandlungen gebunden wurden, besonders stark. Sie läßt nun mehr Lust- losigkeit zu (nicht zu verwechseln mit passiver Antriebslosigkeit) und läßt Zwangs- handlungen aus mit Hilfe verstärkter Selbstberuhigung.

▶   **Zunahme von Empathie über Selbstauseinandersetzungen, Einfordern von Kritik und Zunahme von sozialen Kontakten:**

Im Zwangsbereich reagiert die Patientin differenzierter, wenn der Ehemann „unerlaubte" Handlungen ausführt. Sie kann zunehmend noch in der Zwangssituation ihr Denken umbewerten mit Hilfe des Einfrierens der Handlung und an sich selbst gerichtete Fragen: „Welches Gefühl ist vom Zwang, welches von mir? Ist es reali- stisch? Gehört es hierher? Woher kommt es? Das ist doch normal, wenn mein Mann den Gegenstand anfaßt". Andererseits spürt sie immer wieder ihre geringe Empathie- fähigkeit ihrem Mann gegenüber. Das läßt sie traurig werden, anstatt daß sie es wie früher verleugnet.

Die Patientin fokussiert ihre Änderungsbemühungen zunehmend auf den Sozialbe- reich. Sie versteht immer mehr, daß der Mann auch ein Recht auf Raum hat (nicht nur das Abbild eines rücksichtslosen Vaters ist). Sie erkundigt sich immer wieder unter nachlassender Kritikangst nach seinen Wahrnehmungen ihr gegenüber und setzt sich zunehmend damit auseinander. Sie hinterfragt plötzlich auftretende ableh- nende Gefühle: „Die sind anders als normale Gefühle. Es ist immer derselbe Block aus Wut, Haß, Mißtrauen, Einengung, Ekel. Sie gehören nicht hierher, sind wie eine Mau- er." (Sie entsprechen vor allem Gefühlen im Wortfeld 1 im 4. Quadranten.) Sie verhält sich entgegen diesen Gefühlen aber angemessen und fühlt sich dadurch besser von anderen angenommen. Die Gefühle ändern sich weiter, werden vielfältiger. Sie merkt, wie sie zugewandtere und bessere Gespräche mit ihrem Mann führen kann.

Daneben sucht sie zur Umbewertung der Zwangsgefühle weiter nach Ursachen und Zusammenhängen bezüglich des „Zwangsgefühlsblockes" und setzt ihn mit Erinne- rungen an ihr Leben in Verbindung (z.B. mit dem Vertrauensbruch der Mutter durch Verrat des Einnässens an den Vater).

Sie erweitert auch ihre Außenkontakte, übt Selbst- und Fremdwahrnehmung und ex- perimentiert auch hier (grüßt mal leise, mal laut, erlebt dabei, wie wirklich sie sich auf den freundlichen Gruß anderer fühlt, viel mehr, als wenn sie auf den Boden guckt). Körperliche Beschwerden treten nur noch in geringem Maße auf. Die Zwangsbereiche (Ordnen, Kontrollieren, Wischen) sind erheblich reduziert und „weichen dahin". Autofahren kann die Patientin auf allen Straßen („Ich fühle mich wieder da, fahre eben."), sie kann auch wieder schreiben, ohne Angst zu haben, sich festlegen zu müssen, und schreibt einen Brief an ihren Vater (nach Jahren), in dem sie ihren Zwang mitteilt und sich einfühlsam nach seinem Befinden erkundigt.

Sie merkt, daß sie auf empathischem und kompromißfähigem Weg eigene Meinun- gen vertreten kann: „Ich kann meine Grenzen versetzen, kann andere Meinungen stehen lassen, ohne zu mauern oder dem anderen beipflichten zu müssen". Sie fühlt sich dadurch befreit und offener.

➤   Förderung eines individualspezifischen Zuganges zur Bewältigung der Ursachen der Zwangsstörung: Abbildung der gedächtnismäßigen Repräsentation von Gefühlen zur Nutzbarmachung im Therapieprozeß:

Das Wortfeld der Gefühlsbegriffe ist eine Methode, die es über Ähnlichkeitsmessungen (z.b. Paarvergleiche) erlaubt, subjektive Gedankenstrukturen, hier Gefühle betreffend, sichtbar zu machen. Sie konnte in Therapie und Diagnostik gut genutzt werden zur Eigenkonfrontation, Motivierung und als faßbares Bild, das es ermöglicht, sich mit inneren Prozessen auseinanderzusetzen, Zusammenhänge herzustellen, Denken zu lernen und sich besser zu verstehen. Daraus wurden weitere therapeutische Ziele abgeleitet.

Wir versuchten zu ergründen, ob es über die Abbildung von subjektiv repräsentierten Gefühlen möglich ist, einen besseren Zugang dazu zu erlangen. Zunächst mußte festgestellt werden, ob die Wortfeldanalyse als diagnostisches Instrument geeignet ist. Es sollte die gegenwärtige Gefühlswelt der Patientin bildhaft darstellen, um ersichtliche Zusammenhänge zwischen Gefühlen und Unterschiede (kognitiv) interpretieren zu lassen, indem die Patientin auch Bezugspersonen und bestimmte Episoden einbezog. Der gegenwärtige Gefühls- und kognitive Zustand sollte beschrieben sowie Ziel- und Suchrichtungen für die weitere Selbstexploration abgeleitet werden.

Exemplarisch konnten wir nicht nur den Nutzen der Methode feststellen, sondern auch zeigen, wie das implizit-schwammige Gedächtnisformat der Gefühle sich über die Therapiezeit in ein explizites Repräsentationsformat verändert, sich also auch kognitive Veränderungen zeigen lassen (nach Kuhl u. Fuhrmann 1994 verfügen lageorientierte Personen lediglich über ein implizites Gedächtnisformat der Gefühle).

Als Methode wurde die Wortfeldanalyse (Paarvergleichsmethode) eingesetzt. Die Patientin benennt die für jede Therapiephase wichtigen Gefühle und diese werden dann paarweise verglichen (z.B. „Ist Abneigung Ärger ähnlich?"). Die Antwort erfolgte in einer 7-stufigen Ratingskala von „stimmt völlig" bis „stimmt überhaupt nicht". Anschließend, nachdem alle Gefühle paarweise miteinander verglichen wurden, erfolgte ein Retest, indem die Gefühle in umgekehrter Reihenfolge verglichen werden (z.B. „Ist Ärger Abneigung ähnlich?").

Ausgehend davon, daß die Bedeutungszuordnung zu Gefühlsworten abhängig ist von individuellen lebensgeschichtlichen Erfahrungen, wollen wir auf diese Weise gefühlsmäßige Erfahrungsbereiche abbilden und danach von der Patientin auf ihrem Lebenshintergrund interpretieren lassen. In den folgenden vier Abbildungen (Faktorenanalyse, Hauptkomponentenanalyse) sind die Zusammenhänge zwischen Gefühlen zweidimensional abgebildet. Dicht zusammenstehende Gefühle sind aus der Erfahrung der Patientin heraus sehr ähnlich, können sogenannte Wortfelder bilden. Weit auseinanderstehende Gefühle bzw. Wortfelder sind sich subjektiv unähnlich, haben also kaum etwas gemeinsam.

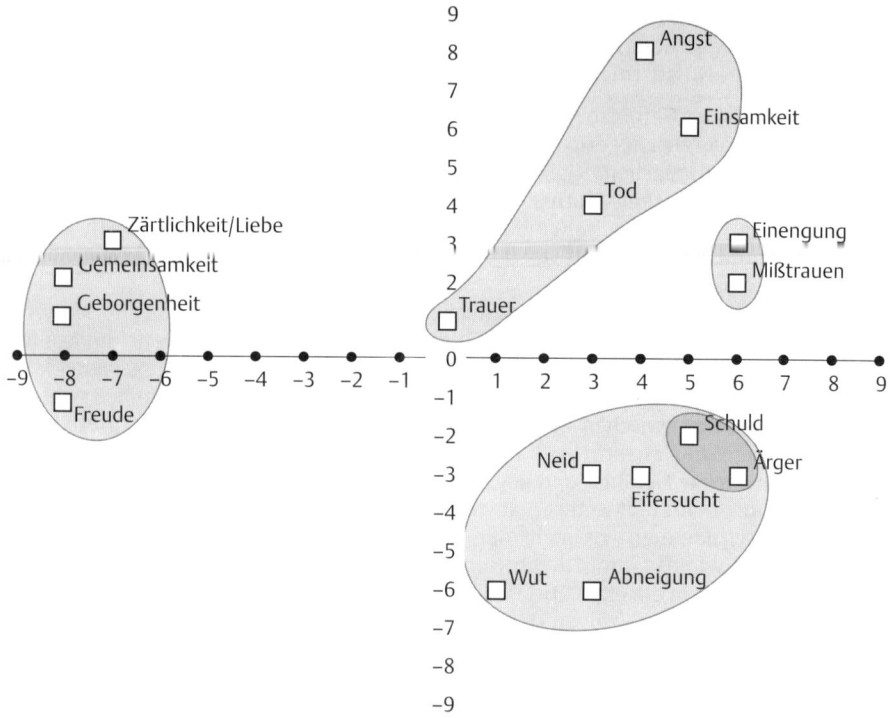

Abb. 7.1 Wortfeld der Gefühle in der 1. Therapiephase

Nach einem Monat Therapie, die hauptsächlich Expositionsübungen und Erörterungen über die Entwicklung des Zwanges beinhaltete, interpretiert die Patientin im 2. und 4. Quartil der Abbildung die Gefühle als „Zwangsgefühle". Sie ist erschreckt über die Undifferenziertheit, die „Verklumpung der Gefühle".

Gefühle des 2. Quartils, Trauer, Tod, Einsamkeit und Angst, stellten für die Patientin sofort ihre krebskranke Mutter dar, die die Patientin als Kind massieren sollte, wogegen sie sich aber aus Ekel weigerte. In diesem Zusammenhang bestanden bis heute Schuldgefühle, am Tod der Mutter verantwortlich zu sein, ein Selbstvorwurf, den der Vater bestätigte. Im 4. Quartil stehen die Gefühle für Empfindungen dem Vater gegenüber (Abneigung, Wut, Neid, Eifersucht, Schuld, Ärger). „Ich fühlte mich wie eine lebendige Tote, hatte immer Angst, etwas falsch zu machen. Ich mußte den Willen meines Vaters durchsetzen, nicht meinen Willen, ich war nichts wert. Insgesamt beeinflussen die negativen Gefühle alles, dadurch entsteht wenig Freude."

Zwischen den Gefühlen zur Mutter und zum Vater stehen Einengung und Mißtrauen. Das interpretierte die Patientin als Resultat der Gefühle zu den Eltern. Die Trauer steht in der Mitte, was von der Patientin als Blockade zu anderen Gefühlen gewertet wird. (Später, nach einem dreiviertel Jahr, in der 5. Therapiephase nach der 4. Abbildung sagt die Patientin: „Mein erstes Gefühlsfeld war tot. Nun wurde der Zwang dort sichtbar, ich hatte ihn für unsichtbar und unveränderbar gehalten, dies zu sehen ist gut, er wurde damit greifbarer. Das ist die totale Konfrontation, aber gut und wichtig.")

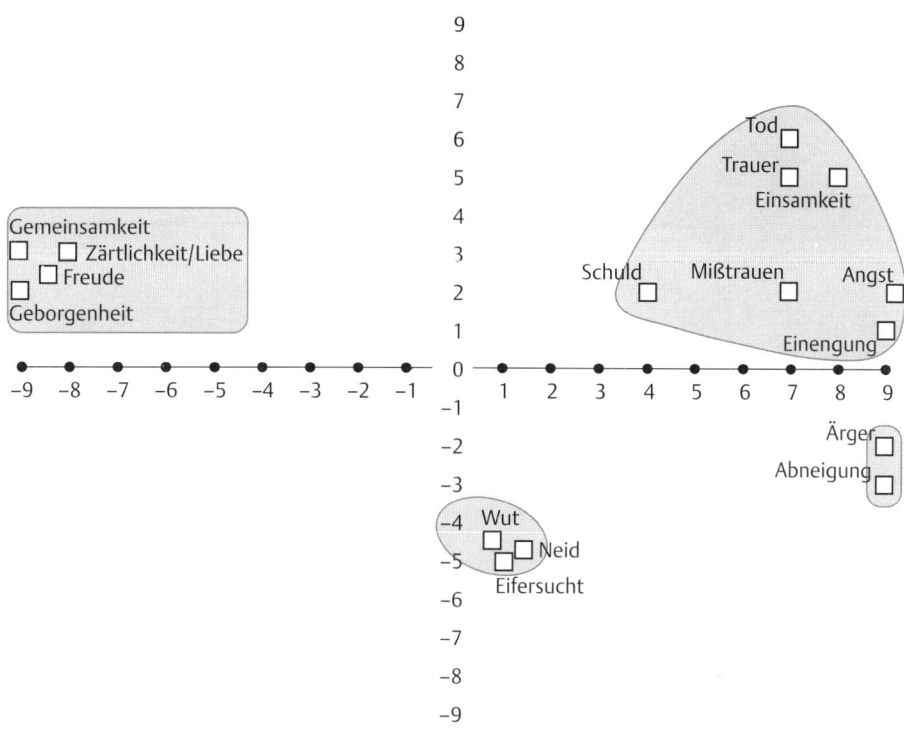

Abb. 7.2 Wortfeld der Gefühle in der 2. Therapiephase

Die Patientin wählt die gleichen Gefühle, wie in der 1. Therapiephase. Sie stellt etwas erfreut fest, daß das Bild weniger „verklumpt" ist, sich die Zwangsgefühle auflösen (obwohl das Bild formal nicht so aussieht, nur inhaltlich). Daneben bemerkt die Patientin: „Ich merke, wie mein Wille wächst, ich werde bockig. Ich lasse mir von keinem vorschreiben, was ich gegen den Zwang unternehme." Die Patientin bildet selbst Vorsätze gegen den Zwang und setzt sie um.

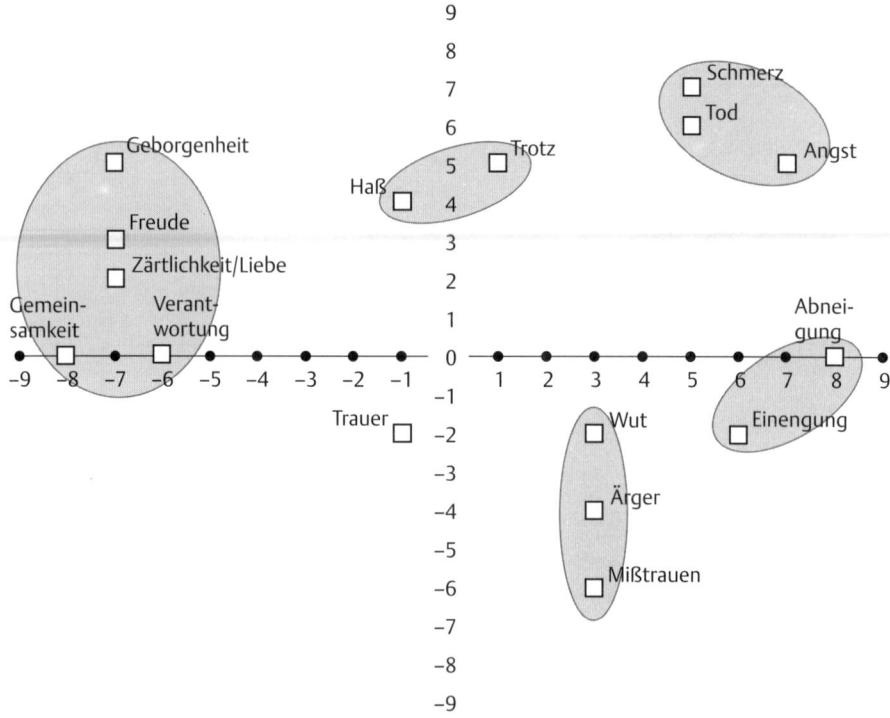

Abb. 7.3 Wortfeld der Gefühle in der 3. Therapiephase

In Abb. 7.**3** werden ein weit differenzierteres Bild und Veränderungen der Gefühlsbegriffe im Vergleich zu den vorherigen Abbildungen ersichtlich. Die Patientin fühlt ein höheres Chaos: „Es ist so, als wenn ich mich unter Schmerzen verändere." (Sie hat verstärkt Magenschmerzen, Migräne und andere körperliche Beschwerden in dieser Phase.) Immer, wenn sich eine Umbruchsphase ankündigt, treten körperliche Beschwerden auf, wie vor Therapiebeginn und jetzt. Die Patientin empfindet Schmerzen und Angst (2. Quartil), weil sie sich zunehmend vom Zwang löst. (Später sagt die Patientin, daß sie es als befreiend empfindet, wenn sich der Zwang, die Starrheit löst, aber sie verliert damit auch Vertrautes, was ihr Angst macht.)

Einsamkeit, Neid, Eifersucht (aus Abb. 7.**1** und 7.**2**) werden weniger empfunden, daher gestrichen. In den Vordergrund des Erlebens treten starke aktive Gefühle (1. und 2. Quartil), nämlich Trotz, Haß und Schmerz, die die genannten passiveren negativen Gefühle ersetzen. Zum Schmerz meint die Patientin: „Ich kann mit dem Schmerz leben, er hat etwas Befreiendes, ich muß mich auseinandersetzen.")

Haß und Trotz stehen in der Mitte zwischen Lust- und Unlustgefühlen. Die Patientin interpretiert sie als Mittel, um gegen den Zwang vorzugehen und mehr Lustemotionen zu fühlen, eine innere Harmonie, eine Balance zwischen Lust- und Unlustgefühlen zu erreichen: „Ich trotze gegen den Willen des Zwanges, will wieder Harmonie, will selbst probieren." In dieser Phase erlebt die Patientin zum ersten Mal, wie ihr Haß gegen den Ehemann, als dieser „aus Absicht" gegen die Zwangsordnung verstößt, plötzlich in tiefe Traurigkeit umschlägt, mit Kindheitserlebnissen und erlösendem Weinen. Sie verspürte sogar in kleinerem Umfang Zuneigung zum Ehemann. Eine solche Reaktion war ihr bisher unbekannt. Im Wortfeld steht Trauer (3. Quartil) eher in Nähe sozialer Lustemotionen (Verantwortung, Gemeinsamkeit, Zärtlichkeit/Liebe). Immer wieder treten Selbstzweifel auf: „Schaffe ich es, es geht so langsam" und Unsicherheit, welche Gegenstände sie noch kontrollieren muß und welche nicht.

Verantwortung ist ein neues Gefühl und ersetzt Schuld (aus Abb. 7.1 und 7.2): „Wenn ich Fehler mache und so lebe, wie ich will, ist das Verantwortung über mein Leben, keinen Fehler zu riskieren heißt, keine Verantwortung tragen zu wollen."

Im sozialen Bereich schwankt die Patientin zwischen Gemeinsamkeitsstreben, Verantwortung (linke Lustdimension) und einem Abneigungs-, und Einengungsgefühl (rechte Unlustdimension): „Ich habe da noch nicht den Mut, Ablehnung und Wut richtig zu zeigen." Das Schwanken empfindet die Patientin als positiv und ermutigend für Veränderungen. Die Gefühle werden für die Patientin greifbarer, die Patientin fühlt sich lebendiger (anstatt in Zwangsstarrheit).

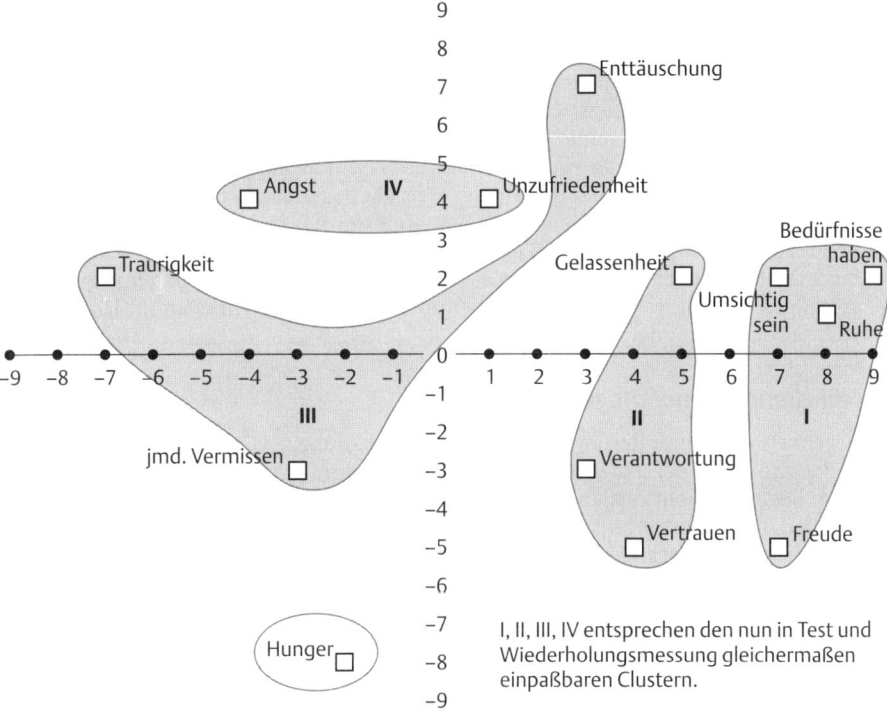

Abb. 11.4 Wortfeld der Gefühle in der 4. Therapiephase

I, II, III, IV entsprechen den nun in Test und Wiederholungsmessung gleichermaßen einpaßbaren Clustern.

Nach sieben Monaten Therapie (4. Therapiephase) erlebt die Patientin die Gefühle deutlicher: „Die Erfahrung ist ganz toll, daß sich die Gefühle ähneln und trotzdem anders sind."

In der paarweisen Beurteilung bemerkt die Patientin Unterschiede. Es lassen sich drei qualitativ verschiedene Entscheidungsstufen feststellen. Zum ersten gibt es Gefühle, die sie „verstandesgemäß" erfaßt, „nicht im Erleben" (wie in den Graphen 1–3): „Ich merke, ich entscheide schlecht." Zum zweiten erlebt sie bestimmte bekannte Gefühle isoliert: „Ich kann aber die Verbindung nicht wahrnehmen." Auf der dritten Stufe kann die Patientin sehr schnell aus dem Erleben heraus drei in letzter Zeit sehr starke neue Gefühle im sozialen Bereich beurteilen: Vermissen, Enttäuschung, Traurigkeit. Qualitativ treten starke Änderungen im Gefühlserleben auf. Hinzu kommen Unzufriedenheit, Gelassenheit, Hunger, Ruhe, Bedürfnisse haben, Vertrauen, Vermissen, Traurigkeit, Enttäuschung. Die Unzufriedenheit bezieht sich auf Mißerfolge gegen den „Zwangskampf", das Vertrauen gegenüber dem Mann wächst, wenn auch stark schwankend („Er macht es nicht aus Absicht." „Ich habe nicht mehr so stark gefühlt, daß alles gegen mich ist.") Trauer fällt weg, hat an Bedeutung verloren, da sich die Patientin nicht mehr „schuldig und schwer" fühlt, leichtere, kürzere Traurigkeitsphasen nimmt die Patientin mehr wahr.

Später teilt die Patientin mir mit, daß es schwer für sie war, während der Bewertung zu erfahren, daß sie einige Gefühle (wie Unzufriedenheit, Verantwortung) nicht beurteilen kann, weil sie sie noch zu wenig spürt. Dies alles in Diskrepanz zu den neu und intensiv erlebten Gefühlen (wie Vermissen, Bedürfnisse haben, Ruhe, Gelassenheit). Die Patientin merkt auch, daß sie sich schneller entscheidet, wenn sie Gefühle besser erleben kann. Sonst ist sie auf eine rationale Beurteilung angewiesen. Noch fehlen der Patientin derzeit die Gefühle Liebe und Stolz, die sie kaum spürt. Sie meint aber: „Ich finde es toll, wenn ich weiß, ich kann weiter Fortschritte machen."

In der Therapie ist es somit gelungen, die Gefühle in Umfang, Intensität, Qualität (hinsichtlich Zunahme an positiven und aktiven und an Bedürfnissen orientierten Gefühlen) zu verändern und in formaler Hinsicht das implizit-unklare, an episodische Informationen stark gebundene Repräsentationsformat in ein expliziteres, klarer abgegrenztes Gedächtnisformat zu überführen, so daß die Gefühle besser wahrnehmbar sind. Die Funktionen der Gefühle (u.a. zur Aufmerksamkeitssteuerung und zum Abruf relevanter Handlungen) sind wiederhergestellt und damit wirksam im Umgang mit sich selbst und mit der Welt.

Abschließende Bemerkungen

Ergebnisse zur Veränderung der volitionalen Funktionen (VCC 3.3.1.):
Es wurde dazu der Fragebogen von Kuhl u. Fuhrmann (1994) zur Erfassung von grundlegenden volitionalen Funktionen eingesetzt (siehe Abb. 7.**5**).

In allen 31 Skalen veränderte sich die Patientin positiv, in 11 davon signifikant, auf die nur kurz eingegangen werden soll. Besonders große (auch im Kontakt beobachtbare) Veränderungen betreffen die Skalen, die anfangs stark negativ ausgeprägt waren. So hat das anfangs große Energiedefizit (Ermüdung, leichte Erschöpfbarkeit) am meisten abgenommen. Die Patientin steht sehr früh auf, arbeitet und identifiziert sich stärker mit ihren Aufgaben, ohne Trotz und ohne sich dadurch jedesmal kräftezehrende Impulse für jeden Teilschritt geben zu müssen. Die anfangs stark reduzierte Beweglichkeit der Wahrnehmung, Aufmerksamkeit hat sich gesteigert.

Auch die impliziten Absichtshandlungen haben zugenommen (die Patientin läßt auf Nachfragen hin vor allem implizite Gegenabsichten zu, um sie eventuell einzubeziehen in späteres Handeln, was sie vorher ablehnte). Die (anstrengungsintensiveren) expliziten Absichtshandlungen haben etwas abgenommen (geringerer „Überbewußtheitsanspruch"). Die Patientin kann Entscheidungen flexibler treffen. Ihre Aktivitäten sind realitäts- und handlungsorientierter geworden, das enorme Grübeln (ängstliche Gedanken, Selbstvorwürfe) und die Handlungslähmung haben drastisch abgenommen.

Das Selbstvertrauen, die Kontroll- und Selbstwirksamkeitsüberzeugungen sind stark angestiegen (besonders auf eigene Willensstärke bezogen) und auch der Optimismus

Schwierigkeiten gegenüber. Die sich vorher ständig eingeengt fühlende Patientin erlebt eine hohe Selbstbestimmtheit, einen hohen Freiheitsgrad bei der Wahl und Ausführung schwieriger und unangenehmer Handlungen. Sie ist intrinsisch motiviert, spürt, was sie will, fühlt sich frei und selbständig.

Das Gefühl der Selbstorganisation, d.h. das Laufenlassen von eigenen Handlungen ist noch gering. Die Patientin entwirft weniger klein-analytisch, stattdessen mehr in großen Schritten und aus ganzheitlicher Perspektive. Mit höherer Automatisierung und schnellerer und umfassenderer Bedürfniszugänglichkeit kann sich die Selbstorganisation noch verbessern.

Therapeutische Beziehung

Die Patientin machte von Anfang an einen sehr motivierten und gleichfalls distanziert-mißtrauischen Eindruck. Sie gewann sehr großes Vertrauen mit den ersten durchschlagenden Erfolgen und der Umwandlung der asymmetrischen (informierende Autorität zum Ersatz des Fremdsystems) in eine symmetrische gleichberechtigt-suchende Beziehung. Sie erlebte sich geborgen nicht zuletzt durch die angebotenen Telefonkontakte, die die Patientin bei auftretenden Problemen auch wahrnahm.

Mir fielen große Stimmungsschwankungen zwischen Niedergeschlagenheit und Freude auf, oft kam die Patientin sehr unzufrieden mit sich in die Therapie. Nach erstaunlich kurzer Zeit gelang es, die Stimmung zu verbessern.

Teilweise kam es zu Ermüdungserscheinungen und Zweifeln, ob die sehr umfangreichen Zwänge zu bewältigen seien. Auch mir eröffnete sich erst mit der Zeit die große Eingeschränktheit der Patientin, ein Umstand, der auch in mir Zweifel auslöste. Aber durch immer tieferes kognitiv-emotionales Entdecken der Strukturen des Zwanges, durch Übernahme von Beobachtungs- und Ableitungsregeln und vor allem durch die ohnehin große und im Laufe der Zeit immer größer werdende Konfrontationsbereitschaft der Patientin mit ihrer eigenen Störung, konnten Zweifel zerstreut werden. Mit der Zeit des Gewährenlassens und Wachsens eigener Einsicht und dem Wissen um unbedingte Unterstützung wurde die Patientin immer offener für die Auseinandersetzung mit den eigenen Reaktionen. Am Beginn der Therapie war ich mir zunächst unsicher, was die unterschwelligen Aggressionen und die Gereiztheit der Patientin bedeuten könnten. Ich sprach sie aber nicht an, um die Grenze zwischen „Innenwelt" und „Außenwelt" nicht zu gefährden. Ich versuchte, ihr einen Raum zu geben und gab strukturierende Interventionen explizit als von der Patientin zu überprüfende Hypothesen aus. Ich wollte nicht den Fehler der vorhergehenden Therapien begehen, als „Wissende" dazustehen und zu interpretieren, was ich beim Stand der gegenwärtigen Zwangsforschung ohnehin für vermessen halte, und was die Patientin sich als klein und ohnmächtig erleben läßt. Sie sagte mir öfter in der 2. und 3. Phase, sie wolle mir auch nicht alles sagen, was sie denkt. Das hätte sie früher immer tun müssen. Sie war aber sichtbar bemüht, sich zwischen den Sitzungen mit den angeregten Themen auseinanderzusetzen („obwohl es schmerzt").

Fragebogen zur Erfassung volitionaler Kompetenz, volitionaler Effizienz, Kontrollüberzeugungen und Vermeidungen

Die Selbsteinschätzung erfolgte auf einer Ratingskala von 1 (trifft gar nicht zu) bis 5 (trifft ausgesprochen zu).

Die Mittelwerte sind auf der vertikalen Achse angegeben, Wert 3 entspricht dem Normalwert.

Bei den Skalen mit den hellen Punkten ergaben sich von Therapieanfang bis -ende (nach 1 Jahr) signifikante Veränderungen.

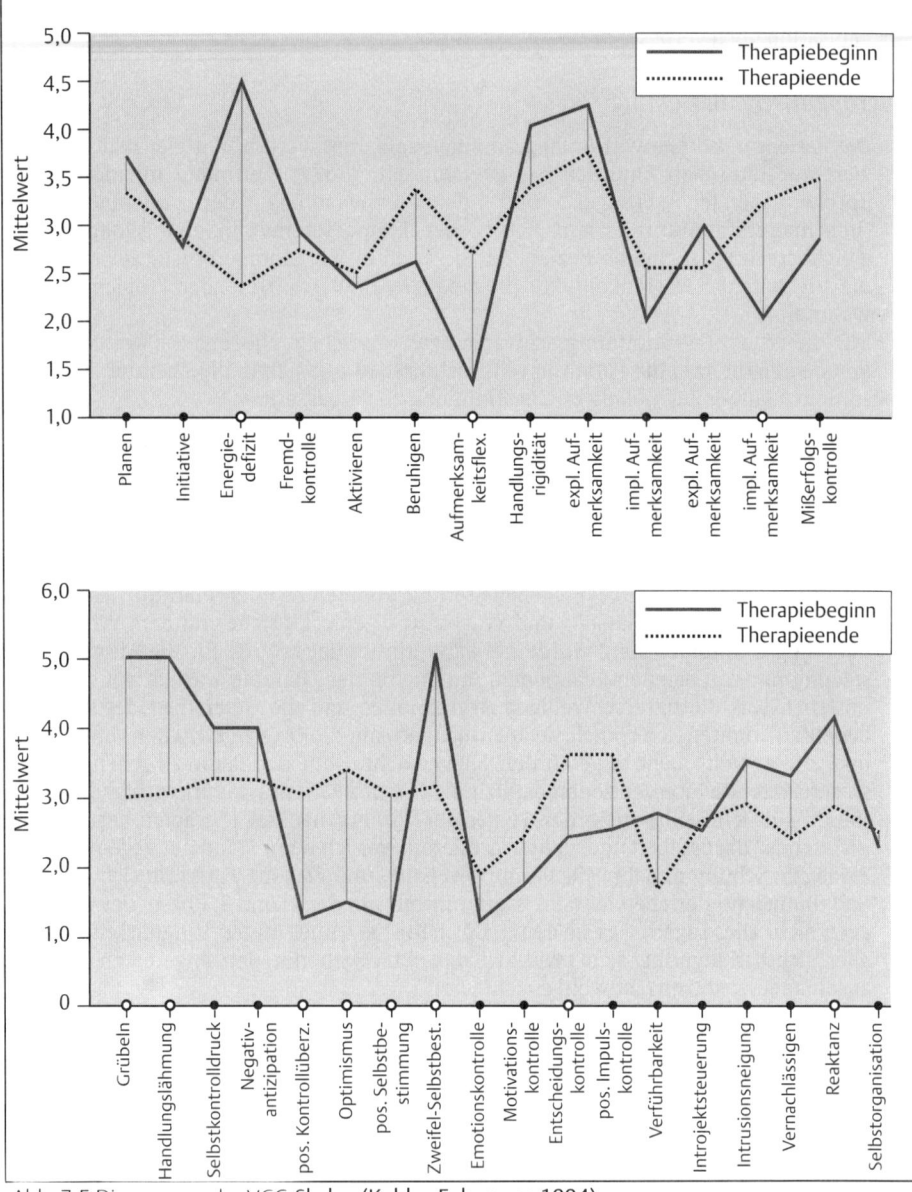

Abb. 7.5 Diagramme der VCC-Skalen (Kuhl u. Fuhrmann 1994)

Allerdings ist Druck anfangs notwendig, wie auch die Patientin bestätigte, damit überhaupt eine Konfrontation und eine Auseinandersetzung mit den eigenen Reaktionen stattfindet. Hier wäre zuviel Freiraum schädlich. Er könnte mutmachende Erfolge in der handelnden Zwangsbewältigung verhindern. Die Patientin wäre eventuell zur Selbstauseinandersetzung hinsichtlich kognitiver, volitionaler und emotionaler Zusammenhänge dann nicht so willig gewesen.

Die Patientin schätzte nachträglich die „handelnde Phase" als sehr motivierend ein, da sie rasch aktiv-handlungsorientiert eine Kontrollüberzeugung gewinnen konnte, die sie bei bloßen Gesprächen nicht so leicht erreicht hätte. Wir konnten dadurch tiefe (dem Zwang oft zugrundeliegende) Erinnerungen und damit zusammenhängende starke Gefühle gut evozieren und bearbeiten. Die erworbene Experimentierhaltung in der Zwangs-Realität konnte die Patientin gut in die Realität der sozialen Welt umsetzen.

8. Psychotherapie der Zwangsstörungen aus der Perspektive einer allgemeinen Psychotherapie

Hansruedi Ambühl, Barabara Heiniger Haldimann

In diesem Kapitel werden die wesentlichen Elemente der psychotherapeutischen Behandlung von Zwangsstörungen aus einer schulenübergreifenden Perspektive dargestellt und anhand eines konkreten Fallbeispiels illustriert. Grundlage für diese Sichtweise ist das Verständnis einer allgemeinen Psychotherapie, wie es von Grawe in den letzten Jahren formuliert wurde (Grawe, Donati u. Bernauer 1994, Grawe 1995, 1997). Beschrieben werden die Besonderheiten einer allgemeinen Psychotherapie im Hinblick auf die Herangehensweise und Behandlung bei Patienten mit Zwangsstörungen. Zentral sind folgende vier Perspektiven, unter denen jeder Einzelfall reflektiert werden sollte, um daraus die zentralen Schlußfolgerungen für die Behandlung zu ziehen:

- Störungsperspektive
- Ressourcenperspektive
- Konfliktperspektive
- Beziehungsperspektive.

Zunächst erfolgt eine allgemeine Beschreibung jeder dieser vier Perspektiven. Danach werden die einzelnen Perspektiven mit Hilfe von praxisrelevanten Fragen zur psychotherapeutischen Behandlung von Zwangsstörungen verdeutlicht. Anhand eines umfassend dokumentierten Fallbeispiels werden die aufgeworfenen Fragen exemplarisch beantwortet. Schließlich werden daraus Schlußfolgerungen gezogen, welche sich aus der Beachtung der einzelnen Perspektiven für die Behandlung von Patienten mit Zwangsstörungen ergeben.

Der Patient in unserem Fallbeispiel ist zum Zeitpunkt der Therapieaufnahme 23 Jahre alt. Er leidet seit acht Jahren unter einem schweren Waschzwang, der ihn daran hindert, das Studium an der Hochschule fortzusetzen. Er lebt wieder zu Hause bei seinen Eltern. Der aktuelle Therapieanlaß besteht darin, daß sich der Patient kaum mehr außer Haus begeben kann, da er täglich in der Küche des Elternhauses stundenlange Waschritualle mit unterschiedlicher Intensität vollzieht. Seine Eltern fühlen sich dadurch in ihrem Handlungsspielraum enorm eingeschränkt. Die ganze Familie ist emotional an ihrer Grenze, wüste Auseinandersetzungen zwischen Eltern und Sohn sind an der Tagesordnung, es besteht zunehmend die Gefahr einer gewalttätigen Eskalation, vor allem zwischen Vater und Sohn.

Vor der Durchführung dieser Psychotherapie wurde eine gründliche Abklärung, mit dem Ziel einer patienten- und problemspezifischen Indikationsstellung zur Behandlung, durchgeführt. Diese Abklärung bestand aus folgenden Schritten:

- einem Erstgespräch, auf Wunsch des Patienten mit der ganzen Familie (Vater, Mutter, Sohn),
- einem Einzelgespräch mit dem Patienten zur genaueren Erfassung seiner Problematik,

- einer psychodiagnostischen Abklärung des Patienten mit einer Standardmeßbatterie sowie dem Hamburger Zwangsinventar und einer Fremdeinschätzung durch beide Eltern,
- einer Verhaltensbeobachtung beim Patienten zu Hause,
- einer Indikationsstellung im Abklärerteam
- und einem Therapieangebot an den Patienten und seine Eltern.

Zur Bedeutung der Störungsperspektive für die psychotherapeutische Behandlung von Zwängen

Eine wichtige Voraussetzung für die Akkumulation von störungsspezifischem Wissen bezüglich Epidemiologie, Ätiologie, Diagnostik und Therapie von Zwangserkrankungen war die Entwicklung reliabler Diagnosesysteme (DSM-IV, ICD-10). In diesem Bereich hat die Forschung in den letzten beiden Jahrzehnten wesentliche Fortschritte und Erkenntnisse erzielt, so daß heute Menschen, die von Zwangsstörungen betroffen sind, oder deren Angehörige, besser aufgeklärt werden können über die Natur der Störung und über Therapiemethoden, die den besonderen Eigenarten ihrer Störung besser gerecht werden und eine wirksamere Behandlung versprechen. Es ist ein großes Verdienst der Verhaltenstherapie, daß bezüglich der Behandlung von Zwängen störungsspezifische Vorgehensweisen entwickelt wurden, die direkt auf der Ebene des Zwangsverhaltens einsetzen und dieser manifesten Störung nicht bloß den Stellenwert eines Symptoms für tieferliegende „eigentliche" Störungen zumessen. Wie auch Fiedler (1997) betont, stellt dieses störungsspezifische Wissen einen wesentlichen Fortschritt in der Behandlung klar definierter psychischer Störungen dar, wie es die unterschiedlichen Formen der Zwangserkrankungen sind. Es ist daher anzustreben, daß störungsspezifisches Wissen und die daraus folgenden Implikationen für die Psychotherapie weitere Verbreitung im Versorgungssystem finden, als dies zur Zeit der Fall ist.

Die meisten der empirisch orientierten Psychotherapeutinnen und -therapeuten sind sich heute darin einig, daß die Zwangssymptomatik selbst als psychopathologische Störung zu betrachten ist und nicht nach einer dahinterliegenden eigentlichen Störung gesucht werden muß. Demzufolge sollten bewährte störungsspezifische Vorgehensweisen Teil des Behandlungsangebotes sein. Auch in einer allgemeinen Psychotherapie sind daher störungsspezifische Behandlungskonzepte ein sehr wichtiger Bestandteil. Wir gehen theoretisch davon aus, daß bestimmte Funktionszustände der psychischen Aktivität eine Eigendynamik entfalten können, die das Individuum über längere Zeit in diesem Zustand „gefangenhält". Psychopathologische Zustände wie Zwänge, Depressionen, Süchte usw. können den Charakter sogenannter semiautonomer Funktionszustände der psychischen Aktivität mit eigenen Gesetzmäßigkeiten haben. Wenn sich das Individuum erst einmal in einem solchen Zustand befindet und in seinem Erleben und Verhalten in erheblichem Ausmaß von der Eigendynamik dieses Zustandes bestimmt wird, dann wird die Durchbrechung dieser Eigendynamik, d.h. die Beendigung oder Veränderung des Zustandes, selbst zur vorrangigen therapeutischen Aufgabenstellung. Dem aktuellen Stand der empirischen Psychotherapieforschung zufolge kann die Veränderung solcher Zustände am wirksamsten mit therapeutischen Interventionen herbeigeführt werden, die auf die spezifische Eigenart des Zustandes zugeschnitten sind. Daher sollte ein Psychotherapeut neben seiner allgemeinen Interventionskompetenz zusätzlich über eine gute Kenntnis und Beherrschung des ganzen Repertoires störungsspezifischer Interventionsmöglichkeiten verfügen. Störungsspezifische Interventionen sind ein wichtiger Teil der Therapieplanung unter der Bewältigungsperspektive (vgl. Grawe, Grawe-Gerber, Heiniger, Ambühl u. Caspar 1996).

Fragen zur Störungsperspektive

Im Zusammenhang mit den Überlegungen zur Therapieplanung und -durchführung aus der Störungsperspektive ergeben sich eine Reihe von Fragen, auf welche der Leser in den einzelnen Kapiteln Antworten findet. Wir verzichten hier darauf, einfache und kurze Antworten zu geben, da dies dem komplexen Thema nicht gerecht wird. Wir denken, daß sich Psychotherapeutinnen und -therapeuten diese Fragen vor dem Einsatz von störungsspezifischen Interventionsmethoden in jedem Fall stellen und aus deren Beantwortung die entsprechenden Schlüsse ableiten sollten. Wir werden jeweils im anschließenden Fallbeispiel diese Fragen beleuchten und zu beantworten versuchen.

Welche bewährten störungsspezifischen Interventionsmethoden kommen für die Behandlung der Zwänge in Frage?

Die aktuelle Symptomatik des Patienten unseres Fallbeispiels sieht folgendermaßen aus: Der Patient wohnt zur Zeit der Anmeldung zur Psychotherapie wieder bei seinen Eltern in einem Einfamilienhaus in einem kleinen Dorf, nachdem er für kurze Zeit ein eigenes Studio bewohnt hat. Er steht am frühen Nachmittag auf, die Mutter oder der Vater bereiten ihm eine Mahlzeit zu. Seine ganze Aufmerksamkeit ist darauf ausgerichtet, mit nichts in Kontakt zu geraten, was möglicherweise mit ehemaligen Mitschülern, die ihn früher in zwei verschiedenen Schulen gequält hatten, in Verbindung stehen könnte. Er schreitet ganz langsam im Gänseschritt durch die wenigen Räume im Haus, die er noch begehen kann. Er ist völlig darauf konzentriert, auf keinen Fall einer Wand oder einem „gefährlichen" Gegenstand zu nahe zu kommen. Auch die Eltern dürfen ihm nicht zu nahe kommen. Er setzt sich nur noch auf bestimmte Stühle, die mit weißen Tüchern bedeckt sind. Sein ursprüngliches Zimmer verließ der Patient vor einigen Jahren mit der Idee, es auf diese Weise vor (imaginärem) Schmutz rein halten zu können, und zog in das Gästezimmer. Auch seine teure Modelleisenbahnanlage will er rein bewahren. Sie liegt in Kisten gestapelt im Keller, den der Patient ebenfalls schon viele Jahre nicht mehr betreten hat.

Obwohl der Patient peinlich darauf bedacht ist, alle „gefährlichen" und angstauslösenden Gegenstände oder Situationen zu vermeiden, ist er nie ganz sicher, ob er nicht doch mit Schmutz dieser ehemaligen Schulkollegen in Kontakt geraten sein könnte. Und je wahrscheinlicher ihm diese Annahme erscheint, desto dringender muß er etwas unternehmen, um diese Angst abzubauen. Was hilft, ist intensives Waschen. Dies tut er täglich und ausgiebig in der Küche, oft vor den Augen der Eltern, währenddem sie ihr Abendessen einnehmen. Früher wusch er sich im Badezimmer der Eltern, bis es ihnen gelang, ihn zu vertreiben. Seither wäscht er sich in der Küche immer nach dem selben Schema: Mit einer Seife produziert er eine Viertelstunde lang Schaum, um damit die ganze Ablagefläche und die Vorderseite der Küchenkombination tüchtig einzuseifen. Anschließend wäscht er Hände und Unterarme, dann Kopf und Haare. Im Laufe dieses Waschvorgangs „häutet" sich der Patient, indem er sukzessive seine naßgewordenen Kleider auszieht und auf den klitschnassen Boden fallen läßt, bis er in der Regel gegen zwei Uhr früh splitternackt und aus seiner Sicht sauber genug dasteht, um in sein „sauberes" Bett gehen zu können. Meistens fällt er vor Erschöpfung in einen 12-stündigen Tiefschlaf. Der Vater, der am Morgen als erster aufsteht, muß zuerst die beiden Lavabos in der Küche putzen, den Boden trocknen sowie die nassen

Kleider auf einem vom Sohn streng reglementierten Weg in die Waschküche tragen. Am Ende dieser Küchenreinigung muß der Vater eine neue Seife in die Seifenschale legen.

Als Behandlungsmethode der Wahl bietet sich bei Patienten mit Waschzwang das symptomorientierte Vorgehen der In-vivo-Exposition mit anschließendem Reaktionsmanagement an (siehe Kap. 6). Voraussetzung dafür ist, daß sich der Patient freiwillig in eine Situation begibt, in der mit großer Wahrscheinlichkeit Zwangsbefürchtungen auftreten, er aber gleichzeitig, gemäß einer Absprache mit dem Therapeuten, auf das Ausüben seines Abwehrverhaltens (des Waschens) verzichtet. Wenn sich der Patient auf ein solches Vorgehen einläßt, ist es sehr wahrscheinlich, daß er erlebt, daß seine panische Angst vor potentieller Verschmutzung und Infizierung durch „gefährliche" Gegenstände langsam abnimmt, weil er erfährt, daß nach der Berührung der vorher vermiedenen Gegenstände die befürchteten Konsequenzen ausbleiben (Prinzip der Habituation). Sofern der Waschzwang auch dazu diente, bestimmte negative Emotionen im Zusammenhang mit ungelösten psychischen Konflikten zu vermeiden, ist zu erwarten, daß der Patient über die Berührung dieser Gegenstände direkt an bisher vermiedene Emotionen herankommt, welche dann mit Hilfe therapeutischer Interventionen zur Klärung und Emotionsverarbeitung bearbeitet werden können (siehe unter Konfliktperspektive).

Wurde der Patient schon früher psychotherapeutisch behandelt? Wenn ja, mit welchen Methoden und mit welchem Ergebnis?

Dieser Patient hat schon verschiedene Therapieversuche hinter sich. Eine erste verhaltenstherapeutisch orientierte Behandlung im Alter von 17 Jahren bewirkte eine leichte Reduktion der Zwangssymptomatik, doch laut Patient und Eltern blieb das „Grundproblem" ungelöst. Der Vater wurde von diesem Therapeuten instruiert, auf alle Fälle – auch gegen den Willen des Patienten – den Patienten am Waschen zu hindern. Dieses Vorgehen führte zu gewalttätigen Szenen zwischen Vater und Sohn und war beiden in schlechter Erinnerung. Ein Familientherapeut versuchte danach erfolglos, mit der Familie gemeinsam zu Lösungen zu kommen. Gleichzeitig sollte Judounterricht zur körperlichen Lockerung und Stärkung des Patienten führen. Nach dem Abitur, zu Beginn des Studiums an der Universität, begann der Patient eine psychoanalytisch orientierte Therapie, die er nach einem halben Jahr abbrach, weil kein Vertrauensverhältnis zwischen Patient und Therapeut zustandegekommen war. Danach ging er zu einer Psychotherapeutin, die ihn während sechs Monaten nach ihren Angaben mit „analytisch orientierter Gesprächstherapie, verhaltens- und gestalttherapeutisch ergänzt" behandelte. Krankheitshalber mußte sie die Therapie vorzeitig beenden und überwies den Patienten an eine Kollegin.

Zum Zeitpunkt der Anmeldung hatte der Patient fünf Therapieversuche hinter sich, die alle nicht zum gewünschten Ergebnis, nämlich einer Eindämmung oder Beseitigung des Waschzwangs, geführt hatten. Im Gegenteil, der Waschzwang verschlimmerte sich kontinuierlich, so daß die Eltern zum Zeitpunkt der Abklärung davon überzeugt waren, daß – wenn überhaupt – nur noch eine stationäre Therapie helfen könne. Die Tatsache, daß die erste verhaltenstherapeutisch orientierte Behandlung nicht zum gewünschten Erfolg geführt hatte, weist deutlich darauf hin, daß eine störungsspezifische Behandlung der Symptomatik nur dann erfolgreich sein kann, wenn sie „lege artis" durchgeführt wird und eingebettet ist in ein breiteres Verständnis der Problematik (siehe Fallbeschreibung unter Ressourcen-, Beziehungs- und Konfliktperspektive).

Lassen sich die störungsspezifischen Interventionen in einem ambulanten Therapiesetting durchführen, oder ist ein stationäres Setting nötig?

Die Frage, ob eine Behandlung der Zwänge in einem ambulanten Setting möglich ist oder nicht, läßt sich grundsätzlich nicht mit ja oder nein beantworten. Zu Beginn dieser Therapie war diese Frage sehr zentral, denn die Eltern waren davon überzeugt, daß in Anbetracht der Schwere und Dauer der Zwangsstörung und der mißglückten ambulanten Therapieversuche zum Wohl aller Beteiligten nur eine stationäre Therapie in Frage komme. Für die Durchführung einer In-vivo-Exposition mit anschließendem Reaktionsmanagement hielten wir ein ambulantes Setting für geeigneter, unter der Voraussetzung, daß die Eltern dazu zu gewinnen sind, diese Behandlungsphase zu Hause aktiv zu unterstützen (siehe auch unter Ressourcenperspektive), denn ein bekanntes Problem stationärer Behandlungen von Zwangsstörungen stellt der Transfer der erzielten Fortschritte auf den Alltag nach der Entlassung aus der Klinik dar: Manche Patienten können für die Dauer des Klinikaufenthaltes die Zwangssymptomatik unterdrücken, ohne daß die therapeutischen Maßnahmen eigentliche Erfolge bewirken. Sie nehmen nach ihrer Entlassung in der gewohnten Umgebung oft ihre Zwangsrituale noch intensiver als bei Klinikeintritt wieder auf (siehe Kapitel 12). Weil der Patient hauptsächlich im Elternhaus ein ausgeprägtes Vermeidungsverhalten zeigte und weil seine ausgiebigen Waschrituale zu Hause in der Küche stattfanden, entschieden wir uns für eine störungsspezifische Behandlung im ambulanten Setting, d.h. für eine massierte In-vivo-Exposition beim Patienten zu Hause und eine anschließende graduierte In-vivo-Exposition mit Gegenständen und Situationen ausser Haus. Falls sich herausstellen sollte, daß ein ambulantes Vorgehen doch nicht durchführbar ist, wäre eine Behandlung in einem stationären Setting die zweite Wahl gewesen.

Welche Risiken beinhaltet ein störungsspezifisches Vorgehen, und wie können diese Risiken allenfalls gemindert werden?

Allfällige Risiken bei einem ambulanten Vorgehen stuften wir nicht als besonders groß ein. Freiwilliges Mitmachen des Patienten ist das A und O der In-vivo-Exposition mit Reaktionsmanagement. Sollte der Patient sich in der Situation weigern, die Exposition fortzusetzen oder sollte er sich nach der Exposition nicht an die Regeln halten, führte dies zur Beibehaltung des Status quo. Einziges Risiko war, daß der Patient während der Exposition versuchen könnte, in einem Zustand hochgradig emotionaler Erregung aus der Exposition, in unserem Fall aus dem Haus, zu fliehen. Wir vereinbarten mit dem Patienten deshalb vor der Exposition, daß wir ihn in diesem Fall zu seinem Schutz aktiv am Verlassen des Hauses hindern würden.

Zur Bedeutung der Ressourcenperspektive für die psychotherapeutische Behandlung von Zwängen

Viele Forschungsergebnisse weisen darauf hin, daß man Patienten besonders gut helfen kann, indem man an ihre mitgebrachten Ressourcen anknüpft. Als Ressourcen werden die positiven Möglichkeiten, Interessen, Eigenarten und Motivationen sowie das Beziehungsumfeld eines Patienten verstanden. Sie gilt es so zu nutzen, daß sich der Patient auch in seinen Fähigkeiten und positiven Seiten erfahren kann. Denn es ist letztlich der Patient selbst, der sich ändert, und nicht der Therapeut, der ihn ändert. Voraussetzungen für eine solche Veränderung sind einerseits eine ausreichende Veränderungsmotivation, andererseits vorhandene Ressourcen, die zur Herbeiführung der Veränderung mobilisiert werden können. Die Frage der Motivation hängt eng zusammen mit der Frage, ob ein Patient gewisse Ziele im Auge hat, für deren Erreichung er einen schmerzhaften Veränderungsprozeß einzugehen bereit ist. Sind keine solchen Ziele zu identifizieren, erscheint die Wahrscheinlichkeit gering, daß ein Patient mit einer Zwangsstörung all die Mühen in Kauf nimmt, die ein störungsspezifisches Vorgehen zur Veränderung oder Beseitigung der Symptomatik mit sich bringt.

Die Aktivierung vorhandener Ressourcen ist deshalb zentral, weil sie gewissermaßen der Motor oder das Vehikel des Veränderungsprozesses sind. Bei den meisten Patienten stellt sich nicht so sehr die Frage, ob solche Ressourcen vorhanden sind, sondern welche Ressourcen vorhanden sind und wie sie produktiv genutzt werden können. Die ganze Palette der störungsspezifischen Vorgehensweisen kann ihre Wirkung nicht entfalten, wenn nicht die persönlichen Ressourcen des Patienten genutzt werden. Psychopathologische Zustände können auch ohne störungsspezifische Vorgehensweisen erfolgreich verändert werden, aber es wird wenig Positives bewirkt, wenn es nicht gelingt, die Ressourcen des Patienten für den therapeutischen Veränderungsprozeß zu mobilisieren.

Leider ist die Ressourcenperspektive und die damit verbundene therapeutische Aufgabenstellung bisher nur in gewissen Ansätzen der Familien- und Systemtherapie ausreichend expliziert worden, während sie in den meisten anderen Therapiemethoden bisher vernachlässigt wurde. Die Vorbereitung einer gezielten Ressourcenaktivierung erfordert daher eine ebenso gezielte Informationsgewinnung und -verarbeitung im Rahmen der Therapieplanung wie die Vorbereitung störungsspezifischer Vorgehensweisen. Eine Therapie sollte demzufolge nicht nur durch eine Problemanalyse, sondern auch durch eine ausdrückliche Ressourcenanalyse vorbereitet werden.

Fragen zur Ressourcenperspektive

In bezug auf die Psychotherapie von Zwangsstörungen stellen sich folgende Fragen zu den Ressourcen des Patienten und seiner wichtigen Bezugspersonen:

Für welche Ziele läßt sich der Patient motivieren? Für welche Veränderungen seines Zwangsverhaltens ist er bereit, sich aktiv zu engagieren?

Wie für viele Menschen mit Zwangsstörungen typisch, meldete sich der hier geschilderte Patient auf Drängen seiner Eltern bei unserer Psychotherapiestelle. Die Eltern hatten nach all den vergeblichen therapeutischen Bemühungen genug von den massiven Einschränkungen, die ihnen ihr Sohn auferlegte. Sie waren am Ende ihrer Kräfte und hatten die letzte Hoffnung, daß eine stationäre Therapie helfen könnte. Der Patient selbst erschien zunächst hauptsächlich deswegen beunruhigt, weil seine Zwangsrituale zu immer häufigeren Eskalationen führten, da die Eltern nicht mehr bereit waren, die Zwangsstörung ihres Sohnes widerspruchslos zu akzeptieren. Der Patient beklagte sich denn auch ausgiebig über das mangelnde Verständnis seiner Eltern, wogegen er seine Zwangsproblematik nur auf Druck seines Vaters detaillierter schilderte.

Bei näherer Betrachtung war es trotzdem nicht schwierig, konkrete Ziele zu finden, die der Patient in seinem Leben unbedingt erreichen möchte. So war es immer ein großer Wunsch, sein Hochschulstudium wieder aufzunehmen, denn eine konkrete berufliche Perspektive als Ingenieur war ihm ein wichtiges Anliegen. Er wollte gerne Reisen unternehmen, insbesondere nach Südamerika, wo er bereits früher einmal mit den Eltern im Urlaub war. Und er wollte auch – obwohl er sich die Erreichung dieses Zieles konkret überhaupt nicht vorstellen konnte – aus seiner beziehungsmäßigen Isolation herauskommen und in Kontakt mit Gleichaltrigen treten. Dem Patienten war von Anfang an selber völlig klar, daß eine massive Eindämmung oder noch besser eine Beseitigung seiner Zwangssymptomatik die wichtigste Voraussetzung für das Erreichen dieser Ziele ist. Aufgrund dieser für den Patienten konkreten, positiven und wichtigen Ziele schien eine Motivation für ein störungsspezifisches Vorgehen realistisch.

Für welche Art des therapeutischen Vorgehens bringt der Patient gute Voraussetzungen mit?

Der Patient brachte für ein störungsspezifisches therapeutisches Vorgehen insofern gute Voraussetzungen mit, als bereits vor Beginn der Therapie bei allen Beteiligten Einigkeit darin bestand, daß die Beseitigung des Waschzwangs erste Priorität haben sollte. Vom Erfolg dieses Behandlungsschrittes wurden sämtliche weiteren Therapieschritte abhängig gemacht. Dem Patienten mit seiner ausgesprochen technischen Begabung und Denkweise kam eine verhaltenstherapeutische Vorgehensweise zur Analyse und Veränderung des Waschzwangs entgegen, weil ihm das Behandlungsrationale, welches detailliert und Schritt für Schritt dem Patienten und seinen Eltern gegenüber transparent gemacht wurde, grundsätzlich einleuchtete. Er wurde auch von Therapiebeginn an auf einen sogenannten „Tag X" vorbereitet, an welchem im Elternhaus die In-vivo-Exposition mit anschließendem Reaktionsmanagement durchgeführt werden sollte. So wurde ihm genügend Zeit eingeräumt, sich innerlich auf diesen Tag vorzubereiten, was seinem starken Bedürfnis entgegenkam, sich die Dinge zunächst ordentlich zurechtzulegen und danach Veränderungsschritte zu wagen. In den insgesamt vier Monaten (15 Sitzungen) von Therapiebeginn bis zur In-vivo-Exposition wurde dem Patienten der Auftrag gegeben, sein Zwangsverhalten zu beobachten und zu protokollieren, angstauslösende Situationen erfassen zu lernen und sich mit den therapeutischen Strategien zur Beseitigung des Waschzwangs vertraut zu machen. Somit wurde der Tag X schon lange vor seinem Stattfinden für alle Beteiligten zu etwas verbindlich Festgelegtem.

Der Patient brachte auch für die in größeren Abständen stattfindenden Familiensitzungen gute Voraussetzungen mit, weil sein Leidensdruck infolge der abnehmenden Bereitschaft seiner Eltern, die mit dem Waschzwang verbundenen Einschränkungen widerspruchslos hinzunehmen, stark anstieg. Er hatte großes Interesse daran, daß die Therapeutinnen und Therapeuten ihn vor Übergriffen und Verletzungen seiner persönlichen Integrität schützen, indem seine Eltern davon abgehalten werden sollten, die bisher hingenommene Unterwerfung unter den Zwang zu durchbrechen. Diese abnehmende Bereitschaft der Eltern, alles zu akzeptieren, weckte im Patienten zudem die Angst, von den Eltern fallengelassen und verstoßen zu werden. Da ihm eine nahe Beziehung zu den Eltern ein wichtiges Anliegen war, war diese Entwicklung für ihn sehr bedrohlich.

Nicht zuletzt betrachtete der Patient das intendierte Aufgeben seines Waschzwangs keineswegs als eine Selbstverständlichkeit, sondern eher als eine heroische Tat, die mit großen Opfern und Entbehrungen einhergeht. Er erhoffte sich deshalb auch, von seinen Eltern in gewisser Weise für diese Bereitschaft entschädigt zu werden. Die Eltern wiederum erhofften sich, ihren Sohn etwas mehr in die Pflicht nehmen zu können. Beide Teile wünschten sich, in den Familiensitzungen zu verbindlichen Abmachungen zu gelangen.

Wie können wichtige Bezugspersonen als Ressourcen für angestrebte Veränderungen in die Therapie einbezogen und genutzt werden?

Schon im Erstgespräch mit der ganzen Familie zeigte sich, daß der emotionale Zusammenhalt unter den Familienmitgliedern trotz der belastenden Problematik sehr groß war. So antwortete der Patient auf eine entsprechende Frage, daß sich die Beziehung zu seinen Eltern durch eine Therapie nicht verändern dürfte. Die Eltern waren zum Zeitpunkt der Abklärung die einzigen Bezugspersonen des Patienten. Die Angst, sie zu verlieren, war begreiflicherweise sehr groß. Auch den Eltern lag die Beziehung zu ihrem einzigen Kind sehr am Herzen, denn andernfalls hätten sie nicht so lange die ihnen auferlegten Einschränkungen durch den Sohn hingenommen. Sie waren sehr angetan von dessen großer Intelligenz und den technischen Interessen. Auch seine feinfühlige und sensible Art war ihnen schon sehr früh positiv aufgefallen. Es lag daher auf der Hand, daß die Eltern als wichtigste Bezugspersonen des Patienten in die Therapie einbezogen und als Ressource genutzt werden sollten. Für die Therapeutin und den Therapeuten stellte sich jedoch die Frage, wie die Eltern als Ressourcen für diese Therapie genutzt werden könnten.

Zu Beginn der Therapie war das emotionale Klima zwischen Eltern und Sohn empfindlich abgekühlt, vor allem weil die Eltern ihrem Sohn drohten, ihn in eine stationäre Behandlung, gegebenenfalls längerfristig in ein Heim, überweisen zu lassen. Sie hatten sogar gewisse Zweifel daran, ob das Problemverhalten ihres Sohnes nur Ausdruck einer schweren psychischen Erkrankung war oder nicht doch auch ein Stück weit eine intendierte Böswilligkeit. Gleichzeitig hatten sie aber auch ein chronisch schlechtes Gewissen, weil sie sich immer wieder die Frage stellten, ob Erziehungsfehler die Ursache für die jetzige psychische Verfassung des Sohnes sein könnten.

Aus therapeutischer Sicht war klar, daß der emotionale Zusammenhalt als große Stärke der Familie betrachtet werden konnte; eine Familie, in der alle bereit waren, einander zu unterstützen. Alle waren jedoch zum Zeitpunkt des Therapiebeginns total erschöpft, daher galt es, die einzelnen Familienmitglieder zu entlasten und das emotionale Klima wieder zu beruhigen. Es wurde versucht, den einzelnen Beteiligten großes Verständnis für ihre derzeitige Situation und die damit verbundene große Belastung entgegenzubringen. Dadurch, daß der Behandlung des Waschzwangs die erste Priorität eingeräumt wurde, wurde auch den Eltern eine absehbare Entlastung in Aussicht gestellt, nach dem Motto „Halten wir noch eine Weile durch, bald wird alles anders!". Vor allem die Geduld des Vaters war am Ende. Er setzte seinen Sohn zu Beginn der Therapie massiv unter Druck, was zu recht aggressiven Auseinandersetzungen zwischen dem männlichen Therapeuten und dem Vater des Patienten führte, was der Sache keineswegs dienlich war. Es erwies sich in diesen Situationen als äußerst hilfreich, daß die Familiensitzungen von einem Therapeuten und einer Therapeutin durchgeführt wurden, denn die Therapeutin konnte in dieser Situation ausgleichend wirken und sich nach dem Erkennen dieses Problems um die Anliegen des Vaters kümmern, was in erster Linie bedeutete, die Ungeduld und Aggressionen des Vaters als Hilflosigkeit und Erschöpfung umzudeuten und wahrzunehmen.

Ein weiterer sehr wichtiger Schritt zur Beruhigung des emotionalen Klimas war der Verzicht auf Schuldzuweisungen jedwelcher Art. Dies erwies sich für die Eltern, die vor Therapiebeginn befürchteten, von der Therapeutin und dem Therapeuten für alles verantwortlich gemacht zu werden, als sehr entlastend, und brachte überdies auch den Patienten nicht in einen (unnötigen) Loyalitätskonflikt mit seinen Eltern.*

* Wir danken Dr. Mariann Grawe-Gerber für ihre hilfreiche Supervision bei den ersten Familiensitzungen.

Schließlich gingen wir davon aus, daß die Eltern am besten für die schwierige Zeit während der Veränderung des Waschverhaltens motiviert werden können, wenn sie selber eine wichtige therapeutische Funktion übernehmen, so konnten sie auch von ihrer bisherigen Hilflosigkeit erlöst werden. Diese Funktion bestand vor allem darin, dem Patienten nach erfolgter Exposition unterstützend zur Seite zu stehen. Auf Wunsch des Patienten kontrollierten sie sein Waschverhalten und gaben ihm die nötige positive emotionale Zuwendung. Bezüglich der Kontrollfunktionen machte der Patient den Vorschlag, daß die Eltern den Hauptwasserhahn des Hauses schließen sollten, wenn sie zu Bett gehen. Bezüglich der emotionalen Unterstützung wünschte er sich von den Eltern, daß während drei Monaten nach der Exposition mindestens ein Elternteil immer zu Hause ist und er nicht allein gelassen wird.

Dieses Vorgehen, das wir als „Klinik zu Hause" bezeichneten, erwies sich als ausgesprochen hilfreich. Es gab den Eltern die Möglichkeit, während der In-vivo-Exposition dabei zu sein und mitzuerleben, welche heftigen Gefühle dieser therapeutische Schritt bei ihrem Sohn auslöste. Ihnen wurde deutlich, daß das von Ihnen manchmal als böswillig interpretierte Zwangsverhalten Ausdruck von schweren psychischen Verletzungen war.

Zur Bedeutung der Konfliktperspektive für die psychotherapeutische Behandlung von Zwängen

Wir gehen davon aus, daß eine Zwangssymptomatik einen mehr oder weniger gelungenen Lösungsversuch eines zugrundeliegenden Konfliktes darstellen kann. Selbst wenn wir die Symptomatik als gelerntes Problemverhalten betrachten, steht außer Zweifel, daß ein solches Verhalten, zumindest zum Zeitpunkt der Entstehung, eine Funktion im Erleben und Verhalten des Patienten hatte. Hand (1992a, S. 161), einer der führenden Experten zur verhaltenstherapeutischen Behandlung von Zwangsstörungen, betrachtet die Zwangssymptomatik als ein „multikonditional bedingtes Syndrom mit wechselnden Symptomkonfigurationen und unterschiedlichen intraindividuellen wie interaktionellen Funktionalitäten", also als Resultat heterogener Einflußvariablen aus früheren wie auch aktuellen belastenden Lebensereignissen, elterlichen, schulischen und religiösen Erziehungsstilen, gesellschaftlichen Normierungs- und Anpassungsprozessen, genetischen und z.T. auch hirnorganischen Variablen. Dementsprechend ergibt sich der Stellenwert symptomgerichteter Verfahren innerhalb der Gesamttherapie erst aus der sorgfältigen Differentialdiagnostik sowie den umfassenden Funktions- und Problemanalysen vom Patienten und seinem privaten, beruflichen und sozialen Umfeld. Sorgfältige und wohlüberlegte Indikationsüberlegungen auf der Basis dieser Informationen sind daher ein unverzichtbares Merkmal eines seriösen verhaltenstherapeutischen Vorgehens.

Bei der Behandlung von Menschen mit Zwangsstörungen stehen wir oft vor dem seltsamen Faktum, daß das Problemverhalten selbst wenig Hinweise auf damit einhergehende psychische Konflikte gibt. Oft ist nicht von Anfang an klar, welche Funktionen die Zwänge im Erleben und Verhalten des Patienten haben. Wir gehen zwar davon aus, daß auf der intrapersonalen Ebene mit Hilfe der Zwänge versucht wird, negative Emotionen zu vermeiden, aber wir wissen oft nicht genau, welche Emotionen damit vermieden werden sollen und welche Konflikte den Zwängen zugrunde liegen. Ebenso können wir erst nach eingehender Analyse des Problemverhaltens feststellen, ob die Zwänge auch eine interpersonale Funktionalität erlangen, indem sie z.B. dazu dienen, Beziehungen zu steuern. Je nach Ausprägung hat das wichtige Implikationen für die Therapie.

Im Gegensatz zu verschiedenen Exponenten einer rein störungsorientierten Verhaltenstherapie (z.B. Fiedler 1997), sind wir klar der Meinung, daß es gerade bei der Behandlung von Zwangsstörungen sinnvoll ist, wenn man die Konfliktperspektive einbezieht. Wir sind aber nicht der Meinung, daß die vorhandenen Konflikte vor möglichen störungsbezogenen Interventionen bearbeitet werden müßten, wie dies von psychodynamisch orientierten Therapierichtungen vertreten wird. Meist stehen die Zwänge und das damit verbundene Leid von Patienten und ihren Angehörigen im Vordergrund, so daß Eindämmung oder Beseitigung der Zwänge die erste Priorität haben müssen, auch wenn durchaus eine Reihe von anderen behandlungswürdigen Problemen vorliegt.

Ein Problem, über welches gerade Psychoanalytiker bei der Behandlung von Zwangsstörungen oft klagen, liegt in der phänomenalen Fähigkeit der Patienten, die den Zwängen zugrundeliegenden Affekte zu isolieren und abzuspalten. Eine eigentliche Problemaktualisierung findet über die therapeutischen Interventionen zur Bewußtseinsbildung meistens nicht statt. Im Gegenteil birgt eine jahrelange, nicht symptomorientierte psychoanalytische Behandlung die grosse Gefahr einer zwanghaften Hyperreflexion des eigenen Denkens und Handelns. Aufgrund unserer Ausführungen liegt auf der Hand, daß eine Problemaktualisierung sofort stattfindet, wenn man den Patienten in seinen Überzeugungen verunsichert, ihn mit „kontaminierten" Gegenständen in Verbindung bringt oder ihn aktiv daran hindert, das Zwangsverhalten auszuüben. Angehörige von Patienten mit Zwängen erfahren tagtäglich, daß jede Störung der ritualisierten Abläufe zu massiven Verzögerungen führt, weil dadurch Emotionen in die „kalt" geplanten Abläufe hineingeraten, die sich wie Sand im Getriebe auswirken. Störungspezifische Intervention wie z.B. die In-vivo-Exposition mit anschließendem Reaktionsmanagement führen daher in der Regel auf direktem Weg an die bisher vermiedenen Emotionen und die damit verbundenen Konflikte heran. So wird die Voraussetzung zu einer Konfliktbearbeitung geschaffen, die an ein störungsspezifisches Vorgehen anschließen kann.

Wir betrachten die Störungsperspektive und die Konfliktperspektive nicht als ein entweder-oder, sondern vielmehr als ein sowohl-als auch. Wir geben bei der Behandlung von Zwangsstörungen in der Regel zunächst den störungsspezifischen Behandlungsmethoden den Vorzug, da diese im Idealfall zu einer Beseitigung des Zwangsverhaltens führen und gleichzeitig die damit einhergehenden Konflikte und vermiedenen Emotionen auf direktestem Weg aktualisiert werden. Mittels klärungsorientierten therapeutischen Interventionen werden danach diese Konflikte bearbeitet.

Fragen zur Konfliktperspektive

In bezug auf die Psychotherapie von Zwangsstörungen stellen sich für die Konfliktperspektive folgende Fragen:

Welche zentralen Konflikte liegen der Zwangsstörung zugrunde?

Was die Genese des Zwangsverhaltens unseres Beispielpatienten anbelangt, spricht viel dafür, daß erlebte Erniedrigungen durch Klassenkameraden während des Gymnasiums eine zentrale Rolle spielen. Eine genauere Exploration ergab zudem, daß der Patient seit dem vierten Lebensjahr an einer starken Heuschnupfenallergie litt, was zur Folge hatte, daß er oft eine Maske gegen Blütenstaub tragen mußte, wenn er zur Schule ging. Als ehrgeiziger Schüler (Klassenbester), der ein gutes Verhältnis zu den Lehrern hatte, und mit dieser „lächerlichen" Blütenstaubmaske, war er für die Rolle des Sündenbocks in der Klasse geradezu prädestiniert. Er wurde über Jahre hinweg von Klassenkameraden gequält und konnte sich seiner kleinen Statur wegen dagegen nicht wehren. Die Eltern griffen nie aktiv ein, obwohl ihr Sohn wegen der erlittenen Erniedrigungen oft zu Hause weinte. In dieser Zeit begann der Patient allmählich, sich einerseits nach der Schule in der Garage die Ärmel seiner Kleider und seine Schulmappe mit Seife einzuschäumen und andererseits sich lange zu duschen.

Manche Jugendliche, die zeitweilig von anderen gequält werden, beginnen mit der Zeit, sich erfolgreich zur Wehr zu setzen. Die Spuren der negativen Erlebnisse verlieren aufgrund neuer positiver Erfahrungen mit der Zeit ihren Einfluß auf das Erleben und Verhalten dieser Menschen. In unserem Beispiel aber konnte die erlebte Ohnmacht und Wut nicht in ein erfolgreiches Sich-zur-Wehr-setzen umgesetzt werden. Die destruktiven Phantasien des Patienten wurden immer größer, bis er vor den eigenen aggressiven Impulsen erschrak und fürchtete, die Kontrolle darüber zu verlieren. Sein Versuch, sich davor zu schützen, war der, sich vor imaginärem Schmutz reinzuhalten. Statt sich weiterhin davor ängstigen zu müssen, was er diesen Klassenkameraden alles antun würde, wenn er seine Aggressionen nicht mehr im Griff hätte, kontrollierte er seine Emotionen so, daß er fortan „nur" dafür zu sorgen brauchte, mit nichts, aber auch mit gar nichts in Berührung zu kommen, was mit ihnen in Kontakt stehen oder gestanden haben könnte. Der Waschzwang war somit ein probates Mittel, um sich in einem ersten Schritt von den destruktiven Phantasien zu befreien und in einem zweiten Schritt die Ängste vor einer möglichen Verschmutzung zu reduzieren. Das Waschen kann aber auch als teilweise Umsetzung aggressiver Emotionen verstanden werden, etwa im Sinne von „ich kann sie nicht schlagen, aber völlig wegwaschen".

Welche Funktionen haben die Zwänge für das Erleben und Verhalten des Patienten (intrapersonale Funktionalität)?

Aus der Anamnese wird deutlich, daß der Waschzwang auf der intraindividuellen Ebene dazu diente, die Angst, sich mit Schmutz von bestimmten Jugendlichen infiziert zu haben, auf ein erträgliches Maß zu reduzieren. Diese Angst vor Verschmutzung war jedoch gekoppelt mit vermiedenen Emotionen wie Wut, Hilflosigkeit, Erniedrigung und Ausgeliefertsein. D.h. solange der Patient sich mit der Angst vor potentieller Verschmutzung und dem Waschen zur Reduktion dieser Angst befaßte, konnte er erfolgreich das Aufbrechen der ursprünglichen negativen Emotionen vermeiden. In den Begriffen der Schematheorie (Grawe, Grawe-Gerber, Heiniger, Ambühl u. Caspar 1996) wird dieser Zwang als intensiver Ausdruck der Aktivität eines negativen emotionalen Schemas betrachtet. Die Aktivität des Schemas war demnach darauf ausgerichtet, den Patienten vor dem Erleben der oben beschriebenen aversiven Emotionen zu schützen. Der positive Wunsch dahinter – nämlich nach sozialen Kontakten und freundschaftlichen Beziehungen – war aus dem gezeigten Interaktionsverhalten des Patienten kaum mehr erkennbar.

Welche Funktionen haben die Zwänge für die Steuerung des Erlebens und Verhaltens relevanter Bezugspersonen des Patienten (interpersonale Funktionalität)?

Für die Darstellung der interpersonalen Funktionalität des Waschzwangs ist es nötig, zunächst Merkmale und typische Interaktionsmuster dieser Familie zu beschreiben. Das Familiensystem erschien:

- Ohne klare und verbindliche Regeln. So war z.B. nicht einmal klar geregelt, um welche Zeit zu Mittag gegessen wurde oder wer welche Aufgaben im Haushalt zu übernehmen hatte. Solche Fragen wurden immer wieder in endlosen Diskussionen erörtert.

- Ohne klare Grenzen zwischen Eltern und Sohn. Z.B. galt, daß man keine Geheimnisse voreinander hatte. Die Eltern waren zudem stolz darauf, ihren Sohn schon früh wie einen Partner behandelt zu haben. Auch die Raumaufteilung im Haus war unstrukturiert: das Büro des Vaters war im Wohnzimmer der Familie, die ungebügelte Wäsche im ehemaligen Zimmer des Sohnes, die Hemden des Vaters im jetzigen Zimmer des Sohnes etc.
- Ohne Respektierung der persönlichen Integrität der Mitglieder. Für die Eltern war es z.b. selbstverständlich, jederzeit ohne anzuklopfen das Zimmer des Sohnes zu betreten.
- Ohne adäquate Kommunikationsformen. Keiner hörte dem anderen zu, alle redeten gleichzeitig laut aufeinander ein.
- Ohne Möglichkeiten, Probleme konstruktiv zu lösen; z.b. erschien es unmöglich, zu einer gemeinsamen Entscheidung zu kommen, ob der Telefonbeantworter während des Mittagessens an- oder abgestellt sein soll.

Mit Hilfe der Zwänge gelang es dem Patienten:

- Eine Kontrolle der Eltern durch Unterwerfung unter den Zwang zu erzielen; d.h. er konnte so ein wenig Ordnung in den sonst eher chaotischen Haushalt bringen.
- Einen gewissen Abstand zu wahren und körperliche Distanz zu erzwingen; d.h. er konnte damit ein Stück weit die Respektierung seiner persönlichen Integrität erreichen.
- Die Zuwendung der Eltern als wichtigste Bezugspersonen zu sichern, denn es war offensichtlich, daß er in diesem Zustand auf die Zuwendung und Unterstützung anderer angewiesen war.

Der Waschzwang diente demnach dem Patienten auf interpersonaler Ebene dazu, Abstand zu wahren und gleichzeitig die Zuwendung der Eltern zu sichern. Das letzte Ziel aber erschien zunehmend gefährdet, nachdem die Eltern immer häufiger und vehementer damit drohten, den Patienten in einer Klinik unterzubringen.

Zur Bedeutung der Beziehungsperspektive für die psychotherapeutische Behandlung von Zwängen

Unter der Beziehungsperspektive verstehen wir hier ausschließlich die Therapiebeziehung. Eine gute Therapiebeziehung ist eine wichtige Grundlage für jede erfolgreiche therapeutische Arbeit. Das am besten empirisch abgesicherte Ergebnis der bisherigen Psychotherapieforschung besagt, daß die Güte der Therapiebeziehung hoch mit dem Therapieerfolg korreliert (Orlinsky, Grawe u. Parks 1994). Dabei kommt es vor allem darauf an, wie der Patient den Therapeuten als Beziehungspartner erlebt.

Die Therapiebeziehung hat nicht nur einen wichtigen Stellenwert als Grundlage des Therapieprozesses im Sinne eines therapeutischen Bündnisses bzw. einer therapeutischen Allianz. Sie stellt darüber hinaus eine positive Ressource dar, indem sie den Patienten die Möglichkeit gibt, anhand der Beziehung zum Therapeuten zu prüfen, ob ihre zentralen Befürchtungen und negativen Beziehungserwartungen zutreffen oder nicht. Die Therapiebeziehung ist daher auch ein zentraler Wirkfaktor, der den Patienten korrigierende emotionale Erfahrungen im Rahmen einer engen interpersonalen Beziehung erlauben kann (vgl. Ambühl 1992).

Bei der Therapie mit Patienten mit Zwangsstörungen ist die Herstellung einer tragfähigen Therapiebeziehung eine der wichtigsten Voraussetzungen und die Grundlage für den Erfolg der Behandlung. Menschen mit Zwangsstörungen haben erfahren, daß die Umwelt ihren Problemen gegenüber mit Unverständnis reagiert. Daher nehmen sie dieses Unverständnis mit der Zeit vorweg und entwickeln oft unglaubliche Fähigkeiten, ihre Störung auch vor dem engsten Familienkreis zu verbergen. Außer Unverständnis oder Appellen, „den Blödsinn doch einfach zu lassen," haben sie in der Regel nicht viel zu erwarten. Darum kann der erste Eindruck, den der Therapeut in dieser Hinsicht beim Patienten hinterläßt, für den weiteren Verlauf der ganzen Therapie entscheidend sein. Nicolas Hoffmann (siehe auch Kap. 13) formuliert das folgende Anforderungsprofil bezüglich des therapeutischen Beziehungsverhaltens: „Ich empfehle Therapeuten nicht leichtfertig, sich als Spezialisten zu gebärden, die nach kurzer Zeit alles verstanden haben wollen. Bei einer Zwangssymptomatik halte ich es aber für unentbehrlich, daß der Patient so früh wie möglich erfährt, daß der Therapeut die Struktur und die Abläufe bei einem Zwang kennt und versteht. Dies geschieht schon in der diagnostischen Phase durch konkrete und sachbezogene Befragung, aber auch dadurch, daß der Therapeut ausdrücklich auf zwanghafte Abläufe hinweist, die der Patient noch nicht angesprochen hat, die sich aber so abspielen müssen." (Hoffmann 1994a, S. 47–48).

Der Aufbau einer tragfähigen Beziehung zwischen Therapeut und Patient, aber auch zwischen Therapeut und den Angehörigen des Patienten, stellt eine Grundvoraussetzung für die Veränderungsbereitschaft und die Modifikation im Verhalten des Patienten dar. Bereits gegen Ende des Erstkontakts sollte der Patient im Therapeuten eine Person sehen, die das Problem ernstnimmt, die kompetent und willens ist, ihm bei der Analyse und Veränderung beizustehen. Es sollte ihm klar sein, daß es sich für ihn, den Patienten, lohnt, wiederzukommen und die Therapie auf sich zu nehmen. Auf der anderen Seite sollte dem Patienten frühzeitig klar sein, welche Anforderungen die Therapie an ihn stellt und inwiefern Aktivität und Eigeninitiative eine notwendige Vorbedingung für die Interventionen darstellen. Gerade bei Patienten mit Zwangsstörungen sind diese ersten Schritte des therapeutischen Prozesses bekanntermaßen mit großen Schwierigkeiten verknüpft, und es wäre wohl ein großes Mißverständnis, aus der Rigidität der Zwänge zu folgern, daß Patienten mit Zwangsstörungen eine besondere Vorliebe für einen klar definierten therapeutischen Kontrakt haben.

Es steht also außer Frage, daß die Therapiebeziehung ein wichtiger Schlüssel für den Therapieerfolg darstellt (siehe auch Kap. 13). Es ist der Therapeut, der dafür verantwortlich ist, daß eine tragfähige Therapiebeziehung zum Patienten und zu seinen Angehörigen ermöglicht wird. Wir plädieren daher für ein individuell auf den jeweiligen Patienten zugeschnittenes Beziehungsverhalten, das Grawe als komplementäres Beziehungsverhalten folgendermaßen beschreibt: „Wirklich klientenzentriert wäre eine Beziehungsgestaltung, die sich an dem ausrichtet, was ein Patient an Beziehungsmöglichkeiten und -wünschen in die Therapie mitbringt. Da dies naturgemäß sehr unterschiedlich sein wird, hätte eine auf den Patienten bezogene Beziehungsgestaltung für jeden Patienten unterschiedlich, nämlich auf seine besonderen Beziehungsvoraussetzungen zugeschnitten, auszusehen" (Grawe 1988, S. 246–247). Eine gute Therapiebeziehung wird nach diesem Konzept vor allem dadurch gewährleistet, daß der Therapeut dem Patienten möglichst oft Wahrnehmungen im Sinne seiner wichtigsten Beziehungsziele ermöglicht. Zu dieser vielleicht etwas technisch anmutenden Beschreibung der Beziehungsgestaltung möchten wir ergänzen, daß Therapie zuallererst im Rahmen einer Begegnung zwischen Therapeut und Patient stattfindet.

Fragen zur Beziehungsperspektive

In Bezug auf die Psychotherapie von Zwangsstörungen stellen sich für die Beziehungsgestaltung folgende Fragen:

Welches Beziehungsverhalten erleichtert es dem Patienten, sich vertrauensvoll auf die Therapie einzulassen?

Die Gestaltung einer vertrauensvollen Therapiebeziehung zum Patienten und seinen Eltern war von Anfang an ein zentrales therapeutisches Ziel, dem auf verschiedene Weise Rechnung getragen wurde. Bereits beim Erstgespräch war es wichtig, den Beteiligten einen kompetenten Eindruck zu machen. Der Vater des Patienten hatte uns vor diesem Gespräch einen Brief zukommen lassen, dem ein Bericht einer früher behandelnden Psychotherapeutin sowie eine von ihm selbst verfaßte kurze Krankengeschichte seines Sohnes beilag. Unter anderem enthielt der Brief eine Reihe von Fragen bezüglich der neuesten Erkenntnisse zur Heilung von Zwangsstörungen und bezüglich stationärer Behandlungsmöglichkeiten in psychosomatischen Kliniken. Der Brief des Vaters endete mit dem Satz: „Für Ihre Beratung, wie wir Fortschritte in der Behandlung dieser Zwangsneurose erzielen können, sind wir Ihnen sehr dankbar". Wir interpretierten diesen Brief als eine Aufforderung, aber auch als eine Chance, in kompetenter Weise den in Gang kommenden Prozeß zu steuern, indem wir von Anfang an die Rolle der Expertinnen und Experten übernahmen und allen deutlich machten, daß die Beantwortung der wichtigen Fragen aus dem Brief zunächst eine gründliche Abklärung erfordere, deren Schritte wir Punkt für Punkt darlegten. Dies leuchtete den Beteiligten ein und gab dem Vater Gelegenheit, auf seinem mitgebrachten Notizblock alles feinsäuberlich festzuhalten. Unsere Botschaft lautete: „Wir verstehen etwas von der Diagnostik und Behandlung von Zwangsstörungen; wir müssen die Problematik im Einzelfall genau abklären; wir sind uns von vornherein im klaren über die einzelnen Abklärungsschritte, und wir werden Ihnen am Ende der Abklärung einen Behandlungsvorschlag unterbreiten, eine Erfolgsgarantie können wir aber nicht geben." Dieses Vorgehen wirkte professionell und kompetent, und es gab uns genügend Zeit für die Beantwortung der anstehenden Fragen.

Ein zweiter wichtiger Punkt im Zusammenhang mit der Beziehungsgestaltung war die absolute Respektierung der Grenzen und Grenzsetzungen des Patienten (siehe auch unter interpersonale Funktionalität der Zwänge). Der Patient vermied aus Angst vor einer Kontamination mit Schmutz, beim Grüßen die Hande zu reichen, was von uns in der Phase vor der In-vivo-Exposition ohne zu zögern akzeptiert wurde. Bei der Verhaltensbeobachtung vor Ort gab der Patient klare Anweisungen, welche Räume wir betreten durften oder auf welche Stühle wir uns setzen durften usw., was wir anstandslos akzeptierten. Es erwies sich als äußerst hilfreich und vertrauensbildend, die vom Patienten gesetzten Grenzen zu akzeptieren, weil wir dadurch zu verläßlichen Partnern wurden, die nicht über seinen Kopf hinweg beängstigende Interventionen in Gang setzten.

Ein dritter wichtiger Punkt zur Gestaltung einer vertrauensvollen Therapiebeziehung bestand in der durchgängigen Transparenz des therapeutischen Vorgehens. So wurde nach der detailliert beschriebenen Abklärung dem Patienten und seinen Eltern ein therapeutisches Vorgehen vorgeschlagen, das die einzelnen Therapieschritte und die dazu in Betracht gezogenen therapeutischen Interventionen klar erkennen ließ. Es wurde zu Beginn der Therapie mit dem Patienten zusammen ein sogenanntes „Goal Attainment Scaling" (GAS) (Kiresuk u. Lund 1979) erstellt, in welchem drei in der

Therapie zu behandelnde Hauptprobleme definiert wurden. Es wurde mit dem Patienten zusammen für jedes der drei Probleme der Jetztzustand zu Beginn der Therapie, der in der Therapie zu erreichende optimale Zielzustand sowie der Zustand einer allfälligen Verschlechterung schriftlich festgehalten. Als erstes Problem definierte der Patient den Reinigungs- und Waschzwang, als zweites seine derzeit unterbrochene berufliche Karriere, als drittes seine mangelnden sozialen Beziehungen. Schließlich wurden der Patient und seine Eltern vor der Durchführung der In-vivo-Exposition zu Hause in einem mehrseitigen Schreiben über die Eigendynamik des Waschzwangs informiert, und folgende fünf Behandlungsschritte zur Behandlung des Zwangs wurden ausführlich dargestellt:

- „Entheiligung" des Hauses
- Beseitigung des Waschzwangs
- Aufbau „normalen" Waschverhaltens
- Reizkonfrontation mit Situationen und Gegenständen außer Haus
- Verarbeitung belastender Ereignisse der Vergangenheit.

Diese einzelnen Schritte sind so nicht in der Fachliteratur beschrieben, sondern ergaben sich aus unserem Verständnis zur Behandlung der Zwangsstörung. Schließlich wurden, gemeinsam mit dem Patienten und seinen Eltern, geeignete Maßnahmen zur Entlastung des Patienten in der äußerst schwierigen Zeit nach dem unmittelbaren Aufgeben des Waschzwangs festgelegt.

Zusammenfassend läßt sich sagen, daß die drei genannten Aspekte fachliche Kompetenz, Respektierung der Grenzen und Transparenz, im therapeutischen Vorgehen allen Beteiligten viel Vertrauen und Sicherheit gegeben haben und die eigentliche Grundlage für das therapeutische Arbeitsbündnis bildeten, auf dessen Basis die Interventionen zur Behandlung des Waschzwangs erst möglich wurden.

In welcher Hinsicht könnte die Therapiebeziehung für den Patienten ein Lernfeld für andere soziale Beziehungen sein?

Die Beziehungswünsche des Patienten gegenüber seinen Eltern und gegenüber der Therapeutin und dem Therapeuten waren zu Beginn der Therapie sehr ambivalent. Einerseits wollte er – vor allem in bezug auf seine Rechte und Privilegien – wie ein Erwachsener, der er mit 23 Jahren auch war, behandelt werden, andererseits wollte er – vor allem in bezug auf seine Pflichten – wie ein minderjähriger Kranker, von dem man nichts abverlangen kann, behandelt werden. Der Gedanke, daß er als erwachsene Person nur dann für voll genommen werden kann, wenn er auch seinen eigenen Teil dazu beiträgt, war für den Patienten völlig neu. Ebenso neu war der Gedanke, eingegangene Abmachungen verbindlich einzuhalten. Der Patient kam in der Anfangsphase der Therapie mit großer Regelmäßigkeit 15–30 Minuten zu spät, was er als eine hinzunehmende Selbstverständlichkeit betrachtete; zudem hielt er es nicht für nötig, sich für die Verspätung zu entschuldigen. Der Therapeut stellte den Patienten deswegen regelmäßig zur Rede, was diesem sehr unangenehm war. Anhand dieser Verspätungen wurden die Themen Verbindlichkeit und Verläßlichkeit aber auch das sich Entschuldigen für Fehlverhalten angesprochen und diskutiert. Der Patient reagierte darauf mit großem Unverständnis und Empörung. Mit Tränen in den Augen erzählte er von Situationen aus der Gymnasialzeit, wo er von mehreren Klassenkameraden bis aufs Blut gequält wurde und ab und zu mit einem aggressiven Ausbruch reagierte, indem er z.B. die Schreibutensilien eines Kollegen packte und in eine Ecke warf, worauf ihn der Lehrer aufforderte, alles einzusammeln, dem Kollegen zurückzubringen und sich dafür bei ihm zu entschuldigen. Sich zu entschuldigen war daher beim Patienten gekoppelt mit massivem Gedemütigtwerden und es wurde unmittelbar verständlich, weshalb ihm dies so schwer fallen mußte. Trotzdem leuchtete ihm mit der Zeit ein, daß sich zu entschuldigen nicht zwingend heißt, ja zu sagen zu einer Demütigung, ebenso wie er allmählich einsehen mußte, daß Humor nicht zwingend mit Ausgelachtwerden gleichzusetzen war.

Natürlich waren solche Interventionen nur möglich auf der Basis eines Vertrauensverhältnisses, in welchem der Patient spüren konnte, daß ihnen eine wohlwollende und nicht eine demütigende und verletzende Haltung zugrunde lag. Es zeigte sich auch bald einmal, daß Verbindlichkeit und Verläßlichkeit nicht nur für den Patienten, sondern auch für seine Eltern ein Problem waren, so daß der Patient in seiner bisherigen Sozialisation kein gutes Vorbild dafür hatte (siehe Konfliktperspektive).

Wie könnte der Patient die Beziehung zu den Therapeutinnen und Therapeuten auf die Probe stellen?

Negative Beziehungserfahrung und daraus resultierende Befürchtungen wird der Patient auch in die Beziehung zu den Therapeutinnen und Therapeuten einbringen:

Er hat Angst, daß seine Grenzen nicht respektiert werden und daß es zu Übergriffen kommt. Gleichzeitig wirkt er aber mit seiner Symptomatik und seiner mangelnden sozialen Kompetenzen wegen wie ein hilfloses oder störrisches Kind und lädt so den Beziehungspartner ein, sich einzumischen, über ihn hinweg zu entscheiden, ihn nicht ernst zu nehmen usw. Auch sein Wunsch, als erwachsener Mensch respektiert zu werden, steht ständig in Gefahr, verletzt zu werden durch Beziehungspartner. Auf der Beziehungsebene ist es für die Therapeutin und den Therapeuten ein schwieriges Unterfangen, einerseits die Grenzen des Patienten zu akzeptieren und ihn als gleichwertigen Partner zu betrachten, andererseits die Symptomatik nach einer bestimmten Vorgehensweise zu behandeln.

Der Patient hat Angst, daß Verbindlichkeit und Verläßlichkeit in Beziehungen nicht gesichert sind, daß er nicht unterstützt, ja sogar fallengelassen wird. Dadurch, daß er selber verbindliche Abmachungen nicht einhält, daß man sich nicht immer darauf verlassen kann, daß er hält, was vereinbart ist, provoziert er das Gegenüber dazu, Gleiches mit Gleichem vergelten zu wollen. Durch seine an den Tag gelegte Haltung („ich komme, wann es mir paßt, ich mache etwas, wenn ich es will, ob Du wartest, ist mir egal") provoziert er beim Beziehungspartner Gefühle von Ärger, von Sich-abgewertet-fühlen, Gefühle, die der Patient selber gut kennt, Gefühle, die es nahelegen, sich vom Patienten abzuwenden oder ihn schlecht zu behandeln.

Schlußfolgerungen dieser Perspektiven für die Therapieplanung und -durchführung

Das wichtigste Ziel der Problemanalyse aus dem Blickwinkel der vier genannten Perspektiven besteht darin, eine an den besonderen Gegebenheiten des jeweiligen Patienten orientierte Therapie zu planen und durchzuführen. „Sie wäre in dem Ausmaß, in dem die Besonderheit des jeweiligen Patienten in einer bestimmten Störung liegt, eine störungsspezifische Therapie, in dem Ausmaß, in dem der Problematik ein bestimmter Konflikt zugrunde liegt, eine konfliktspezifische Therapie, in dem Ausmaß, in dem es um problematische Beziehungsmuster geht, eine beziehungsspezifische Therapie" (Grawe 1997).

Welche Schlußfolgerungen lassen sich aus der gesamten Abklärung für die Indikation des therapeutischen Vorgehens ziehen?

Auf der Basis der Informationen aus der gesamten Abklärung erfolgte die Indikationsstellung in unserem Team. Aufgrund der geschilderten Ausgangslage stand bei unseren Indikationsüberlegungen zunächst der störungsspezifische Aspekt des Waschzwangs im Mittelpunkt, da dessen Veränderung sowohl aus der Sicht des Patienten wie auch seiner Eltern das wichtigste Therapieziel darstellte. Auch für uns war klar, daß die Behandlung des Waschzwangs erste Priorität haben mußte, da das Leben des Patienten und seiner Familie völlig davon beherrscht und eingeschränkt war. Das bedeutet, bezogen auf die Wirkfaktoren im Modell einer allgemeinen Psychotherapie (vgl. Grawe 1995), daß zunächst die Problembewältigung, d.h. die Beseitigung des Waschzwangs, therapeutisch angegangen werden mußte. Als Behandlungsmethode der Wahl bot sich das symptomorientierte Vorgehen der In-vivo-Exposition mit anschließendem Reaktionsmanagement an. Voraussetzung dafür ist, daß sich der Patient freiwillig in eine Situation begibt, in der mit großer Wahrscheinlichkeit Zwangsbefürchtungen auftreten, er aber gleichzeitig, gemäß einer Absprache mit dem Therapeuten, auf das Ausüben seines Abwehrverhaltens (des Waschens) verzichtet. Wenn sich der Patient auf ein solches Vorgehen einläßt, ist zu erwarten, daß er an seine bisher vermiedenen Emotionen herankommt und diese dann unter der Perspektive der therapeutischen Klärung bearbeitet werden können. So gesehen ist die In-vivo-Exposition mit anschließendem Reaktionsmanagement auch aus der Perspektive der Problemaktualisierung die optimale Herangehensweise.

Unsere Überlegungen zum Ressourcenaspekt beinhalteten, daß die Eltern als Ressource und keinesfalls als Schuldige in die Therapie einbezogen werden sollten. In einem ersten Schritt versuchten wir, in Anbetracht der angespannten emotionalen Situation in der Familie, das System zu entlasten: Es wurde vereinbart, in der Therapie zügig die Zwangssymptomatik des Patienten anzugehen. Die Vorbereitung für die Exposition sollte mehrheitlich im Einzelsetting erfolgen mit dem Schwerpunkt, eine vertrauensvolle Therapiebeziehung herzustellen, die es dem Patienten möglich machen sollte, sich auf den Veränderungsprozeß einzulassen. Familiensitzungen sollten in einer Anfangsphase vor allem dazu dienen, ein gemeinsames Problemverständnis zu erarbeiten und von den Eltern Druck wegzunehmen und sie darauf vorzubereiten, wie sie den Patienten nach erfolgter Exposition unterstützen können.

Aufgrund all dieser Überlegungen schlugen wir als Ergebnis der Indikationssitzung der Familie folgendes therapeutisches Vorgehen vor:

1. Behandlung des Waschzwangs mit der verhaltenstherapeutischen Methode der In-vivo-Exposition mit anschließendem Reaktionsmanagement. Dieser Teil der Behandlung soll hauptsächlich im Einzelsetting erfolgen, aber auch unter Miteinbezug der Eltern, die als wichtigste Ressourcen des Patienten nach dem Modell „Klinik zu Hause" für die Unterstützung und Kontrolle des Patienten nach erfolgter Exposition zuständig sein sollten. Geplant wurde ein sogenannter „Tag X", an dem der Patient zu Hause mit allen Gegenständen in Kontakt gebracht werden soll, die er seit Jahren meidet, mit anschließender Verhinderung des Waschens.

2. Familiensitzungen sollen dazu dienen, die Kommunikation zwischen den Familienmitgliedern zu verbessern, klare und verbindliche Regelungen nach dem Quid-pro-quo-Prinzip zu vereinbaren, Rechte und Pflichten im Zusammenleben auszuhandeln, Grenzen zu setzen, die Respektierung der persönlichen Integrität zu fördern sowie die Familie zu unterstützen, gemeinsame Probleme konstruktiv zu lösen.

3. Die soziale Kompetenz des Patienten und seine Kontaktprobleme sollen im Gruppensetting angegangen werden.

Der Patient und seine Eltern waren mit diesem Therapievorschlag einverstanden. Die Therapie dauerte insgesamt 69 Sitzungen in einem Zeitraum von zwei Jahren. Diese Sitzungen bestanden aus 51 Einzel-, 10 Familien- und 7 Gruppensitzungen, sowie einer vierstündigen In-vivo-Exposition beim Patienten zu Hause. Die ersten fünfzehn Sitzungen (davon waren fünf Familiensitzungen) hatten folgende Inhalte: Aufbau einer guten Therapiebeziehung zu allen Beteiligten, eine genaue Problem- und Zielanalyse, Vermittlung von Informationen über Zwangsstörungen und deren Behandlung, Beruhigung des emotional angespannten Klimas in der Familie, die Einführung von Kommunikationsregeln und schließlich Vorbereitung auf die In-vivo-Exposition. Die 16. Sitzung war dann der Exposition mit Reaktionsmanagement im Elternhaus des Patienten gewidmet. Der Patient war aufgeregt, aber immer noch sehr motiviert. Die Exposition führte den Patienten auf eindrückliche Art und Weise an seine vermiedenen Emotionen heran: Die Gefühle der in der Schulzeit erlittenen Demütigungen brachen intensiv aus ihm heraus. Nachdem ihm Zeit gelassen wurde, sich emotional wieder zu beruhigen, ging es mit den verbleibenden Expositionen zügig voran, ein Habituationseffekt war deutlich zu beobachten und war auch für den Patienten erlebbar. Nach vier Stunden wurde die Exposition beendet. Bis zur nächsten Sitzung wurden tägliche Telefonate mit dem Therapeuten vereinbart, eine Abmachung, an die der Patient sich hielt. In den Sitzungen 17 bis 42 wurden mit dem Patienten Normen für normales Waschverhalten erarbeitet (in der langen Zeit, die durch seine Zwangssymptomatik dominiert worden war, hatte der Patient jeglichen Anhaltspunkt für normales Waschverhalten verloren), der Umzug in sein ursprüngliches, von ihm vorher „rein gehaltenes" Zimmer wurde vorbereitet und Expositionen außer Haus durchgeführt, bzw. als Hausaufgaben dem Patienten auf den Weg gegeben. In den vier Familiengesprächen in dieser Zeit wurden vor allem Rechte und Pflichten im Zusammenleben und konstruktives Problemlösen besprochen und geübt. Das Thema „Rückfall und Rückfallprophylaxe" wurde eingehend erörtert. Aufgrund der während der Exposition so heftig ausgebrochenen, vorher vermiedenen Emotionen wäre zu erwarten gewesen, daß eine therapeutische Klärungsphase zu Verarbeitung dieser Emotionen hätte folgen müssen. Der Therapeut hatte sich auch darauf eingestellt, es zeigte sich aber rasch, daß sich für den Patienten das Thema erledigt hatte, das Erleben dieser heftigen Gefühle hatte offenbar als Verarbeitung genügt. Ab Sitzung 43 war der Patient in Gruppentherapie in der es um Themen wie „Beziehung zu Gleichaltrigen", „soziale Kompetenzen", „Feedback von Gruppenmitgliedern" und „Empathie für andere" ging. In diese Zeit fiel die erfolgreiche Wiederaufnahme des Studiums. Der weite Anreiseweg und die Praktika im Studium führten schließlich dazu, daß der Patient die Gruppensitzungen nicht mehr besuchen konnte. Die letzte Therapiephase bis zur 69. Sitzung war schließlich den Alltagsproblemen eines Studenten gewidmet, Fragen wie „wie komme ich mit Studienkollegen und vor allem mit Studienkolleginnen in Kontakt?". Der (Wieder-)Auszug aus dem Elternhaus in ein eigenes Studio wurde angepackt und in einer Familiensitzung wurde nochmals die Beziehung der Eltern zu ihrem (jetzt wirklich erwachsenen) Sohn und seine Beziehung zu ihnen erörtert.

Bei Therapieabschluß hatte sich die Lebenssituation des Patienten im Vergleich zum Zeitpunkt des Therapiebeginns gut zwei Jahre vorher total verändert: Der Patient wohnte im eigenen Studio, er setzte sein Studium an der Hochschule fort. Der Waschzwang war für ihn kein Thema mehr. Konkret darauf angesprochen, schilderte er diesen Zwang als etwas, das er weit hinter sich gelassen habe. Er war ein eifriger

Student, der die Anforderungen seines Studiums sehr ernst nahm und beharrlich seine Ziele verfolgte. Er wurde als ein in technischen Belangen kompetenter Kollege wahrgenommen und oft von Kommilitonen um Rat gefragt, was er sichtlich genoß. Er war an der Hochschule in ein soziales Netz eingebunden und begann, ab und zu an Freizeitaktivitäten mit ihm nahestehenden Kolleginnen und Kollegen mitzumachen. Eine ausführliche Beschreibung dieser Therapie, ihres Verlaufs und ihrer Ergebnisse findet sich bei Ambühl und Heiniger Haldimann (1997).

Zusammenfassung und Schlußbemerkungen

Das zentrale Anliegen dieses Kapitels war, anhand eines Fallbeispiels die psychotherapeutische Behandlung von Zwangsstörungen aus einer schulenübergreifenden Perspektive zu diskutieren. Erläutert wurden die Störungsperspektive, die Ressourcenperspektive, die Konfliktperspektive und die Beziehungsperspektive, d.h. die Wirkfaktoren, wie Grawe sie für ein Verständnis einer allgemeinen Psychotherapie vorschlägt (Grawe, Donati u. Bernauer 1994, Grawe 1995, 1997). Anhand eines Beispielfalles wurde dargestellt, daß die Berücksichtigung dieser vier Perspektiven zu einem umfassenden Verständnis der Problematik eines Patienten führt und entscheidend ist für die Indikationsstellung, die Therapieplanung und die konkrete Durchführung der gesamten Therapie. Die Störungsperspektive gewährleistet, daß das aktuelle Störungswissen und die störungsspezifischen Therapiemethoden ein wichtiger Bestandteil der Therapie sind. Die Ressourcenperspektive führt zur Frage, welche persönlichen Ressourcen der Patient mitbringt, an welche für ihn wichtigen Ziele in der Therapie angeknüpft werden kann und welche Ressourcen im Umfeld des Patienten für die Therapie genutzt werden können. Die Konfliktperspektive lenkt den Blick darauf, welchen intrapsychischen Sinn eine Symptomatik haben kann, respektive welche Ängste und verletzten Wünsche hinter einer psychischen Störung liegen können. Sie fördert das Verständnis für die Symptomatik und kann aufzeigen, in welchen Bereichen eine motivationale Klärungsarbeit wichtig sein könnte. Die Beziehungsperspektive schließlich stellt sicher, daß ein Herstellen einer guten therapeutischen Beziehung aktiv angestrebt wird, indem das Beziehungsangebot des Therapeuten und die zentralen Befürchtungen und negativen Beziehungserwartungen des Patienten explizit diskutiert werden. Das Fallbeispiel sollte aufgezeigt haben, daß aus unserer Sicht alle diese vier Perspektiven unerläßlich sind – wenn auch bei verschiedenen Patienten die Gewichtung der einzelnen Perspektiven unterschiedlich sein kann – und sollte aufzeigen, daß unseres Erachtens die Zukunft der Psychotherapie nicht im „Entweder-Oder" sondern im „Sowohl-Als auch" liegt.

9. Gruppentherapie bei Zwangsstörungen

Herbert Csef

Nach einem kurzen Abriß der Entwicklung der Gruppentherapie bei Zwangsstörungen werden kurz die verschiedenen Anwendungsformen und Gruppensettings beschrieben. Den Hauptteil bildet die Darstellung der Gruppentherapie in ihren Phasen des Therapieprozesses. Diese wird ergänzt durch ein ausführliches Fallbeispiel mit dem Verlauf einer Gruppentherapie bei einer Zwangskranken. Es folgt ein Exkurs über die intersubjektive Funktion und interaktionellen Funktionalitäten der Zwänge. Abschließend werden kurz die Ergebnisse der gruppenanalytischen Prozeß- und Evaluationsforschung referiert.

Entwicklung der psychodynamischen Gruppentherapie bei Zwangsstörungen

Schwarz (1979) legte im deutschen Sprachraum die erste systematische Studie zur analytischen Gruppentherapie von Zwangsneurotikern vor. Sie erfolgte mit 20 Patienten im stationären Setting. 92% der Zwangskranken führten die analytische Gruppentherapie ambulant weiter. Bei der Katamneseerhebung, die zwei bis sieben Jahre nach der stationären Gruppentherapie erfolgte, waren 83% gebessert (Globaleinschätzung der Zwangssymptomatik). Quint u. Rath (1987) berichteten über erste Erfahrungen mit analytischer Psychotherapie in einer homogenen Kleingruppe im stationären Setting. Es handelte sich dabei ausschließlich um „hoffnungslose Fälle", die einen außerordentlich ungünstigen Verlauf zeigten. Alle Patienten hatten zahlreiche psychiatrische und psychotherapeutische Behandlungen ohne wesentliche Besserungen hinter sich, waren arbeitsunfähig und kaum in der Lage, sich selbst zu versorgen. 18 Zwangskranke wurden in dieser Form der homogenen Gruppentherapie behandelt. Davon kamen immerhin 67% zu Symptomfreiheit oder wesentlichen Besserungen.

Die analytische Gruppentherapie hat im Vergleich zur analytischen Einzelbehandlung wesentliche Vorteile. Die Gefahr ungünstiger Gegenübertragungen relativiert sich im Gruppensetting durch die Vielfalt der Übertragungsbeziehungen und durch das große Spektrum positiver und negativer Beziehungen der Gruppenmitglieder untereinander (Csef 1994a). Die vom Zwangsneurotiker bevorzugten Abwehrmechanismen der Rationalisierung, Intellektualisierung und Affektisolierung können von ihm in der Gruppentherapie meist nicht aufrechterhalten werden, da andere Gruppenmitglieder mit anderen Neurosestrukturen frühzeitig und direkt diesen Tendenzen begegnen und intensive Gefühle entgegensetzen.

Verhaltenstherapeutische Gruppentherapie

In der Verhaltenstherapie der Zwangsstörungen stehen störungsspezifische Einzelinterventionen im Vordergrund. Das Paradigma der Störungsspezifität bildet einen Gegenpol zum Ansatz der Gruppentherapien, da diese über eine Vielzahl von unspezifischen Therapieeffekten wirken. Dies gilt insbesondere für die heterogenen Therapiegruppen, in denen neben Zwangskranken auch Patienten mit anderen psychischen Störungen behandelt werden. Bereits in den 80er Jahren wurden in der Verhaltenstherapie Gruppenmethoden in die Therapieprogramme aufgenommen. Diese sollten anfangs die Einzelinterventionen - die immer noch den Hauptbestandteil der Verhaltenstherapie bilden - ergänzen. Espie (1986) berichtete über ein auf 10 Sitzungen begrenztes Gruppenprogramm mit Zwangskranken (homogene Gruppe), das im Anschluß an die verhaltenstherapeutischen Einzelinterventionen folgte. Ziel war, die in der Einzeltherapie bereits erreichten Effekte zu „boostern" und Rückfälle zu verhindern. Enright (1991) evaluierte ein verhaltenstherapeutisches Gruppenprogramm (homogene Gruppe). Von den 27 eingeschlossenen Patienten führten immerhin 24 das Programm bis zum Ende durch. Die Autorin berichtet über geringe spezifische Effekte hinsichtlich der Reduktion der Zwangssymptomatik. Beeindruckend jedoch waren die positiven intersubjektiven Effekte und die Selbsteinschätzung der Patienten, die das Gruppenprogramm als sehr hilfreich erlebten. Die Autorin empfahl deshalb, verhaltenstherapeutische Gruppenprogramme den Einzelinterventionen voranzustellen, da sie die Therapiemotivation und -compliance wesentlich bessern und von den Patienten sehr positiv erlebt werden.

Fals-Stewart et al. (1993) führten eine vergleichende Interventionsstudie an insgesamt 93 Zwangskranken durch. Verglichen wurden die Therapieeffekte von verhaltenstherapeutischer Gruppentherapie, Verhaltenstherapie im Einzelsetting und einer Gruppe mit progressiver Muskelrelaxation als Kontrollgruppe. Vor, während, nach der Therapie und in einem sechsmonatigen Follow-up wurde das Ausmaß der Symptomreduktion anhand der „Y-BOCS-Scores" gemessen. Die Einzelinterventionen zeigten anfangs eine intensivere Symptomreduktion als die Gruppentherapie. Nach 8 Wochen war die Symptomreduktion in beiden Therapiegruppen gleich, nach 12 Wochen war sogar die Gruppentherapie leicht überlegen. Die Autoren kamen zu dem Schluß, daß hinsichtlich der Symptomreduktion die Gruppentherapie im Vergleich zu Einzelinterventionen im verhaltenstherapeutischen Setting gleich effektiv ist.

Zunehmende Verbreitung finden Gruppenmethoden in der stationären Verhaltenstherapie. Nach Winkelmann u. Hohagen (1995) können besonders Verhaltensdefizite aus dem Bereich sozialer Kompetenz oder Mängel an Problemlösefertigkeiten durch Gruppenmethoden effektiv behandelt werden. Im einzelnen bieten die Autoren im stationären Setting für Patienten mit Zwangsstörungen Gruppen zu folgenden Themen an: Selbstsicherheitstraining, Problemlösung, Entspannungstraining, störungsspezifische Indikation, Gesundheitsinformation, Patientenmeeting, Alltagsbewältigung, Kochen, Sport-, Tanz- und Bewegungstherapie.

Der Überblick zeigt, daß in der Verhaltenstherapie – ebenso wie in der Psychoanalyse – eine große Vielfalt von Gruppenmethoden bei Patienten mit Zwangsstörungen zur Anwendung kommt. Diese unterscheiden sich oft darin, ob sie in ein ambulantes oder stationäres Therapiesetting integriert sind, ob sie mit Einzelinterventionen kombiniert werden und ob sie in homogenen (ausschließlich Zwangskranke) oder heterogenen Gruppen durchgeführt werden. Die Gruppenmethoden bei Zwangskranken zeigen, daß hier die Gemeinsamkeiten von Psychoanalyse und Verhaltenstherapie wesentlich größer sind als die Unterschiede. In beiden Therapierichtungen stehen interaktionelle Faktoren und damit die Kommunikations- und Beziehungsfähigkeit des Zwangskranken im Vordergrund.

Anwendungsformen und Gruppensettings

Das Spektrum der bei Zwangsstörungen erfolgreich eingesetzten Gruppentherapien ist groß. Sie unterscheiden sich wesentlich dadurch, welche Psychotherapiemethode (Interventionsform) im Gruppensetting durchgeführt wird. Bislang liegen wissenschaftliche Publikationen zu folgenden Gruppentherapien bei Patienten mit Zwangsstörungen vor:

➤ Analytische Gruppenpsychotherapie (Schwarz 1979, Quint u. Rath 1987, König u. Lindner 1992)
➤ Verhaltenstherapie in Gruppen (Übersicht bei Fals-Stewart u. Lucente 1994)
➤ „Verhaltenstherapeutisch orientierte Selbsthilfegruppen für Zwangskranke" (in Deutschland im großen Umfang gefördert durch die Deutsche Gesellschaft für Zwangserkrankungen, Münchau et al. 1995)
➤ „Psychoedukative Gruppen mit Mehrfamilien-Unterstützung" (meist 4-5 Zwangskranke mit deren Familien) (Übersicht bei Schwab u. Humphrey 1996)
➤ Selbsthilfegruppen.

Vorteile der Gruppentherapie

Psychodynamische Gruppentherapie ist die Anwendung der analytischen Behandlungstechnik in einem Gruppensetting. Die psychodynamische Gruppentherapie ist innerhalb der Psychoanalyse von Psychoanalytikern zunehmend bei Zwangsstörungen eingesetzt worden, weil die Schwierigkeiten oder Nachteile der klassischen analytischen Behandlung im Einzelsetting zunehmend deutlich wurden. Freud selbst hatte mehrfach auf diese Probleme hingewiesen. Quint (zit. bei Csef 1994a) hat diese wie folgt zusammengefaßt:

Der Zwangsneurotiker hat Schwierigkeiten, frei zu assoziieren und verwechselt meist freie Assoziation mit theoretischer Diskussion. Deshalb neigt er zu rationalen Erklärungen. Mit den bevorzugten Abwehrmechanismen Intellektualisierung, Rationalisierung und Isolierung boykottiert er den therapeutischen Prozeß. Aufgrund seiner basalen Autonomieproblematik hält er sich peinlich genau und penibel an die formalen Grundregeln. Trotzdem unterläuft er den therapeutischen Prozeß, indem er Einsicht verhindert, Gefühle versteckt und durch Haarspalterei lebendigen Regungen aus dem Weg geht oder sie zerstört.

Der Analytiker wird zwangsläufig in seiner Gegenübertragung in das Spiel von Unterwerfung und Opposition einbezogen. Dabei droht die Gefahr der sogenannten sadistischen Gegenübertragung. Der Zwangsneurotiker versucht, den Therapeuten in eine Position zu drängen, in der dieser in eine offene oder latente Gegenaggression verfällt: „Der Therapeut bewegt sich hier zwischen der Scylla der zu großen Aktivität und der Charybdis der zu großen Passivität" (Quint). Im ersten Fall aktiviert er die Abwehrmaßnahmen des Patienten, im letzteren ist er zur Wirkungslosigkeit verdammt. Die Handlungsstörung und die Schuldgefühle des Patienten sowie der Abwehrmechanismus des Ungeschehenmachens verleihen dem Zwangsneurotiker die Tendenz, auch den Analytiker zum Nichtstun zu veranlassen. Er versucht, ihn wirkungslos zu machen, sei es durch Rationalisierung, stereotype Wiederholungen oder durch wiederholte Versuche, mit tausenden Nebensächlichkeiten „die Zeit umzubringen", d.h. die Therapiestunden zu überstehen, ohne daß sich etwas verändert oder intensive Gefühle ins Spiel kommen.

Die psychotherapeutische Behandlung wird auch dadurch erschwert, daß der Patient mit Zwangsstörungen die Therapie selbst zum Gegenstand seines Mißtrauens und Zweifels macht. Der Zweifel wurde wiederholt als das Kernsymptom aller Zwangsphänomene beschrieben. Nicht selten zweifelt der Zwangsneurotiker – insbesondere wenn er schon einige erfolglose Therapieversuche hinter sich hat – , ob diese Therapie die richtige sei, oder ob es nicht eine bessere gäbe, die er durch die jetzige versäume. Mit diesen permanenten Zweifeln kann er den Therapeuten bis zur Weißglut reizen und zur Gegennaggression provozieren. Um hier nicht der sadistischen Gegenübertragung zu verfallen, ist es wichtig, daß sich der Therapeut immer wieder die basale Verunsicherung, das Rückversicherungsbedürfnis und die fundamentale Entscheidungsunfähigkeit des Zwangskranken vergegenwärtigt.

Die psychodynamische Gruppentherapie unterscheidet sich in wesentlichen Prozeßvariablen von der analytischen Einzeltherapie. Folgende Faktoren sind wesentlich verschieden:

➤   Introspektion
➤   Interaktion
➤   Realitätsorientierung
➤   Regression
➤   Übertragungs- und Gegenübertragungsprozesse
➤   Abwehrmechanismen
➤   Rolle des Therapeuten.

Vereinfacht läßt sich sagen: Während die analytische Einzeltherapie die Introspektion sehr begünstigt, jedoch Interaktion erschwert, fördert die psychodynamische Gruppentherapie in erster Linie die unmittelbare Interaktion und damit die interpersonellen Erlebnis- und Verhaltensweisen. Die Realitätsorientierung ist in der Gruppentherapie wesentlich größer als in der Einzeltherapie, die Förderung von Regressionsprozessen hingegen wesentlich geringer (Übersicht über die spezifischen Unterschiede zwischen analytischer Einzel- und Gruppenpsychotherapie bei Rüger 1993).

Phasen des gruppentherapeutischen Prozesses (Behandlungsabschnitte)

Der Prozeß einer psychodynamischen Gruppentherapie läßt sich mit folgenden vier Behandlungsabschnitten beschreiben:

➤   diagnostische Phase und Einleitung der Gruppentherapie
➤   Etablierung der soziodynamischen Funktionsverteilung und Rangstruktur, Rollenübernahme und Positionsfindung
➤   Phase der zentralen Gruppenprozesse (eigentliche Behandlungsphase)
➤   Abschlußphase.

Erster Behandlungsabschnitt

Die erste Phase, Diagnostik und Therapieeinleitung, umfaßt etwa 5 Sitzungen. Sie erfüllt wichtige Funktionen, die oft über Gelingen oder Scheitern der Therapie entscheiden können. Sie führen zur zentralen Frage der Therapieindikation. Im einzelnen erfolgen hier folgende Schritte:

- ➤ biographische Anamnese
- ➤ Entwicklung von Krankheitseinsicht
- ➤ Motivation.

Biographische Anamnese

In der biographischen Anamnese wird die Lebensgeschichte des Patienten unter bestimmten psychodynamischen Aspekten erhoben. Dabei spielen die Primärbeziehungen (frühe Objektbeziehungen) eine zentrale Rolle für das Verständnis der Psychogenese und der zentralen Konflikte. Die hier deutlich werdenden Beziehungsstrukturen und Konfliktkonstellationen konstellieren sich neu in der Gruppentherapie („Reinszenierung"). Krankheitseinsicht und Motivation werden wesentlich dadurch gefördert, daß der Patient die Bedeutung der intrapsychischen und intersubjektiven Faktoren bei der Entstehung der Zwangssymptomatik erkennt. Er kann dann meist gut verstehen, weshalb ihm gerade durch eine Gruppentherapie geholfen werden kann, da diese ja in besonderer Weise Beziehungs- und Kommunikationsstrukturen, Interaktionsformen und Konfliktbewältigungsmuster verändern kann.

Erkennen von „interaktionellen Funktionalitäten" unter Einbeziehung der wesentlichen aktuellen Kommunikationspartner des Patienten (meist der Familie)

Hier soll geklärt werden, inwieweit der Ehe- oder Lebenspartner, die Eltern oder andere Familienangehörige in die Zwangssymptomatik (z.B. Zwangsrituale, Reinigungs- oder Vermeidungsrituale) direkt einbezogen sind. Die intersubjektive Bedeutung („Sinn") und die interaktionelle Funktion der Zwangssymptome selbst und der Einbeziehung der Beziehungspartner sollen transparent werden. Von dieser wichtigen Klärung hängt ab, ob Beziehungspersonen oder die Familie sinnvollerweise in den therapeutischen Prozeß direkt mitcinbezogen werden sollten. Dies könnte durchaus für eine Familientherapie und gegen eine analytische Gruppentherapie sprechen (siehe auch Kapitel 8).

Klärung von relevanten Komorbiditäten (siehe Kapitel 11)

Bedeutsame Komorbiditäten wie Persönlichkeitsstörungen können gegen eine analytische Gruppentherapie sprechen.

Klärung der „Gruppenfähigkeit"

Für ein Gelingen der Gruppentherapie ist es von ausschlaggebender Bedeutung, ob der Patient „gruppenfähig" ist. Ist er dies nicht, so ist das Scheitern vorprogrammiert. Die Gruppenfähigkeit des Patienten kann durch Komorbiditäten oder durch massive Aversionen gegen dieses Verfahren eingeschränkt sein. Wenn ein Patient aus persönlichen Motiven Gruppentherapien strikt ablehnt, sollte eine andere Therapiealternative gewählt werden. Wenn Patienten massive Vorbehalte, negative Bewertungen oder intensive

Ängste vor einer Gruppentherapie haben, dann muß geprüft werden, ob dies faktisch ein Gruppentherapie-Hindernis ist. Komorbiditäten (z.b. Persönlichkeitsstörungen) können der Grund dafür sein, daß der Therapeut ein anderes Therapieverfahren vorschlägt, auch wenn der Patient selbst an einer Gruppentherapie teilnehmen möchte. Patienten mit Borderline-Persönlichkeitsstörungen, narzißtischen Persönlichkeitsstörungen oder histrionischen Persönlichkeitsstörungen sind in einer psychodynamischen Gruppentherapie im ambulanten Setting schwierig zu behandeln. Ein wichtiges Kriterium ist hier, ob der Patient eine ausgeprägte Tendenz zum negativen Agieren hat. Der Patient kann dann zum „Störfaktor" der Gruppe werden, der konstruktive Gruppenarbeit boykottiert.

Bei gegebener Gruppenindikation und ausreichender Therapiemotivation des Patienten erfolgt die Einleitung einer analytischen Gruppentherapie: Beantragung der Psychotherapie im Gutachterverfahren, Besprechung der analytischen Grundregeln und Gruppenregeln.

Zweiter Behandlungsabschnitt

Im zweiten Behandlungsabschnitt erfolgt die soziodynamische Funktionsverteilung, die Etablierung der gruppeninternen Rangstruktur, Rollenübernahme und Positionsfindung. Dieser erste Therapieprozeß hängt sehr vom Gruppensetting ab, z.b. ob ambulante oder stationäre Gruppentherapie, ob homogene oder heterogene Gruppe, ob offene oder geschlossene Gruppe. Alle genannten Settings sind bisher innerhalb der psychodynamischen Gruppentherapie angewendet worden und in Publikationen beschrieben. Der Verfasser selbst bevorzugt ambulante psychodynamische Gruppentherapie in offenen heterogenen Gruppen. Hier kommt der Patient als neues Mitglied in eine bereits bestehende Gruppe, in der sich nicht ausschließlich Patienten mit Zwangsstörungen, sondern auch Patienten mit anderen psychischen und psychosomatischen Störungen befinden. Es handelt sich also hier um keinen störungsspezifischen Therapieansatz.

In diesem zweiten Behandlungsabschnitt kommt es zum ersten Kennenlernen („Aufwärmphase") und zu ersten Auseinandersetzungen. In soziodynamischen Analysen des Gruppenprozesses wurden von Schindler Grundpositionen der Gruppenmitglieder beschrieben (Übersicht bei Rüger 1993). Die Alpha-Position ist die des Gruppenführers. Die Gamma-Position beschreibt drei Grundmöglichkeiten (identifikatorisch-partizipierende, komplementär-partizipierende oder kritisch-überwachend-partizipierende Rolle). Die Beta-Position beschreibt die Haltung „Beteiligung mit Einschränkung" (ja, aber ...). Die Omega-Position ist die Rolle des Sündenbocks oder Außenseiters. Im zweiten Behandlungsabschnitt kommt es zu einer ersten Rollenübernahme hinsichtlich dieser Gruppenpositionen, die sich jedoch im Laufe des Gruppenprozesses interaktionell verändern können.

Dritter Behandlungsabschnitt

Der dritte Behandlungsabschnitt ist die eigentliche Behandlungsphase, die zeitlich am längsten dauert (ca. 1-2 Jahre bei einer Gruppensitzung pro Woche, also etwa 50-60 Sitzungen). In dieser Phase des Therapieprozesses laufen die wesentlichen Interaktions- und Kommunikationsprozesse ab, die auch die positiven Wirkfaktoren (siehe unten) ermöglichen.

In der eigentlichen Behandlungsphase bearbeitet der Patient die für seine Person spezifisch bedeutsamen Themen: Der Patient setzt sich mit seinen Beziehungs-, Interaktions- und Konfliktbewältigungsmustern auseinander. Sowohl der Gruppenleiter als auch die anderen Gruppenmitglieder können sie aus der Entwicklung seiner Biographie transparent machen. Dabei deutlich werdende Kommunikationseinschränkungen können durch günstigeres Alternativverhalten oder durch günstigere Konfliktbewältigungsmuster verbessert werden. Die psychodynamische Gruppenprozeßforschung hat ergeben, daß der Wirkfaktor „Rekapitulation von Erfahrungen aus der Primärfamilie" zentrale Bedeutung hat (siehe unten).

Verständnis der intrapsychischen und interpersonellen Einflüsse auf Verstärkung oder Reduktion der Zwangssymptomatik („interaktionelle Funktionalitäten")

Der Gruppenleiter kann durch entsprechende Deutungen dieses Verständnis fördern. Er sowie die anderen Gruppenmitglieder sollen alternative Verhaltensweisen aufzeigen.

Der dynamische Zusammenhang von Zwang und Angst weist darauf hin, daß es sinnvoll ist, die „Angstseite" der Zwangsstörung deutlich und verstehbar zu machen. Der Leiter und die anderen Gruppenmitglieder sollen dem Patienten mit Zwangsstörungen helfen, eigene Ängste wahrzunehmen und auszudrücken sowie Strategien der Angstbewältigung zu entwickeln. Das bei Zwangskranken häufig vorkommende Phänomen der „unterdrückten Aggression" kann in ähnlicher Weise zu einer verstärkten Wahrnehmung und Bewältigung aggressiver Affekte und Impulse führen. Andere Gruppenmitglieder, die in der Wahrnehmung und im Ausdruck von Aggressionen fähiger sind, können dem Patienten Gefühlswahrnehmung und den sprachlichen Ausdruck vermitteln.

Bei den meisten Patienten mit Zwangsstörungen nimmt in der Gruppentherapie der Lebensbereich Sexualität und Partnerschaft einen breiten Raum ein. Hier tauchen unter dem Beziehungsaspekt zwei Hauptkonstellationen auf: Zwangskranke, die partnerlos und vereinsamt leben und Mühe haben, sich auf Kontakte mit dem anderen Geschlecht einzulassen. Zwänge machen in besonderer Weise einsam. Im Vergleich zu anderen Störungen (z.B. Angststörungen) sind Menschen mit Zwangsstörungen weit häufiger ledig und dauerhaft ohne Partner (40–70%). Diejenigen, die in festen Partnerbeziehungen leben, berichten sehr häufig über eine intensive und hochambivalente Partner-Bindung, die oft zu einem forcierten Machtkampf führt. Dominanz- und Unterwerfungs-Machtkämpfe, Liebe-Haß-Konflikte, aggressive Ambivalenzen, Autonomie-Abhängigkeits-Konflikte, Eifersuchtsprobleme oder Gefühlskälte prägen oft die Partnerbeziehungen von Zwangskranken. Die Störungen der Partnerbeziehung oder das vollkommene Fehlen eines Partners sind häufige Gesprächsthemen in der Gruppe. Die Bearbeitung dieser Themen wird meist durch jene Mitpatienten gefördert, denen es „mehr unter den Nägeln brennt". Patienten mit Zwangsstörungen versuchen oft, diese zu stark emotionsgeladenen Themen auszuklammern oder sie beteiligen sich massiv am Machtkampf-Thema. Inwieweit es einer Gruppe gelingt, offen und gefühlsbetont über Sexualität oder Partnerschaft zu kommunizieren, sagt sehr viel über den „Reifegrad" der Gruppe aus.

Vierter Behandlungsabschnitt

In der Abschlußphase (vierter Behandlungsabschnitt) erfolgt die interaktionelle Evaluation der zu Behandlungsbeginn formulierten Therapieziele (triadische Struktur: Patient, Gruppe, Therapeut als Gruppenleiter). Hier wird überprüft, ob der Patient die von ihm selbst, dem Therapeuten und der Gruppe formulierten Therapieziele erreicht hat. Ist dies der Fall, dann folgt die Phase des Abschiednehmens. Die Antizipation der weiteren Lebensentwicklung ohne die Gruppe bringt kognitive und emotionale Prozesse in Gang. Mögliche Gefährdungen, z.B. Rückfall in alte pathogene Beziehungsmuster oder Kommunikationsstrukturen, aber auch neue Lebensmöglichkeiten finden Beachtung. Der

Schritt aus der Gruppe heraus („wieder Herr im eigenen Hause zu sein, auf eigenen Beinen zu stehen") bedeutet einen zentralen Therapieschritt, der ganz basal mit der Ich-Autonomie verknüpft ist. Es dürfte verständlich sein, daß dieser Behandlungsabschnitt besondere Bedeutung hat, zumal sich alle Psychotherapierichtungen darin einig sind, daß Autonomie-Verlust und neue Autonomie-Entwicklung im Therapieprozeß bei einem Menschen mit Zwangsstörungen eine zentrale Rolle spielen.

Fallbeispiel

Zum psychotherapeutischen Erstgespräch kam eine 26jährige Studentin. Sie war Tochter eines Richters und hatte bereits zehn gescheiterte ambulante Psychotherapieversuche hinter sich, wobei sie die meisten Therapien nach 5–10 Stunden abgebrochen hatte. Nervenärzte hatten verschiedene Antidepressiva ohne Erfolg eingesetzt. In den letzten Jahren lebte sie in fünf verschiedenen Universitätsstädten und hat jeweils unterschiedliche Fächer studiert. Sie erwog gerade, auch ihr jetziges Studium aufzugeben, da sie wegen ihrer gravierenden Zwangssymptome nicht mehr in die Vorlesungen gehen konnte. Die Patientin litt unter ganz gravierenden Waschzwängen, wusch sich täglich etwa 50–100mal die Hände und mußte sich mehrmals täglich duschen. Sie konnte überhaupt nicht auf fremde Toiletten gehen, was ihren Aktionsradius wesentlich einschränkte. In der zwischenmenschlichen Kommunikation war sie erheblich eingeschränkt, bewohnte mit ihrem jüngeren Bruder eine kleine Wohnung und hatte fast keine Kontakte mit Gleichaltrigen. Sie hatte sich noch nie einem Mann angenähert oder geküßt. Obwohl sie noch Jungfrau war, hatte sie ausgeprägte unberechtigte AIDS-Ängste (Zwangsbefürchtungen). Sie hatte bereits 4 HIV-Tests durchführen lassen, die alle negativ waren. Zu den beschriebenen Zwangssymptomen kam ein riesiges Spektrum von Zwangsgedanken hinzu, die sich inhaltlich vorwiegend auf Sexualität, Gewalt, Aggressivität und Tod bezogen.
Da die Patientin in ihren Lebensmöglichkeiten extrem eingeschränkt war, vor dem erneuten Studienabbruch stand und einen sehr großen Leidensdruck zeigte, empfahl ich ihr eine stationäre Psychotherapie in einer verhaltenstherapeutisch orientierten Klinik. Ich versprach ihr, sie anschließend in Form einer analytischen Gruppentherapie ambulant weiterzubehandeln. Die Patientin ging nach längerer Bedenkzeit, nach wiederholten Zweifeln und Telefonanrufen auf diesen Vorschlag ein. Sie schrieb mir mehrmals aus der psychosomatischen Klinik und ließ sich bereits vor Entlassung einen ambulanten Termin bei mir geben. Nach acht Wochen Klinikaufenthalt kam sie relativ unverändert zurück. Fast alle Symptome bestanden noch. Sie berichtete mir vorwurfsvoll, was sie in der Klinik alles mitgemacht habe, oft gegen größte Widerstände. Am ehesten sei ihre AIDS-Angst verschwunden, nachdem sie in der Klinik wochenlang Blutröhrchen zum Labor habe tragen müssen, und dies ohne ihre Handschuhe. Die Patientin war sehr erpicht darauf, bei mir persönlich eine psychotherapeutische Behandlung zu machen, da sie in Erfahrung gebracht hatte, daß ich ein Buch über Zwänge geschrieben habe. Sie kam jetzt jedoch – entgegen unserer Vereinbarung – mit der Forderung, bei mir eine Einzelbehandlung machen zu wollen. Die Gruppensitzungen in der psychosomatischen Klinik hätten ihr nichts gebracht. Sie könne „das furchtbare Geschmarre der anderen" nicht ertragen. Ich entgegnete der Patientin, daß ich mein ambulantes Therapieangebot in Form einer Gruppentherapie aufrecht erhielte und diese Methode in ihrem Fall für die beste Behandlungsform hielte. Ebenfalls nach langem Ringen und wiederholten Versuchen, mich doch

zu einer Einzeltherapie zu überreden, begann sie schließlich „mit langen Zähnen" die Gruppentherapie.

In der Gruppe zeigte sie sich anfangs sehr spröde, wortkarg und abweisend. Sie saß vollkommen aufrecht, gespannt, mit erhobenem Kopf auf ihrem Stuhl. Dabei starrte sie meist in eine Richtung und trug immer Handschuhe, zum einen wegen der Ekzeme, die sie wegen des Waschzwanges hatte, zum anderen weil sie es peinlichst vermied, anderen Menschen die Hand zu geben, aus Angst vor Berührung, Infektion oder Beschmutzung. Andere Gruppenmitglieder versuchten zuerst, sie durch vorsichtiges Nachfragen, durch Interesse und später durch Konfrontation in den Gruppenprozeß einzubeziehen. Diese Versuche blieben lange ohne Erfolg. Entsprechende Versuche von mir als Therapeut, sie ins Gruppengeschehen einzubeziehen, wehrte sie schnippisch ab. Wiederholt rief sie mich im Verlauf der nächsten Wochen an, um mir telefonisch mitzuteilen, daß die Gruppe nicht die richtige Therapie sei und ich doch ihrem Wunsch nach Einzelbehandlung entsprechen solle. Ich blieb freundlich aber bestimmt bei meiner Aussage, daß ich bei ihr Gruppentherapie für die aussichtsreichste Behandlung hielte.

Die erste größere Auseinandersetzung in der Gruppe erfolgte, als ein männliches Gruppenmitglied relativ ausschweifend über sexuelle Phantasien und homosexuelle Vorerfahrungen berichtete. Hier ist einzufügen, daß die Patientin auch Zwangsgedanken hatte, sie könnte lesbisch sein. Wie eine Furie griff sie den Mitpatienten an, er solle endlich den Mund halten und mit diesem „Schweinkram" aufhören. Dieser massive Aggressionsausbruch führte im Verlauf derselben Gruppenstunde dazu, daß die Patientin erstmals von sich erzählte. Unter Tränen sagte sie, daß sie sich einsam und als Versagerin fühle und daß sich ihre Eltern schon über sie lustig machen würden, weil sie glaubten, sie bekäme nie einen Partner, da sie mit 26 Jahren noch Jungfrau sei und massive Ängste vor jeglichem Kontakt mit Männern habe. Die Gruppe reagierte sehr einfühlsam und mit praktischen Tips, wie sie Kontakte mit Gleichaltrigen herstellen könnte. In der Folgezeit standen ganz ihre Kontaktprobleme im Vordergrund. Die Gruppe war rührend bemüht, der Patientin „auf die Sprünge zu helfen". Am meisten bewirkten dabei männliche Gruppenmitglieder, die recht direkt beobachtbare Phänomene ansprachen, indem sie z.B. fragten „Warum trägst du immer diese blöden Handschuhe in der Gruppe?" oder „Geh doch mal zum Friseur, so wie du aussiehst ist es ja kein Wunder, daß dich keiner anspricht."

Die Rollenübernahme und Positionsfindung der Patientin in der Gruppe läßt sich als Oszillation zwischen Beta-Position (Beteiligung mit Einschränkung) und Omega-Position (Sündenbock-Rolle) beschreiben. Sie stellte sich anfangs als das ungeliebte, sich wehrende Gruppenmitglied dar, das sich fehl am Platze fühlte und alle Beziehungsangebote schroff zurückwies. Entscheidend für den Gruppenprozeß war, daß die Patientin nicht in dieser Omega-Position verharrte, sondern über Kommunikation in eine komlementär-partizipierende Gamma-Position kam. Sie konnte zunehmend teilnehmen, partizipieren und sich zugehörig fühlen. Dieser Prozeß wurde möglich durch die Bearbeitung ihrer abwehrenden Haltung in der Gruppe und durch positive Impulse derselben zur Besserung der Kontaktstörung „im Leben draußen". Die Patientin konnte zunehmend die Mitteilungen, Anregungen, Empfehlungen und Beziehungsangebote der anderen Gruppenmitglieder als hilfreich annehmen. Anfangs hatte sie Blickkontakt und Händedruck vermieden. Durch die Kommunikation mit den anderen Mitgliedern der Gruppe lernte sie, ihre Beziehungsmöglichkeiten zu erweitern: Sie konnte im Cafe, auf der Straße oder im Hörsaal Blickkontakt aufnehmen und aushalten, sie konnte Gespräche mit gleichaltrigen führen und neue Beziehungen knüpfen. Die entscheidende Besserung der Kontakt- und Beziehungsstörung war ein entscheidender, aber auch langwieriger Schritt im therapeutischen Prozeß. Die weitere Entwicklung läßt sich wie folgt zusammenfassen: Über einen Tanzkurs und verschiedene Verabredungen mit jungen Männern kam die Patientin immer mehr zu Begegnungen mit dem anderen Geschlecht, ohne daß es zu einer reiferen Bindung kam. Sie berichtete relativ freimütig über ihre Aktivitäten. Offen diskutierte sie in der Gruppe, warum jemand nicht in Frage käme. Die Gruppe konfrontierte sie damit, daß sie jetzt letztlich bisher an jedem möglichen Partner etwas auszusetzen hatte, sich nie näher auf ihn einließ und recht entwertend über die jeweiligen Männer sprach. Diese Phase der Auseinandersetzung zog sich über mehrere Monate hin. Die Patientin erweiterte ihre sonstigen Aktivitäten, begann eine Lehre, ging zum Reiten und fuhr wieder Auto. Sie flog dann zum ersten Mal alleine in den Urlaub ins Ausland und lernte dort einen Italiener kennen, den sie heiratete, und mit dem sie seitdem in Rom lebt. Der analytische Gruppenprozeß dauerte dreieinhalb Jahre bei einer Gruppensitzung wöchentlich. Bei Abschluß der Therapie war die Patientin symptomfrei. Nach Abschluß der Therapie bekam ich mehrere Briefe aus Rom, denen ich entnehmen konnte, daß sich die Patientin wohlfühlte und mit geringfügigen Restsymptomen gut umgehen konnte. Sie fühlte sich nicht mehr durch Zwänge im Leben eingeschränkt.

Intersubjektive Funktion der Zwänge – interaktionelle Funktionalitäten

Die moderne Psychoanalyse hat eine Entwicklung „vom Trieb zum Objekt" genommen. In der Theoriebildung wurde zunehmend die Triebtheorie durch die Objektbeziehungslehre ergänzt. Die Objektbeziehungslehre fokussiert nicht – wie die Triebtheorie – Triebkonflikte, sondern interpersonale Beziehungen. Bei den Zwangsstörungen versucht die Objektbeziehungslehre, Sinn, Funktion und Bedeutung der Zwangssymptome für zwischenmenschliche Beziehungen und Interaktionen zu verstehen. Daraus werden wirksame psychotherapeutische Interventionen abgeleitet. Die psychodynamische Gruppentherapie darf unter allen analytischen Verfahren als jenes gewürdigt werden, das in besonderer Weise die unmittelbare Kommunikation und Interaktion im „Hier und Jetzt" in den Mittelpunkt stellt und diese auf dem Hintergrund erworbener Beziehungsmuster (Objektbeziehungen) verstehbar macht. Aus diesen ergeben sich dann spezifische therapeutische Veränderungsmöglichkeiten.

Die Psychoanalyse und die Verhaltenstherapie haben zur Erklärung der Psychogenese von Zwangssymptomen eine interessante Gemeinsamkeit aufzuweisen: Sie betonen beide, daß die Zwangssymptome eine Funktion und einen Sinn für zwischenmenschliche Beziehungen haben, und daß Veränderungen dieser Beziehungen Rückwirkungen auf die Zwangssymptome haben. Hand (zit. bei Csef 1994a) hält folgende interaktionelle Funktionalitäten für bedeutsam:

➤   latent aggressive Kontrolle des sozialen Umfelds durch die Unterwerfung aller unter den „Zwang der Zwänge"

➤   Entwicklung von Zwangshandlungen („Gegenzwänge") als vermeintlich einzige effektive Gegenwehr gegen Unterdrückung durch primäre Zwänge eines anderen Mitglieds

➤ Herstellen von körperlicher und emotionaler Distanz bei Nähe-Distanz-Konflikten in Partnerbeziehungen, die oft mit einem aggressiven Machtkampf der Geschlechter verbunden sind.

Die Beachtung interaktioneller Funktionalitäten ist oft entscheidend für das Therapieergebnis. Therapieabbrüche oder Mißerfolge liegen oft daran, daß die Funktion der Zwangssymptome im Familiensystem, in der Partnerbeziehung oder in der Eltern-Kind-Beziehung zuwenig beachtet wurden. Die psychodynamische Gruppentherapie ist besonders geeignet, die pathogene Relevanz zwischenmenschlicher Beziehungen für das Zwangssymptom verstehbar zu machen und diese direkt im Gruppenprozeß zu bearbeiten.

Wie wirkt Gruppentherapie? Ergebnisse der Prozeß- und Evaluationsforschung

Abschließend soll erörtert werden, warum überhaupt und wie Gruppentherapien Zwangssymptome verändern (beseitigen) können. Die spezifischen Wirkfaktoren der psychodynamischen Gruppentherapie sind in ausführlichen Untersuchungen von Tschuschke (1993) sowie von Strauß u. Burgmeier-Lohse (1994) beschrieben worden. Einer der Pioniere gruppenanalytischer Forschung, Yalom (1985b) beschrieb bereits vor fast drei Jahrzehnten die wesentlichen Wirkfaktoren, die durch äußerst umfangreiche Forschungsaktivitäten zu diesem Thema in der Folgezeit bestätigt wurden:

➤ Altruismus
➤ Gruppenkohäsion
➤ Universalität des Leidens
➤ interpersonales Lernen
➤ Anleitung
➤ Katharsis
➤ Identifizierung
➤ Wiederbelebung der Familie
➤ Einsicht
➤ Einflößen von Hoffnung
➤ existentielle Faktoren.

Die neueren Studien von Tschuschke (1993) und Strauß u. Burgmeier-Lohse (1994) stimmen darin überein, daß sich zwei Wirkfaktoren als besonders bedeutsam für ein positives Therapieergebnis erwiesen haben:

➤ interpersonelles Lernen
➤ Rekapitulation von Erfahrungen aus der Primärfamilie.

Wenn Zwänge – wie Nicolaus Hoffmann schreibt – „das Leben einengen", so vermittelt die Gruppentherapie ein höchst wirksames Gegenprinzip: Sie fördert zwischenmenschliche Kommunikation und Interaktion, sie erweitert das Kommunikations- und Verhaltensrepertoire, sie bessert soziale und interpersonelle Kommunikationsprozesse. In dieser Grundtendenz haben Psychoanalyse und Verhaltenstherapie wesentliche Gemeinsamkeiten. Diese unter der Chiffre „interpersonelles Lernen" subsumierten Elemente sind wirksame Gegenkräfte gegen den Zwang. Die Variable „Rekapitulation von

Erfahrungen aus der Primärfamilie" unterstreicht die zentrale Bedeutung gelernter Beziehungsmuster und Kommunikationsstörungen, die die Zwänge aufrechterhalten, möglicherweise sogar Familienangehörige in die Zwänge einbinden. Veränderungen, die durch den Gruppenprozeß auf dieser Ebene möglich werden, können anankastische Strukturen auflösen. Zentrale Beziehungsthemen wie Kampf um Autonomie, Rebellion gegen Abhängigkeit, Ambivalenz von Dominanz und Unterwerfung oder Liebe-Haß-Konflikte können im Rahmen einer psychodynamischen Gruppentherapie unmittelbar im Gruppenprozeß reinszeniert und bearbeitet, d.h. verändert werden. Neue Kommunikations- und Verhaltensweisen treten dann an die Stelle der zuvor eingeengten Kommunikation. Wurden Zwänge wiederholt als „innere Geiselhaft" oder als Gefängnis beschrieben, so führen Gruppenprozesse aus dieser Einengung heraus in eine neue Vielfalt von Kommunikation. Diese neue Form des Kommunizierens ermöglicht mehr Autonomie und Selbstbestimmung, macht die vorher intensiv betriebenen Kontroll- und Sicherungsbemühungen überflüssig und führt zu einer emotional-affektiven Belebung. Insofern bringt die Gruppe all das neu ins Leben, was vorher durch Zwangssymptome oder Zwangsstrukturen verhindert wurde.

10. Kombination von Psychotherapie und Pharmakotherapie bei der Zwangsstörung

Fritz Hohagen

Neben sozio-therapeutischen und rehabilitativen Maßnahmen stellen Psychotherapie und Pharmakotherapie die wichtigsten Behandlungsstrategien bei der Zwangsstörung dar. Als psychotherapeutische Methode sind insbesondere die Verhaltenstherapie mit Expositionsbehandlung und als pharmakologische Behandlung die Gabe eines Serotoninwiederaufnahmehemmers gut untersucht und in einer Vielzahl kontrollierter Studien als wirkungsvolle Behandlungsverfahren evaluiert.
Damit stellt sich die Frage, inwieweit Psychotherapie und Pharmakotherapie bei Zwangserkrankten kombiniert angewandt werden sollten. Hierbei muß man festhalten, daß die Kombination von Psychotherapie und Pharmakotherapie mehr als die simultane Darbietung zweier Behandlungsstrategien darstellt. Der Therapeut muß vielmehr eine Reihe von Interaktionsmöglichkeiten berücksichtigen und in seine therapeutischen Überlegungen integrieren.
In diesem Kapitel werden zunächst grundsätzliche Probleme der Kombinationsbehandlung von Psychotherapie und Pharmakotherapie bei Zwangspatienten erörtert. Anschließend werden neurobiologische Faktoren bei der Pathogenese von Zwängen dargestellt und auf das psycho-neurobiologische Modell der Zwangsstörung eingegangen, da es als Krankheitsmodell für die Kombinationsbehandlung dient. Hierbei wird ein kurzer Überblick über die medikamentöse Behandlung von Zwängen gegeben. Abschließend werden die wichtigsten kontrollierten Studien zur Effektivität von Kombinationsbehandlung mit Psychotherapie und medikamentöser Therapie referiert und ein Vorschlag zur Differentialindikation der verschiedenen Behandlungsstrategien gegeben.

Grundsätzliche Probleme der Kombination von Psychotherapie und Pharmakotherapie

Die Kombination von Psychotherapie und Pharmakotherapie ist mehr als die simultane Durchführung zweier Behandlungsansätze, da sich eine Vielzahl potentieller Interaktionen ergibt. Der Therapeut muß sich dieser Problematik bewußt sein und die wechselseitige Interaktion im therapeutischen Prozeß berücksichtigen. Während in den 60er und 70er Jahren die Mehrzahl der Psychotherapeuten einer begleitenden Pharmakotherapie kritisch bis ablehnend gegenüberstand, setzte sich in den letzten Jahren teils aufgrund empirischer Untersuchungsbefunde, teils aufgrund eines pragmatischen Eklektizismus in der klinischen Praxis, die Kombination von Psychotherapie und Pharmakotherapie bei der Behandlung von psychischen Störungen mehr und mehr durch (Übersicht bei Beitman u. Klerman 1991). Dies gilt auch für die Behandlung der Zwangsstörung. Wenn im folgenden einige mögliche Interaktionen zwischen Psychotherapie und Pharmakotherapie erörtert werden, muß angemerkt werden, daß sich die Überlegungen meist nicht auf „harte empirische Forschung" berufen können, sondern in erster Linie klinische Erfahrung und Hypothesen wiedergeben. Trotz der wissenschaftlichen und klinischen Relevanz des Themas gibt es bislang wenig kontrollierte Studien zur Kombination von Pharmakotherapie und Psychotherapie. Im folgenden sollen einige Überlegungen unter besonderer Berücksichtigung des Krankheitsbildes der Zwangsstörung dargestellt werden. Hierbei wird von der Vorstellung ausgegangen, daß die Psychotherapie, insbesondere die Verhaltenstherapie mit Expositionsbehandlung und kognitiven Techniken, Methode der Wahl bei der Behandlung von Zwangspatienten ist, während die pharmakologische Behandlung mit einem Serotoninwiederaufnahmehemmer als additive Behandlung gesehen wird.

Die Entscheidung, die Psychotherapie, insbesondere die Verhaltenstherapie mit Expositionsbehandlung, als Methode erster Wahl bei Zwangspatienten anzusehen, stützt sich auf eine gut abgesicherte empirische Datenlage. Zum einen führt Verhaltenstherapie zu einer ausgeprägteren Symptomreduktion (mittlere Symptomreduktion 50% oder größer), verglichen mit der alleinigen Gabe eines Serotoninwiederaufnahmehemmers (mittlere Symptomreduktion 30–42%; Übersicht bei Greist 1990). Zum anderen haben Langzeituntersuchungen über mehrere Jahre gezeigt, daß durch Verhaltenstherapie bei ca. 50% bis 70% der Patienten eine lang andauernde deutliche Symptomreduktion zu erzielen ist (Hand 1992a). Bei alleiniger pharmakologischer Behandlung kommt es in der Regel nach Absetzen des Medikaments zu einem Wiederauftreten der Zwangssymptomatik (Pato et al. 1988), da der Patient keine aktiven Bewältigungsstrategien erlernt und bei nachlassender pharmakologischer Unterdrückung der Zwänge diesen nichts entgegenzusetzen hat.

Die erste Frage, die sich stellt, wenn man Psychotherapie mit einem Pharmakon kombinieren will, ist, ob beide Behandlungen in einer Hand liegen oder ob die Verantwortlichkeit für den jeweiligen Behandlungsansatz geteilt werden soll. Wird die Therapie von einem ärztlichen Psychotherapeuten durchgeführt, ergeben sich aus unserer klinischen Erfahrung nur Vorteile, wenn Psychotherapie und Pharmakotherapie vom gleichen Therapeuten durchgeführt werden. Die Auswirkungen der Pharmakotherapie auf psychischer, biologischer und psychosozialer Ebene können so besser erfaßt und in den therapeutischen Kontext eingebunden werden. Werden Psychotherapie und Pharmakotherapie von verschiedenen Behandlern übernommen, ist eine enge Kooperation und regelmäßiger Informationsaustausch notwendig, damit beide Verfahren synergistisch wirken und ein Gesamtbehandlungskonzept realisiert werden kann.

Geht man von der Psychotherapie als Methode der Wahl aus, kann eine zusätzliche Pharmakotherapie grundsätzlich positive oder negative Effekte auf den psychotherapeutischen Prozeß ausüben. Im folgenden sollen einige Hypothesen erörtert werden (vgl. Klerman 1991).

Mögliche negative Effekte der Pharmakotherapie auf die Psychotherapie

➤   Hypothese: Eine schnelle Symptomreduktion durch das Medikament verringert den Leidensdruck und damit die Motivation des Patienten, die Psychotherapie weiter durchzuführen.

Diese Hypothese geht von der Überlegung aus, daß schnelle Symptomreduktion den Patienten entlastet, ihm eventuell den erforderlichen Leidensdruck zur Fortführung der Therapie nimmt und damit die Möglichkeit, tiefergehende Einblicke in die Psychodynamik seiner Erkrankung zu gewinnen sowie Anteile seiner Persönlichkeitsstruktur und kognitive Grundannahmen oder Verhaltensweisen zu verändern. Es wird befürchtet, daß dadurch eine längerfristige Verbesserung des psychischen Leidens verhindert und die Rückfallgefahr erhöht wird.

➤ Hypothese: Die Gabe eines Medikamentes fördert sowohl beim Therapeuten als auch beim Patienten eine passive Veränderungserwartung anstatt aktiver Veränderungsbereitschaft.

Die Vertreter dieser Hypothese fürchten, daß die Einnahme eines Medikamentes die Hierarchie der traditionellen Arzt-Patienten-Beziehung festigt, die nicht zuletzt durch das „medizinische Modell" gefördert würde. Anstatt eine aktive Rolle im therapeutischen Prozeß zu übernehmen, Krankheitsverhalten ab- und Alternativverhalten aufzubauen, wie vor allem in verhaltenstherapeutischen Ansätzen angestrebt, erwartet der Patient eine Verbesserung seines Leidenszustandes durch die Einnahme eines Medikamentes und attribuiert sowohl Symptomreduktion als auch Veränderungen im psychosozialen Kontext auf das Medikament.

➤ Hypothese: Manche Patienten fühlen sich durch die Gabe eines Medikamentes „abgeschoben", wenn sie eine alleinige Psychotherapie erwarten.

Patienten, die Psychotherapie als notwendige Methode für eine Verbesserung ihres Krankheitszustandes erwarten, könnten sich durch die Gabe eines Medikamentes „abgewertet" fühlen. Dies trifft vor allem auf Patienten zu, die Einsicht in psychodynamische Zusammenhänge als notwendige Voraussetzung für einen erfolgreiche Behandlung ihrer Erkrankung ansehen. Die medikamentöse Behandlung könnten Sie als „abschieben" empfinden oder befürchten, vom Therapeuten als ungeeignet für eine Psychotherapie eingeschätzt und deshalb medikamentös behandelt zu werden.

Auf der anderen Seite müssen auch positive Effekte einer zusätzlichen pharmakologischen Behandlung auf die Psychotherapie bedacht werden.

Mögliche positive Effekte der Pharmakotherapie auf die Psychotherapie

➤ Hypothese: Psychopharmaka können den Zugang zur Psychotherapie erleichtern.

Bei stark ausgeprägter Symptomatik ist der Patient u.U. so beeinträchtigt, daß er aufgrund kognitiver Einschränkungen oder affektiver Störungen nicht in der Lage ist, eine Psychotherapie zu beginnen. Dies gilt z.B. für ausgeprägte Depressionen und im besonderen Maße auch für schwere Formen der Zwangsstörungen. Die Zwangssymptomatik kann so ausgeprägt sein, daß der Patient nicht mehr sein Zimmer verlassen, nicht mehr ausreichend essen oder keine Tagesstruktur mehr aufrechterhalten kann. Auch ausgeprägte Zwangsgedanken können den Patienten dermaßen beschäftigen, daß ein psychotherapeutisches Arbeiten äußerst erschwert ist. Tritt zusätzlich zur Zwangsstörung eine sekundäre Depression auf, können Aufnahmefähigkeit, Konzentration, emotionale Schwingungsfähigkeit und Antrieb so stark vermindert sein, daß der Patient von einer Psychotherapie nur eingeschränkt profitiert. Hier kann eine zusätzliche Pharmakotherapie zur einer rascheren Symptomreduktion beitragen, kognitive und affektive Funktionen sowie die Kommunikationsfähigkeit des Patienten verbessern und damit die Voraussetzungen schaffen, von einer Psychotherapie besser zu profitieren. Außerdem fördert eine schnelle Symptomreduktion den therapeutischen Optimismus und eine positive Veränderungserwartung des Patienten, beides Faktoren, die als positive Prädiktoren für einen günstigen Therapieverlauf identifiziert wurden.

➤   Hypothese: Ein mehrdimensionales Krankheitsmodell unter Einbeziehung der neurobiologischen Ebene kann die Krankheitsakzeptanz verbessern.

Eine nicht geringe Gruppe psychisch Kranker fühlt sich stigmatisiert, wenn eine psychische Störung diagnostiziert wird, insbesondere wenn sie von einem medizinisch-biologischen Krankheitsmodell ausgehen. Die Vermittlung eines mehrdimensionalen Krankheitsmodells unter Einbeziehung der sozialen, psychischen und neurobiologischen Ebene hilft vielen Patienten zu akzeptieren, daß sie an einer psychischen Erkrankung leiden. Insbesondere die Vermittlung, daß eine reziproke Interaktion zwischen neurobiologischer und psychischer Ebene stattfindet, wird gerade von Zwangspatienten oft als hilfreich erlebt. Häufig erleichtert es den Einstieg in die Psychotherapie, wenn zunächst vor dem Hintergrund eines „psycho-neurobiologischen Krankheitsmodells" (siehe unten) Zwangshandlungen und -gedanken als „falsche Botschaften des Gehirns" erklärt werden. Kognitive Psychotherapietechniken haben bereits neurobiologische Modelle in ihre Behandlungstechniken integriert (Übersicht bei Schwartz 1996). Eine ergänzende Pharmakotherapie zusätzlich zur Psychotherapie würde dem mehrdimensionalen Krankheitsmodell der Zwangsstörung entsprechen.

Der Vollständigkeit halber sei erwähnt, daß Psychotherapie auch negative Effekte auf eine gleichzeitig durchgeführte Pharmakotherapie haben kann. Dies ist ein Punkt, der in der wissenschaftlichen und klinischen Literatur meist vollständig übersehen wird. Negative Effekte einer Psychotherapie auf die Pharmakotherapie können sich ergeben, wenn der Patient der Meinung ist, daß ihm lediglich die Psychotherapie helfe und die Pharmakotherapie schade. Dies kann z.B. bei einer sekundären Depression zu verhängnisvollen Konsequenzen für den Patienten führen, wenn die Compliance für eine Pharmakotherapie eingeschränkt wird oder der Patient die medikamentöse Behandlung ganz absetzt.

Entschließt man sich bei der Behandlung der Zwangsstörung für eine Kombination von Pharmako- und Psychotherapie, müssen diese möglichen Interaktionen berücksichtigt und bedacht werden. Um einen synergistischen Effekt beider Behandlungsansätze zu erreichen, sollten die möglichen negativen Effekte einer begleitenden Pharmakotherapie minimiert und die potentiell positiven Effekte gezielt eingesetzt werden. Nach unserer klinischen Erfahrung lassen sich die möglichen negativen Effekte einer Pharmakotherapie gut beherrschen, wenn man dem Patienten die medikamentöse Behandlung als additives Verfahren zusätzlich zur Methode der Wahl, der Psychotherapie, anbietet. Betrachtet man die medikamentöse Behandlung als additives Behandlungsverfahren und vermittelt man dies dem Patienten von Beginn der Behandlung an, so beugt man zum einen einer passiven Veränderungsbereitschaft vor und fördert zum anderen die Motivation für eine weiterführende psychotherapeutische Arbeit trotz Symptomreduktion. Eine eigene Katamneseuntersuchung an 31 Zwangspatienten zeigte, daß über 80% der Patienten die eingetretene Symptomreduktion nach einem Jahr der Verhaltenstherapie alleine zuschrieben, während weniger als 5% die eingetretene Verbesserung des Krankheitsbildes auf das Medikament attribuierten. Die Bedeutung psychotherapeutischer Techniken für die Verbesserung der Zwangssymptomatik aus Patientensicht dokumentierte sich auch darin, daß über 80% die Expositionsübungen weiter anwandten, während eine rein medikamentöse Behandlung nur von ca. 20% der Patienten aufgesucht wurde. Somit können unsere Katamnesedaten nicht bestätigen, daß eine Verbesserung des Krankheitsbildes der medikamentösen Zusatzbehandlung zugeschrieben wurde. In einer weiteren Multicenterstudie konnten wir hingegen zeigen, daß die Kombinationsbehandlung von Verhaltenstherapie mit einem Serotoninwiederaufnahmehemmer die Zwangssymptomatik signifikant besser reduzierte als die alleinige Verhaltenstherapie (Näheres siehe Evaluationsstudien zur Kombinationsbehandlung). Somit sprechen diese Untersuchungsergebnisse dafür, daß Pharmakotherapie und Psychotherapie synergistisch wirken und zu einer besseren Symptomreduktion bei Zwangspatienten beitragen.

Neurobiologische Faktoren der Zwangsstörung

Forschungsergebnisse der letzten 20 Jahre haben unser Wissen um die Pathogenese von Zwängen erheblich erweitert. Neben psychologischen Faktoren (siehe Kapitel 3, 4 und 7) spielen auch neurobiologische Faktoren bei der Entstehung der Zwangssymptomatik eine große Rolle (Übersicht bei Hohagen 1997). Damit kann man exemplarisch am Beispiel der Zwangserkrankung deutlich machen, daß eine mehrdimensionale Sicht der Erkrankung, die sowohl die psychologische als auch die neurobiologische Ebene mit einschließt, der Komplexität dieser Erkrankung eher gerecht wird, als eindimensionale Modelle, die lediglich eine dieser beiden Ebenen betrachten. Mehrdimensionale pathogenetische Modelle werfen jedoch die Frage auf, inwieweit neurobiologische und psychologische Ebenen nicht nur bei der Entstehung von Zwängen, sondern auch bei deren Behandlung berücksichtigt werden müssen. Sie bieten damit eine gute Erklärungsgrundlage, um Pharmakotherapie mit Psychotherapie zu kombinieren und auch dem Patienten die Kombinationsbehandlung plausibel zu machen.

Verschiedene Autoren haben auf den Zusammenhang zwischen neurologischen Erkrankungen und Zwangsstörungen hingewiesen. Klinische Beobachtungen neurologischer Erkrankungen, die mit einer Schädigung der Basalganglien einhergehen und bei denen gehäuft Zwangssymptome auftreten, sprechen dafür, daß eine Dysfunktion der Basalganglien an der Manifestation von Zwängen beteiligt sein könnte. Diese Beobachtungen wurden vor allem an Patienten mit einem postenzephalitischen Parkinsonsyndrom nach Encephalitis lethargica von Economo, nach traumatischer Läsion der Basalganglien, bei Patienten mit Gilles-de-la-Tourette-Syndrom und bei der Corea minor von Sydenham gewonnen, bei denen auf dem Boden einer Basalganglienschädigung sowohl neurologische Symptome als auch Zwangssymptome auftreten. Darüber hinaus sprechen neurochirurgische Eingriffe, die bei vollständig therapierefraktären Zwangspatienten durch stereotaktische Unterbrechung von Projektionsbahnen zwischen Frontalhirnstrukturen und Basalganglien bei einem Drittel der Fälle zu einer deutlichen Symptomreduktion führen können, dafür, daß neben einer Schädigung der Basalganglien das funktionelle Zusammenspiel zwischen Frontalhirn und Basalganglien gestört sein könnte. Diese Hypothese wird durch bildgebende Verfahren, insbesondere durch Untersuchungen mit der Positronen-Emissions-Tomographie (PET) unterstützt. Konsistentester Befund von insgesamt 9 PET-Untersuchungen war der einer erhöhten Glukoseutilisation in Teilen des Frontalhirns, insbesondere im orbitofrontalen Cortex, im Nucleus caudatus als Basalganglienstruktur sowie im vorderen Anteil des limbischen Systems, im Gyrus cinguli anterior. Die klinischen Beobachtungen und die PET-Untersuchungen sprechen dafür, daß als neuroanatomische Strukturen Teile des Frontalhirns, der Basalganglien und des limbischen Systems bei der Manifestation von Zwängen involviert sind. Aus den genannten neuroanatomischen Strukturen ergibt sich eine funktionale Hypothese der Zwangsstörung.

Das Frontalhirn weist enge Verbindungen zu dem phylogenetisch älteren striatalen und limbischen System auf und scheint eine wichtige Funktion bei der Fokussierung der Aufmerksamkeit und bei der Planung und Durchführung motorischer und kognitiver Vorgänge auszuüben. Dem Nucleus caudatus und anderen Basalganglienkernen scheint die Funktion einer „Filter- oder Relaisstation" zuzukommen, in der die Impulse, die vom Frontalhirn stammen, entweder weiter aktiviert oder inhibiert werden. Vereinfacht ausgedrückt, hat das Regelsystem zwischen frontobasalem Cortex, striatalem und limbischem System die Aufgabe, zum einen die konsequente Durchführung einmal eingeschlagener Gedanken- und Behandlungsabläufe zu gewährleisten und sie gegenüber Ablenkung durch irrelevante Stimuli abzuschirmen. Zum anderen muß dieses Regelsystem flexibel genug sein, relevante Stimuli in Gedanken- und Handlungsabfolgen zu integrieren, um eine rasche Adaptation an veränderte Umgebungssituationen zu ermöglichen.

Eine erhöhte Glukoseutilisation als Ausdruck einer neuronalen Überaktivität dieser Regelkreise zwischen orbitofrontalem Cortex und Basalganglien, wie sie in den PET-Untersuchungen bei Zwangspatienten nachgewiesen wurde, sprechen für eine Enthemmung dieser Regelschleifen. Es scheint, als ob die Überaktivität von Frontalhirnfunktionen durch die „Relais-Station" in den Basalganglien nicht mehr inhibiert werden kann. Dies könnte die Schwierigkeit von Zwangspatienten erklären, einmal begonnene kognitive und motorische Abläufe zu stoppen und durch situationsadäquatere Vorgänge zu ersetzen. Vereinfacht ausgedrückt haften Patienten mit einer Zwangsstörung an einmal eingeschlagenen kognitiven und motorischen Abläufen, die als Zwangsgedanken und -handlungen klinisch in Erscheinung treten.

Interessanterweise konnten PET-Untersuchungen zeigen, daß erfolgreiche kognitive Verhaltenstherapie die neuronale Überaktivität im frontostriatalen Regelkreis bei Zwangspatienten herunterregulieren kann (Schwartz et al. 1996). Damit liefern diese Studien Hinweise darauf, daß psychologische Interventionen neurobiologische Prozesse im Zentralnervensystem verändern können. Diese Studien zeigen auch, daß psychische und neurobiologische Ebene in ständiger wechselseitiger Interaktion stehen. Neuroanatomische Untersuchungen konnten zeigen, daß die frontostriatalen Projektionsbahnen reich an serotoninhaltigen Neuronen sind und daß das serotonerge System als wichtiger Neuromodulator eine große Rolle bei der Aktivitätsregulation dieser Regelkreise spielt. In weiteren PET-Studien konnte gezeigt werden, daß auch die erfolgreiche medikamentöse Behandlung von Zwangsstörungen mit einem Serotoninwiederaufnahmehemmer die fronto-striatale neuronale Aktivität – ebenso wie die erfolgreiche kognitive Verhaltenstherapie – herunterregulieren kann (Benkelfat et al. 1990, Baxter et al. 1992). Damit zeigen sowohl die psychotherapeutische als auch die pharmakologische Behandlung ähnliche neuronale Aktivitätsveränderungen im zentralen Nervensystem.

Nach diesen grundsätzlichen Überlegungen zur neurobiologischen Wirkweise psychotherapeutischer und pharmakologischer Behandlungsstrategien bei Zwangspatienten soll nun ein kurzer Überblick über die klinische Wirksamkeit medikamentöser Behandlung und kombinierter psychotherapeutisch-pharmakologischer Therapie bei Zwangsstörungen gegeben werden.

Medikamentöse Behandlung der Zwangsstörung

Lange Zeit galt die Zwangsstörung als eine Erkrankung, die durch medikamentöse Behandlung nicht oder nur unwesentlich beeinflußt werden kann. Die Gabe von Benzodiazepinen, Neuroleptika und trizyklischen Antidepressiva führte zu keiner wesentlichen Besserung der klinischen Symptomatik (Übersicht bei Greist 1990, Piccinelli et al. 1995). In den 60er Jahren berichteten einzelne Autoren über eine günstige Beeinflussung von Zwangssymptomen unter Clomipramin, einem nicht selektiven Serotoninwiederaufnahmehemmer. Systematische Studien in den 80er Jahren konnten nachweisen, daß die

Gabe von Clomipramin der Behandlung mit trizyklischen Antidepressiva oder Placebo signifikant überlegen ist. Für die neueren selektiven Serotoninwiederaufnahmehemmer wie Fluoxetin, Fluvoxamin, Paroxetin und Sertralin konnte in einer Vielzahl kontrollierter Studien ebenfalls nachgewiesen werden, daß sie die Zwangssymptomatik signifikant vermindern. Das selektive Ansprechen der Zwangssymptome auf Serotoninwiederaufnahmehemmer ist ein bemerkenswerter Befund, da sich andere psychische Störungen, wie Depressionen, schizophrene Psychosen oder Angsterkrankungen auf verschiedene pharmakologische Wirkprinzipien hin bessern.

Für die klinische Anwendung von Serotoninwiederaufnahmehemmern bei der Behandlung von Zwangspatienten ist hervorzuheben, daß die Dosierung in der Regel doppelt so hoch liegt wie bei der antidepressiven Behandlung und daß die Wirklatenz bis zum Eintreten einer klinischen Besserung sechs bis acht Wochen betragen kann (Greist 1990).

Die Reduktion der Zwangssymptomatik ist jedoch an die Einnahme des Serotoninwiederaufnahmehemmers gebunden, d.h. nach Absetzen des Medikaments kommt es in ca. 80-90% der Fälle zu einem Wiederauftreten der Zwänge. Das bedeutet, daß bei alleiniger medikamentöser Behandlung der Serotoninwiederaufnahmehemmer über Jahre bzw. lebenslang gegeben werden müßte, um die Symptomreduktion aufrechtzuerhalten. Die erforderliche Langzeitgabe und die eher unbefriedigende Symptomreduktion von ca. 40% unter alleiniger pharmakologischer Behandlung machen deutlich, daß die medikamentöse Behandlung alleine keine befriedigende Behandlungsstrategie bei Zwangspatienten darstellt.

Studien zur Kombination von Psychotherapie und Pharmakotherapie

Da sowohl neurobiologische als auch psychische Faktoren eine Rolle bei der Pathogenese von Zwängen spielen und es konsequenterweise psychotherapeutische Behandlungsformen und pharmakologische Behandlungsstrategien bei der Behandlung von Zwängen gibt, liegt die Überlegung nahe, beide Behandlungsansätze bei Zwangspatienten zu kombinieren. Bislang haben jedoch nur wenige Studien untersucht, ob eine Kombination von Verhaltenstherapie als dem bestuntersuchten psychotherapeutischen Verfahren mit einem Serotoninwiederaufnahmehemmer der alleinigen Psychotherapie überlegen ist. Aus jüngster Zeit liegen zwei kontrollierte Studien zu dieser Fragestellung vor. Eine Studie von Marks und Mitarbeitern (1988) untersuchte, inwieweit die Kombination von Clomipramin mit Reizkonfrontation und Reaktionsverhinderung die Zwänge signifikant besser vermindert als alleinige Reizkonfrontation. Untersucht wurden 49 chronische Zwangspatienten, wobei der Behandlungserfolg in erster Linie an der Reduktion von Zwangshandlungen gemessen wurde. Die Arbeitsgruppe fand eine signifikante Überlegenheit der Kombination von Verhaltenstherapie mit Clomipramin verglichen mit Verhaltenstherapie und Placebo bei der Reduktion von Depression und Zwangshandlungen während der ersten Wochen, die im Verlauf der weiteren Studie nach 15 Wochen jedoch nicht mehr nachzuweisen war. Die Autoren zogen die Schlußfolgerung, daß der wichtigste Therapiefaktor die Expositionsbehandlung war, während Clomipramin lediglich als adjuvantes Behandlungselement eingestuft wurde.

Cottraux und Mitarbeiter (1993) veröffentlichten eine placebokontrollierte Studie, in der sie bei 60 Zwangspatienten Verhaltenstherapie und Fluvoxamin gegen Verhaltenstherapie und Placebo verglichen. Auch in dieser Studie zeigte sich eine vorübergehende signifikante Überlegenheit der Kombination von Verhaltenstherapie mit Fluvoxamin bei

Zwangshandlungen und bei Depressivität, die jedoch im Follow-up nach 48 Wochen wieder verschwand. Die Autoren vertreten die Meinung, daß der Serotoninwiederaufnahmehemmer Fluvoxamin und Expositionsbehandlung in der Akutphase der Behandlung synergistisch wirken, während in der Nachbeobachtungszeit die Expositionsbehandlung eine weitere Medikation entbehrlich macht.

Beiden zitierten Studien ist gemeinsam, daß sie als Psychotherapiestrategie ein rein symptomorientiertes Behandlungselement der Verhaltenstherapie anwandten, die Expositionsbehandlung oder Reizkonfrontation mit Reaktionsverhinderung (siehe Kapitel 6). Außerdem wurden Evaluationsinstrumente zur Erfassung der Zwangssymptomatik eingesetzt, die international schlecht vergleichbar sind und als Behandlungserfolg lediglich Zwangshandlungen und nicht z.B. Zwangsgedanken evaluieren.

Wir führten deshalb eine eigene placebokontrollierte Multicenterstudie durch, in der die Kombination von multimodaler Verhaltenstherapie mit Fluvoxamin gegen multimodale Verhaltenstherapie mit Placebo bei 60 Zwangspatienten untersucht wurde (Hohagen et al. 1997). Als Untersuchungsinstrument für die Zwangssymptomatik wurde die Yale-Brown-Obsessive-Compulsive-Scale als international akzeptiertes Meßinstrument verwandt. Das multimodale Behandlungskonzept umfaßte nicht nur eine Beeinflussung der Symptomebene durch die Expositionsbehandlung, sondern schloß auch die psychotherapeutische Bearbeitung von aufrechterhaltenden Problembereichen auf der Grundlage einer erweiterten individuellen Verhaltensanalyse sowie kognitive Behandlungstechniken mit ein. Neben der Frage, ob die Kombination von Verhaltenstherapie mit einer Serotoninwiederaufnahmehemmung der alleinigen Verhaltenstherapie überlegen ist, sollte diese Studie klären, ob die Analyse des klinischen Bildes, bei dem je nach Patient Zwangsgedanken, Zwangshandlungen oder eine sekundäre Depression einzeln oder in Kombination vorliegen können, Hinweise auf eine Differentialindikation der einzuschlagenden Behandlungsstrategien gibt. Insbesondere sollte die Studie untersuchen, bei welcher Symptomkonstellation Pharmakotherapie mit Psychotherapie kombiniert werden soll.

In dieser Multicenterstudie zeigte sowohl die Gruppe Verhaltenstherapie und Placebo als auch die Gruppe Verhaltenstherapie und Fluvoxamin eine hoch signifikante Reduktion der Zwangssymptomatik sowohl in den Zwangshandlungen als auch in den Zwangsgedanken. Während bei der Reduktion der Zwangshandlungen kein signifikanter Unterschied zwischen den beiden Behandlungsgruppen bestand, wurden die Zwangsgedanken in der Behandlungsgruppe Verhaltenstherapie + Fluvoxamin signifikant stärker reduziert, verglichen mit der Behandlungsgruppe Verhaltenstherapie + Placebo. Eine Erklärung für die signifikante Überlegenheit der Kombination Verhaltenstherapie + Fluvoxamin, speziell bei den Zwangsgedanken, könnte sein, daß die Expositionsbehandlung eine sehr effektive Interventionsform für Zwangshandlungen ist, während die verhaltenstherapeutische Behandlung von Zwangsgedanken nach wie vor eine schwierige Herausforderung darstellt. Zwar stehen kognitive Techniken zur Verfügung, wobei zusätzlich das Expositionstraining mit Hilfe von Kassettenrekordern auch für Zwangsgedanken erfolgreich durchführbar ist (Salkovskis 1989). Andererseits ist der Behandlungserfolg bei Zwangsgedanken im Vergleich zu den Zwangshandlungen geringer. Die Ergebnisse dieser Studie weisen darauf hin, daß speziell bei der Behandlung von Zwangsgedanken die Kombination von Verhaltenstherapie mit einem Serotoninwiederaufnahmehemmer der alleinigen Verhaltenstherapie überlegen ist.

Eine zweite Fragestellung der Studie war zu untersuchen, ob die medikamentöse Behandlung einer sekundären Depression den Behandlungserfolg bezüglich der Zwangssymptomatik verbessert. Die Gruppe der Zwangspatienten, die zu Beginn der Behandlung einen hohen Depressionsscore – gemessen mit der Hamilton-Depressionsskala –

aufwiesen, zeigten im Vergleich zu den anderen Behandlungsgruppen eine signifikant schlechtere Reduktion ihrer Zwangssymptomatik gegen Ende der Behandlung, wenn sie lediglich mit Verhaltenstherapie und Placebo behandelt wurden. Dieses Ergebnis weist darauf hin, daß Patienten mit stark ausgeprägter sekundärer Depressivität von verhaltenstherapeutischen Interventionen nicht ausreichend profitieren können, solange die sekundäre Depression nicht adäquat behandelt wird.

Aus unseren Studienergebnissen läßt sich für die Behandlung der Zwangsstörung ableiten, daß eine differentielle Betrachtung des klinischen Syndroms eine differentielle Behandlungsstrategie ermöglicht. Beherrschen Zwangshandlungen das klinische Bild, steigert die zusätzliche Gabe eines Serotoninwiederaufnahmehemmers den Behandlungserfolg der Verhaltenstherapie nicht signifikant, d.h. die alleinige Verhaltenstherapie ist ausreichend effektiv. Leidet der Patient hauptsächlich unter Zwangsgedanken, erhöht die zusätzliche Gabe eines Serotoninwiederaufnahmehemmers zur Verhaltenstherapie den Behandlungserfolg signifikant. Die Kombinationsbehandlung erscheint vor allem dann indiziert, wenn eine stark ausgeprägte sekundäre Depression vorliegt. Als weitere Indikation für die Kombination von Psychotherapie mit einem Serotoninwiederaufnahmehemmer und einem Neuroleptikum wird in der Literatur das Vorliegen einer Tic-Störung zusätzlich zur Zwangserkrankung beschrieben, oder wenn die Zwangsgedanken den Charakter von überwertigen Ideen annehmen.

Aus den referierten Studien ergibt sich, daß die Hauptindikation für die zusätzliche Gabe eines Serotoninwiederaufnahmehemmers zur Psychotherapie in der Akutphase der Erkrankung liegt, bei der die Symptomreduktion im Vordergrund steht. Es gibt bislang praktisch keine methodisch befriedigenden Studien zu der Frage, inwieweit die langfristige Kombination eines Serotoninwiederaufnahmehemmers mit Verhaltenstherapie der alleinigen Verhaltenstherapie bei der Rückfallprophylaxe überlegen ist. Die Studienergebnisse von Cottraux et al. (1993) scheinen dagegen zu sprechen. Für eine abschließende Beurteilung ist die empirische Datenlage jedoch noch nicht ausreichend. Der Therapeut muß also im Einzelfall entscheiden, ob aus seiner klinischen Sicht eine langfristige Kombination von Pharmako- und Psychotherapie indiziert ist.

11. Zur Komorbidität von Zwangsstörungen und den daraus resultierenden Konsequenzen für die Therapie

Herbert Csef

Das Thema der Komorbiditäten hat für die Behandlung von Zwangsstörungen große therapeutische Relevanz aus folgenden Gründen:
- Die psychotherapeutische Ergebnisforschung hat gezeigt, daß sich bestimmte Komorbiditäten sehr ungünstig auf das Therapieergebnis auswirken können. Sie stellen einen negativen Therapie- und Verlaufsprädiktor dar.
- Komorbiditäten können Modifikationen der Behandlungstechnik oder des Gesamtbehandlungsplans erforderlich machen. Oft führen sie zu Kombinationstherapien, und zwar sowohl zur Kombination verschiedener Psychotherapieverfahren als auch zur Kombination von Psychotherapie und Psychopharmakotherapie.
- Die Komorbiditäten modifizieren den verbreiteten Grundsatz einer störungsspezifischen Intervention bei Zwangsstörungen. Die komplexe Symptomvielfalt erfordert oft Kombinationsbehandlungen.

Im ersten Teil werden die bedeutsamsten Komorbiditäten hinsichtlich ihrer klinischen Relevanz beschrieben. Die Komorbidität mit Persönlichkeitsstörungen und mit psychosomatischen Erkrankungen wird dabei ausführlicher dargelegt, da diese für das psychotherapeutische Procedere besondere Bedeutung haben.

Dann wird die Problematik der Komorbiditäten in ihren Folgen für die Behandlungstechnik an einem Fallbeispiel demonstriert (Anorexia nervosa und Zwangssymptome). Abschließend werden störungsspezifische Interventionen und Kombinationsbehandlungen bei vorliegenden Komorbiditäten diskutiert.

Ergebnisse der bisherigen Komorbiditätsforschung zu Zwangsstörungen

Das Phänomen der Komorbidität findet bei psychiatrischen und psychogenen Erkrankungen zunehmend großes Interesse. Die meisten empirischen Untersuchungen hierzu beziehen sich auf affektive Störungen und Angststörungen. Das DSM-IV fördert Komorbiditätsuntersuchungen durch sein multiaxiales Klassifikationssystem. Untersuchungen zur Komorbidität von Störungen auf Achse I und auf Achse II (Persönlichkeitsstörungen) standen anfangs im Vordergrund. In Komorbiditätsuntersuchungen zu Zwangsstörungen wurde das gleichzeitige Auftreten von Persönlichkeitsstörungen, affektiven Störungen und anderen Angststörungen untersucht (Black u. Noyes 1990). Die Komorbidität von Zwang und Depression ist sehr hoch. Der Zusammenhang von Zwang und Schizophrenie wurde in der psychiatrischen Forschung wiederholt beschrieben. Der Übergang von einer Zwangsstörung in eine Psychose wurde bei Kindern im Langzeitverlauf von Knölker (zit. bei Csef 1994b) bei 2–20% der Fälle beobachtet. Psychosomatische Krankheiten als Komorbidität der Zwangsstörung sind in der wissenschaftlichen Fachliteratur seit gut 100 Jahren sehr zahlreich beschrieben worden (Überblick bei Csef 1988, 1994b). In jüngster

Zeit finden zu diesem Thema besonders die motorischen Störungen (z.B. Tics) und die Eßstörungen Magersucht und Bulimia nervosa (Csef 1995, 1996) besonderes Forschungsinteresse.

Die klinische Relevanz der Komorbiditätsuntersuchungen bei Zwangsstörungen ergibt sich sowohl auf der diagnostischen als auch auf der therapeutischen Ebene. Auf der diagnostischen Ebene stellt sich die Frage der nosologischen Einordnung, wenn mehrere Störungen gleichzeitig auf der Symptomebene beobachtet werden oder wenn sie sich im Langzeitverlauf abwechseln (Syndromwandel). Auch auf der therapeutischen Ebene wirft die Komorbidität von Zwangsstörungen und anderen Störungen große Probleme auf, da sie die Frage der Therapieindikation berührt. Der Therapeut muß entscheiden, welches therapeutische Prinzip er für vorrangig hält, wenn mehrere Störungen auf der Achse I des DSM-IV vorliegen.

Komorbiditäten von Zwängen und Achse I-Störungen: Vom OCD zum OCSD

Die in den 80er Jahren durch das psychiatrische Klassifikationsschema DSM geförderten Komorbiditätsuntersuchungen erbrachten übereinstimmend, daß bestimmte Krankheitsbilder besonders häufig gemeinsam mit Zwangsstörungen auftreten. Die monosymptomatische Zwangsstörung scheint eher die Ausnahme als die Regel zu sein. In eigenen Komorbiditätsuntersuchungen (Csef 1988, 1994b) ergab sich, daß von den untersuchten 108 Zwangskranken nur 12% eine „stilreine" monosymptomatische Zwangsneurose aufwiesen. Komorbiditäten mit anderen neurotischen Störungen, psychosomatischen Symptombildungen oder Persönlichkeitsstörungen machten hingegen 88% der Fälle aus. Diese Ergebnisse wurden durch neuere Komorbiditätsuntersuchungen bestätigt. Einige Forscher (Hollander 1993, McElroy et al. 1994) im Bereich der Zwangsstörungen sprechen deshalb nicht mehr von OCD sondern von OCSD – Obsessive-Compulsive-Spectrum-Disorder. Im folgenden werden die häufigsten klinisch relevanten Komorbiditäten dargestellt, wie sie sich in Prävalenzraten nach DSM-IV-Kriterien ausdrücken (Tab. 11.1).

Tab. 11.1 Komorbidität der Zwangsstörung – Prävalenzraten in % nach DSM-IV-Kriterien			
	Rasmussen u. Eisen 1988 n = 100		Roncchi et al. 1992 n = 131
	gegenwärtig	Lifetime	gegenwärtig
Major Depression	31	67	32,3
Angststörungen (addiert)	24	54	5,4
Alkoholabusus	8	14	0
Eßstörungen (AN, BN)	8	17	3,8
Gilles-de-la-Tourette-Syndrom	5	7	0
Tics	–	–	12,3

Die „Major Depression" erwies sich in fast allen Komorbiditätsuntersuchungen als die häufigste Achse I-Komorbidität. In der psychiatrischen Forschung ist seit langem beschrieben, daß chronisch verlaufende Zwangsstörungen – vor allem nach gescheiterten Therapieversuchen – zu schweren Leidenszuständen führen können, in denen depressive Zielsymptome immer deutlicher werden. Die Depression kann durchaus Folge eines ungünstigen und langjährigen Krankheitsverlaufes sein.

Achse II-Störungen bei Zwangskranken: Persönlichkeitsstörungen als Komorbidität

Der psychopathologische und psychodynamische Zusammenhang von Zwangsstörungen und Persönlichkeitsstörungen ist seit mehr als 100 Jahren Gegenstand der Forschung. Sigmund Freud und die ihm nachfolgenden Psychoanalytiker haben sich besonders mit der psychodynamischen Differenzierung von „zwanghafter Persönlichkeitsstruktur (Zwangscharakter)", „zwanghafter Persönlichkeitsstörung" und „Zwangsneurose" beschäftigt. Wenn auch mit anderem wissenschaftstheoretischen Hintergrund, so erscheint doch auch im multiaxialen Klassifikationsschema DSM-IV die Dichotomie von „Zwangsstörung als Achse I-Störung" einerseits und „zwanghafter Persönlichkeitsstörung als Achse II-Störung" andererseits. Neuere Komorbiditätsuntersuchungen haben ergeben, daß nicht nur die zwanghafte Persönlichkeitsstörung, sondern das gesamte Spektrum der Persönlichkeitsstörungen nach DSM-IV als Komorbidität vorkommen (Baer et al. 1992, Ecker u. Dehmlow 1994, Mavissakalian et al. 1993, Roncchi et al. 1992, Winkelmann et al. 1994). Tabelle 11.2 zeigt die Häufigkeit von Achse II-Komorbiditäten nach DSM-IV-Kriterien.

Tab. 11.2 Zwang und Persönlichkeitsstörungen: Achse II–Komorbidität nach DSM-IV-Kriterien

	n	%
Baer et al. 1992	55	60
Mavissakalian et al. 1993	51	51
Roncchi et al. 1992	89	73
Winkelmann et al. 1994	31	65

Die Prävalenzraten liegen hierbei zwischen 50 und 70%. Diese Zahlen erscheinen etwas zu hoch angesetzt und sind sicherlich auch dadurch bedingt, daß in den in Tab. 11.2 genannten Komorbiditätsuntersuchungen Mehrfachdiagnosen auf Achse II zugelassen waren, so daß nicht selten pro Patient drei bis fünf Achse II-Störungen kodiert wurden. Diese „Inflation von Mehrfachdiagnosen" verzerrt die psychopathologische Befundlage nicht unwesentlich. Komorbiditätsuntersuchungen, die einen restriktiveren Gebrauch von Achse II-Diagnosen als Maßstab anlegten (z.B. Ecker u. Dehmlow 1994), ergaben insgesamt nur 15,2% Achse II-Diagnosen. Interessant ist, welche Subtypen von Persönlichkeitsstörungen bei Zwangsstörungen besonders häufig sind. Entsprechend der Einteilung in Cluster im DSM-IV zeigt sich nach dem bisherigen Forschungsstand folgende Tendenz:

➤   Am häufigsten ist die Komorbidität von Zwangsstörungen und Cluster C-Persönlichkeitsstörungen (zwanghafte, selbstunsichere und dependente Persönlichkeitsstörungen).

➤   Am zweithäufigsten sind Cluster B-Persönlichkeitsstörungen (besonders Borderline Persönlichkeitsstörungen, narzißtische und histrionische Persönlichkeitsstörungen).

➤   Am seltensten treten Cluster A-Persönlichkeitsstörungen (paranoide, schizoide und schizotypische Persönlichkeitsstörungen) gemeinsam mit Zwangsstörungen auf.

Die Komorbidität von Zwangsstörungen und Persönlichkeitsstörungen ist deshalb therapeutisch besonders relevant, weil diese Komorbiditäten wesentlich schlechtere Therapieergebnisse mit sich bringen (Reich u. Green 1991, Baer et al. 1992, Winkelmann et al. 1994). Das unten dargestellte Fallbeispiel unterstreicht nachdrücklich diesen in der Psychotherapieforschung erhobenen Befund. Interessant sind auch Ergebnisse, die zeigen, daß die Komorbiditäten von Zwangsstörungen und Persönlichkeitsstörungen massive intersubjektive Einschränkungen und negative interaktionelle Funktionalitäten mit sich bringen. Ecker u. Dehmlow (1994) konnten bei 178 Zwangskranken zeigen, daß die Zwangskranken mit Persönlichkeitsstörungen zu 66,7% ledig waren und immerhin 59,3% dauerhaft ohne Partner. Bei narzißtischen Persönlichkeitsstörungen waren sogar 90% dauerhaft ohne festen Lebenspartner. Die wissenschaftliche Literatur zu den Zwangsstörungen hat ergeben, daß Zwangskranke an sich viel häufiger Partnerbeziehungen vermeiden und ohne festen Partner leben, als dies bei anderen neurotischen Erkrankungen der Fall ist. Während beispielsweise bei den Angststörungen etwa 25% ohne festen Partner leben, sind dies bei Zwangskranken etwa 50%. Die Komorbidität mit Persönlichkeitsstörungen erhöht diesen Prozentsatz nochmals wesentlich, so daß offensichtlich die genannte Komorbidität zu einer massiven intersubjektiven Kommunikationseinschränkung, zu sozialer Isolation und zu Vereinsamung führt. Dies könnte erklären, warum diese Komorbidität ein signifikant schlechteres Therapieergebnis mit sich bringt.

Psychosomatische Erkrankungen als Komorbidität der Zwangsstörungen

In der wissenschaftlichen Erforschung der Zwangsstörungen waren Komorbiditäten mit psychosomatischen Krankheiten schon seit Jahrzehnten Gegenstand von Untersuchungen. Zwei Komorbiditäten sind besonders untersucht worden: Eßstörungen (Magersucht, Bulimia nervosa) und motorische Störungen (Tics, Torticollis spasticus, Schreibkrampf, Gilles-de-la-Tourette-Syndrom). Neuere neurobiologische Befunde weisen auf Gemeinsamkeiten dieser Störungen mit Zwangsstörungen hin (Hollander 1993, Csef 1996, Kapfhammer 1996).

Im Rahmen einer eigenen Untersuchung wurden fast 1000 wissenschaftliche Publikationen ausgewertet, die sich mit dem Zusammenhang von Zwang und psychosomatischen Erkrankungen auseinandersetzen. Die Literaturrecherche ergab dabei folgenden Gesamteindruck (Csef 1988):

Häufig erscheint der Zusammenhang von Zwang und

➤   Anorexia nervosa
➤   extrapyramidalen Bewegungsstörungen (Hyperkinesien) wie z.B. Schreibkrampf, Torticollis spasticus, Tics
➤   psychosomatischen Krankheiten des Magen-Darm-Traktes (funktionelle Magen-Darm-Störungen; Colitis ulcerosa; M. Crohn)
➤   psychosomatischen Herz-Kreislauf-Erkrankungen.

Im Vergleich dazu relativ selten ist in der Literatur der Zusammenhang von Zwang und

➤   funktionellen Sexualstörungen (z.B. Vaginismus, Ejaculatio praecox, Erektionsstörungen, Frigidität und Anorgasmie)
➤   psychosomatischen Symptombildungen des Urogenitalsystems
➤   psychosomatischen Hauterkrankungen (z.B. Neurodermitis)
➤   psychosomatischen Erkrankungen der Atmung (z.B. Asthma bronchiale, nervöses Atemsyndrom, Hyperventilationssyndrom).

In der eigenen empirischen Untersuchung an 108 Patienten mit Zwangsstörungen ergaben sich folgende Komorbiditäten (Tab. 11.**3**).

Tab. 11.3 Komorbidität von Zwangsstörungen und psychosomatischen Krankheiten bei 108 Zwangskranken (nach Csef 1988)

	n	%
Anorexia nervosa, Bulimia nervosa	13	12,0
Tics, Torticollis, Schreibkrampf	13	12,0
Ulcus pepticum	7	6,5
Colitis ulcerosa	2	1,9
M. Crohn	2	1,9
Asthma bronchiale	2	1,9
Essentielle Hypertonie	1	0,9
Neurodermitis	1	0,9
Rheumatoide Arthritis	1	0,9

In den letzten 50 Jahren gibt es zahlreiche psychosomatische Untersuchungen zum Zusammenhang von Zwang und Magersucht (Csef 1994, 1995). Die Bulimia nervosa, die in der wissenschaftlichen Forschung erst seit etwa 1980 als eigenständige Diagnose etabliert ist, hat in jüngster Zeit besonderes Interesse gefunden. Dies wird durch zahlreiche Interventionsstudien unterstrichen. Sie konnten zeigen, daß selektive Serotonin-wiederaufnahmehemmer (Selective Serotonin Reuptake Inhibitors, SSRI) sowohl bei Zwangsstörungen als auch bei der Bulimia nervosa sehr effektiv sind und vermutlich neurobiologische Gemeinsamkeiten haben (Überblick bei Csef 1996). Beide Krankheitsbilder haben mit dem Phänomen der Impulsstörung ein sie verbindendes Charakteristikum.

Auswirkungen von Komorbiditäten auf das Therapieergebnis

Bestimmte Komorbiditäten können sich sehr ungünstig auf das Therapieergebnis auswirken und stellen dann einen negativen Therapie- und Verlaufsprädiktor dar. Einige entsprechende Psychotherapiestudien konnten hier zeigen, daß die Erfolgsrate von Psychotherapie signifikant reduziert ist, wenn folgende Komorbiditäten vorliegen:

➤   Komorbidität von Zwangsstörung und Persönlichkeitsstörung (Reich u. Green 1991, Baer et al. 1992, Winkelmann et al. 1994)
➤   Komorbidität von Zwangsstörung und Anorexia nervosa (Übersicht bei Csef 1995)
➤   Komorbidität von Zwangsstörung und schwerer Depression (Foa 1979).

In einer neueren Studie berichteten Jenike et al. (1991) über therapierefraktäre Zwangskranke, bei denen schließlich als ultima ratio eine neurochirurgische Operation (Cingulotomie) durchgeführt wurde. Die Autoren gingen dabei auf die bestehenden Komorbiditäten ein. Von den 33 cingulotomierten Zwangskranken hatten 26 Depressionen. Foa (1979) wies nach, daß bei schwer Depressiven die spezifischen verhaltenstherapeutischen Interventionen weniger wirksam sind. Bei depressiven Zwangskranken mit negativem Psychotherapieergebnis stellt sich die Frage, ob eine adäquate antidepressive Pharmakotherapie durchgeführt wurde. Daß die Komorbidität von Zwang und Depression trotz intensivster Ausschöpfung aller bisher etablierten Therapiemöglichkeiten refraktär bleiben kann, wird durch die Studie von Jenike et al. (1991) nachhaltig belegt.

Modifikationen der Behandlungstechnik

Die Komorbidität von zwei an sich schon gravierenden psychischen Störungen hat prognostische und behandlungstechnische Konsequenzen. Für den Langzeitverlauf ist von großer klinischer Relevanz, welches Syndrom die größere Persistenz und den größeren Grad an symptombezogener oder psychosozialer Beeinträchtigung hat. Die Behandlungstechnik einer Komorbidität von Anorexia nervosa und Zwangsstörung unterscheidet sich wesentlich von der einer monosymptomatischen Zwangsstörung. Je stärker das Untergewicht ist, desto mehr steht die Behandlung unter dem „Primat des Somatischen". Dann prägt die Verlaufsdynamik der Magersucht den Therapieprozeß (Csef 1997). Unter dem Aspekt störungsspezifischer Therapieansätze wirft eine derartige Komorbidität die Frage auf, ob primär die Eßstörung oder die Zwangsstörung „störungsspezifisch" behandelt wird. Diese Problematik soll am folgenden Fallbeispiel verdeutlicht werden:

Symptomatik

Die Patientin (21 Jahre alt, Germanistikstudentin) berichtet über vielfältige Zwangssymptome, und zwar sowohl Zwangsgedanken als auch Zwangshandlungen: Die Zwangsgedanken beziehen sich überwiegend auf Verschmutzung, Kontamination, Ausscheidungsvorgänge und Krankheiten. In ihrer Vorstellung habe sie zwei strikt getrennte Welten: Eine saubere, reine Welt und eine schmutzige und eklige Welt. Viele Lebensbereiche seien von diesen Gedanken besetzt, insbesondere ihr eigener Körper, die Ausscheidungsvorgänge, die Toilette, die Küche, aber potentiell auch jede Türklinke, der Sitz eines Omnibusses oder fremde Kleider. Diese Vorstellungen führen zur Zwangsbefürchtung, sie könnte beschmutzt oder mit Krankheitserregern angesteckt werden. Auf der emotionalen Ebene sind diese Vorstellungen mit starken Ekelgefühlen und Aversionen verknüpft.

Die geschilderten Zwangsgedanken ziehen eine Reihe von Zwangshandlungen nach sich, insbesondere Wasch-, Putz- und Reinigungszwänge. Die Toilette sei bei ihr der absolut sauberste Ort des Hauses, der in mehrmaligen täglichen Reinigungsritualen „blitz-blank" gehalten werde. Ihre Kosten für Kleiderreinigung seien wegen der erwähnten Zwangsbefürchtungen sehr hoch. Die übertriebene Beschäftigung mit den emotional negativ besetzten Ausscheidungsvorgängen führe dazu, daß sie ihre Genital- und Analregion häufig waschen müsse. Das Wort „Desinfektionsmittel" habe für sie fast eine Zauberwirkung und entsprechend hoch sei ihr Verbrauch. Sie habe Vorstellungen, in ihrem Körper sei etwas Schmutziges oder Schlechtes. Sie unterscheide auch gute und schlechte Nahrungsmittel und mache regelmäßig „Entschlackungskuren", um das Schlechte aus ihrem Körper loszuwerden. Ihren Stuhlgang beobachte sie besonders kritisch. Sie sei wiederholt wegen Darmbeschwerden bei Gastroenterologen in Behandlung gewesen. Auf ihr Drängen und ihre wiederholt geäußerte Angst hin, es könne etwas „Bösartiges" in ihrem Darm sein, seien bereits zwei Darmspiegelungen durchgeführt worden. Die mitgebrachten Arztbriefe enthielten übereinstimmend die Diagnose „Reizdarmsyndrom" (Colon irritabile). Ihre gesamte Lebensgestaltung sei sehr zwanghaft und perfektionistisch, weshalb es mit ihrem Freund, der ebenfalls Student sei, regelmäßig heftige Auseinandersetzungen gebe. Er halte die von ihr aufgestellten Reinlichkeitskriterien nicht ein. Wenn er ihrem Eindruck nach „nicht sauber genug" sei, lehne sie konsequent Zärtlichkeiten und Geschlechtsverkehr ab. Nicht nur bei Sauberkeit und Ordnung sei sie zwanghaft, alles sei geregelt und müsse rigide eingehalten werden. Was sie furchtbar hasse, seien unpünktliche, unzuverlässige oder „zu spontane" Menschen.

Zusätzlich zur Zwangssymptomatik hat die Patientin eine manifeste Eßstörung. Sie hatte bereits im 15. Lebensjahr eine Magersucht. Derzeit sei sie nur leicht untergewichtig. Sie habe aber regelmäßig Freßanfälle und erzeuge manchmal selbst induziertes Erbrechen. Die Patientin erfüllt aktuell hinsichtlich des Körpergewichts nicht die Diagnosekriterien der Anorexia nervosa, jedoch die einer Bulimia nervosa.

Entwicklung der Symptomatik

Sowohl die Zwangssymptome als auch die Eßstörungen hätten im 15. Lebensjahr begonnen. Sie habe sich damals zu dick gefühlt und wollte schlanker sein. Durch Nahrungsrestriktion habe sie von 59 auf 39 kg abgenommen. Damals habe sie nie erbrochen. Es handelte sich also um eine rein restriktive Form der Anorexia nervosa. Noch im 15. Lebensjahr wurde wegen der Magersucht eine stationäre Psychotherapie durchgeführt, die zu einer Normalisierung des Körpergewichts führte. Die sekundäre Amenorrhoe blieb jedoch in dem jetzt sechsjährigen Krankheitsverlauf dauerhaft bestehen, ebenso das abnorme Eßverhalten, das sich phänomenologisch jedoch von einem restriktiven in ein bulimisches Eßverhalten wandelte. Während der stationären Psychotherapie hätten die Zwänge zwar auch schon bestanden, allerdings nicht so ausgeprägt wie heute. Die damalige stationäre Psychotherapie habe sich ganz auf die Eßstörung konzentriert. Die damals bereits bestehenden Zwänge seien nicht Gegenstand der Behandlung gewesen.

Biographischer Hintergrund

Die Patientin beschreibt sich als erstes Kind eines Arbeiterehepaares, sie sei vorehelich geboren. Mit ihrer jüngeren Schwester habe sie stark rivalisiert, weil sie immer geglaubt habe, die Schwester werde von der Mutter mehr geliebt als sie selbst. Der Vater sei von Beruf Schlosser, habe immer etwas zu tun und sei ein „Arbeitstier", das nur die Arbeit kennt. Er arbeite oft schwarz auf Baustellen und sei fast nie zu Hause. Am Wochenende habe sie den Vater als pedantisch und herrschsüchtig erlebt. Er sei sehr streng und habe die Kinder oft geschlagen, wenn sie nicht artig waren. Die Mutter habe sich ihm vollkommen unterworfen. Sie selbst habe den Vater wegen seiner „primitiven Art" abgelehnt, wegen seiner körperlichen Gewalt oft gehaßt. Schon bald habe sie sich ihm geistig überlegen gefühlt, was nach dem Übertritt auf das Gymnasium von Jahr zu Jahr zunahm. Aktuell sei die Differenz im intellektuellen Niveau ein ständiger Stein des Anstoßes, der bei den wenigen Besuchen im Elternhaus virulent werde. Sie hätten einfach immer vollkommen gegensätzliche Positionen und verstrickten sich dann in unfruchtbare Diskussionen, nach denen sich beide unverstanden fühlten und sagten: „Es hat ohnehin keinen Sinn, mit Dir zu reden". Kürzlich habe ihr Vater sie sogar geschlagen, obwohl sie schon volljährig war. Ihr Vater lese regelmäßig die „Bildzeitung" und sie habe sich darüber lustig gemacht, worauf der Vater „explodierte". Hierzu die Patientin: „Das hat ihn mächtig auf die Palme gebracht, da mußte er mir als Studentin mal zeigen, daß er der Stärkere ist, auch wenn ich ihm geistig überlegen bin."

Die stark affektiv geladene und hochambivalente Beziehung zum Vater überdeckt offensichtlich die Mutter-Tochter-Beziehung. Sie kommt in den Spontanschilderungen fast gar nicht vor. Erst auf konkretes Nachfragen berichtet die Patientin, daß die Mutter eigentlich ein gutmütiger und warmherziger Mensch sei, „gefühlsbetont und weich". Allerdings fügt sie gleich hinzu: „Ich würde mich nie so unterdrücken lassen wie meine Mutter!"

Aktuelle Lebenssituation

Die Patientin studiert Germanistik und wohnt mit ihrem Freund zusammen, den sie im Studium kennengelernt hat und der ebenfalls Germanistik studiert. Die Partnerbeziehung sei leider sehr problembeladen. Es gebe drei Hauptproblemfelder: Sexuelle Probleme; im Alltag häufige Auseinandersetzungen wegen „Ordnung und Sauberkeit"; Kritik des Freundes wegen ihres Eßverhaltens („Freßanfälle" und Erbrechen). Eigentlich gebe es in der Beziehung auch viel Positives. Hierzu die Patientin: „Ich habe mich noch nie so stark auf einen Mann eingelassen wie ihn, und ich glaube gar, daß ich ihn liebe, aber mit den drei Konfliktherden werden wir einfach nicht fertig". Sie habe bereits wegen ihrer Eßstörung massive Selbstwertprobleme. Durch die anhaltende sekundäre Amenorrhoe fühle sie sich zusätzlich „nicht als vollwertige Frau". Die Sexualität zwischen Mann und Frau sei für sie – dem Vorbild der Eltern entsprechend – vollkommen negativ besetzt gewesen: Klagen der Mutter über ihre voreheliche Geburt, Schuldgefühle, entwertende Bemerkungen des Vaters über Frauen. Entsprechend ihrer zwanghaften Vorstellungswelt gehörte die Sexualität schon vor dem ersten Geschlechtsverkehr zum Bereich des „Schmutzigen". Ihre Zwangsgedanken und das zwanghafte Reinigen der Genitalregion unterstreichen dies. Vor dem ersten Geschlechtsverkehr hatte sie viel Angst. Beim Vollzug desselben erlebte sie damals massive Ekelgefühle. Insgesamt sei die Sexualität gebessert. Die Angst und Ekelgefühle habe sie jetzt nicht mehr, aber sie habe das Gefühl „daß ich noch nie einen richtigen Orgasmus gehabt habe".

Erörterung der Therapieoptionen

Mit der Patientin wurden folgende prinzipielle Therapieansätze diskutiert: Stationäre Psychotherapie mit anschließender ambulanter Gruppentherapie, ambulante Einzeltherapie und ambulante Paar- und Sexualtherapie.
Die Patientin entschied sich für eine stationäre Psychotherapie und nannte als vorrangiges Therapieziel die Behandlung der Eßstörung.

Therapieverlauf

Die stationäre Psychotherapie erfolgte in einer verhaltenstherapeutischen Fachklinik, die mit dem Schwerpunkt „Therapie von Eßstörungen" arbeitet. Die stationäre Behandlung dauerte 13 Wochen. Bei der Entlassung hatte die Patientin Normalgewicht. „Freßanfälle" und selbstinduziertes Erbrechen traten nicht mehr auf. Dem Entlassungsbericht der Klinik zufolge wurden keine störungsspezifischen Interventionen zur Reduktion der Zwangssymptomatik durchgeführt. Der erste Therapieschritt einer stationären Verhaltenstherapie führte zur deutlichen Besserung der Eßstörung. Weiterhin bestanden auf der Symptomebene die vielgestaltigen Zwangssymptome, die Sexualstörung und die erheblichen intersubjektiven Probleme der Partnerbeziehung. Die Patientin stellte sich bereits kurz nach ihrer Entlassung aus der Klinik ambulant vor, um die im Therapieplan anvisierte ambulante Weiterbehandlung in Form einer psychodynamischen Gruppentherapie aufzunehmen. Als Therapieziele nannte die Patientin die Besserung der Zwangssymptomatik und der Partnerbeziehung. Im Verlauf der Gruppentherapie, die bei zumeist einer Sitzung pro Woche dreieinhalb Jahre dauerte (insgesamt 110 Sitzungen), trennte sich die Patientin von ihrem Partner. In der Gruppeninteraktion war deutlich geworden, daß die noch bestehenden Zwangshandlungen die Funktion hatten, den Partner zu kontrollieren, auf Distanz zu halten und im gewissen Maße auch zu tyrannisieren. Zeitweise standen sie unverstellt im Dienste der Sexualabwehr („Sex gibt es nur, wenn du meine Sauberkeitskriterien erfüllst!"). Noch während der Gruppentherapie lernte die Patientin einen etwa gleichaltrigen Bankkaufmann kennen. Diese Partnerbeziehung blieb langfristig über den Verlauf der Gruppentherapie hinaus bestehen. Die oben beschriebenen Hauptkonflikte der vorhergehenden Partnerbeziehung konstellierten sich nur ansatzweise in der neuen Partnerbeziehung (Eßstörungen waren nicht mehr Streitthema der Partnerbeziehung, partnerschaftliche Sexualität entwickelte sich unter günstigeren Vorzeichen). Am deutlichsten waren im Gruppenprozeß hinsichtlich der „alten Probleme" noch die Auseinandersetzungen mit dem Partner über Ordnung, Pünktlichkeit, Sauberkeit. Diese konnten jedoch in der Gruppe konstruktiv bearbeitet werden.

Komorbiditäten beeinflussen wesentlich die Behandlungstechnik, den Therapieprozeß und das Therapieergebnis. Deshalb sollten bei gegebenen Komorbiditäten folgende Überlegungen im Behandlungsplan Berücksichtigung finden:

- ➤ sorgfältige Evaluation von Achse I- und Achse II-Komorbiditäten vor Therapiebeginn
- ➤ Festlegung, welche Störung in welchem Therapieansatz primär behandelt wird
- ➤ Klärung der Frage, ob Kombinationstherapien sinnvoll sind, z.B. Kombination von Pharmakotherapie und Psychotherapie oder Kombination verschiedener Psychotherapieverfahren (z.B. Kombination von Verhaltenstherapie und Familientherapie bei Komorbidität von Zwangsstörung und Anorexia nervosa)
- ➤ kritische Reflexion der Reichweite störungsspezifischer Therapieansätze bei komplexen multisymptomatischen Störungen mit hohem Chronifizierungsgrad (z.B. Borderline-Syndrome)
- ➤ Komorbidität von Zwangsstörungen und psychosomatischen Erkrankungen wie z.B. M. Crohn, Colitis ulcerosa, Asthma bronchiale oder essentieller Hypertonie. Sie erfordern meist Kombinationstherapien, bei denen die interdisziplinäre Kooperation von Psychotherapeut und Internist wichtig ist. Gestörte Organfunktionen können zum Inhalt von Zwangsbefürchtungen werden (z.B. Durchfälle bei Colitis ulcerosa)
- ➤ psychische und psychosomatische Nebenwirkungen von Pharmakotherapien (z.B. Erektionsstörungen bei Betablocker-Therapie der Hypertonie, psychische Effekte der sehr verbreiteten Cortison-Therapie).

Störungsspezifische Interventionen und Kombinationsbehandlungen

In der Psychotherapieforschung haben jene Therapieansätze methodische Vorteile, die für spezifische Interventionen spezifische Therapieeffekte nachweisen können. In der Versorgungspraxis hingegen liegt eine Vielfalt der Therapiemöglichkeiten vor, so daß Kombinationsbehandlungen eher die Regel als die Ausnahme sind. Wie das obige Fallbeispiel zeigt, können Komorbiditäten ein plausibler Grund sein, weshalb Kombinationsbehandlungen eingeleitet werden. Der zunehmende Einsatz von Psychopharmaka wie Clomipramin oder Serotoninwiederaufnahmehemmern bei Zwangskranken verdeutlichen, daß in der Versorgungspraxis sehr häufig die Kombinationsbehandlung „Pharmakotherapie plus Psychotherapie" vorkommt (siehe Kapitel 10). Multimodale Therapiesettings sind ein weiterer Grund für Kombinationsbehandlungen, in denen sich störungsspezifische und relativ unspezifische Wirkfaktoren ergänzen. Dieser Trend betrifft alle Therapierichtungen. Sowohl die analytische Psychotherapie als auch die Verhaltenstherapie bevorzugen im stationären Setting ein Therapieprogramm, das ein ganzes Bündel von spezifischen und unspezifischen Interventionen enthält. Winkelmann u. Hohagen (1995) haben ihr Konzept einer stationären Verhaltenstherapie der Zwangsstörungen vorgestellt, in dem die störungsspezifischen Einzelinterventionen durch eine große Vielfalt von unspezifischen Gruppenmethoden ergänzt werden (siehe Kapitel 9).

Im einzelnen haben folgende Kombinationsbehandlungen in der aktuellen Versorgungspraxis von Zwangskranken klinische Relevanz:

➤   Kombination von Pharmakotherapie und Psychotherapie
➤   Kombination verschiedenster spezifischer und unspezifischer Interventionen in der stationären Psychotherapie (multimodale Therapieprogramme)
➤   Kombination von stationärer und ambulanter Psychotherapie
➤   Kombination einzelner Psychotherapieverfahren (z.b. Kombination von Einzel- und Gruppentherapie)
➤   Kombination von Psychotherapieverfahren unterschiedlicher Richtungen (z.b. Verhaltenstherapie und Familientherapie).

Eine praktisch relevante Frage bei Kombinationsbehandlungen ist jene, ob die kombinierten Verfahren gleichzeitig oder alternierend angewendet werden, ob ein therapiefreies Intervall besteht und wie lange dieses dauert. Die stationären Kombinationsbehandlungen erfolgen meist gleichzeitig, oft auch die Kombination von Pharmakotherapie und Psychotherapie. Im ambulanten Setting erfolgt die Kombination verschiedener Psychotherapieverfahren oft in einer bestimmten zeitlichen Sequenz.

Die Vielfalt der Therapieansätze und Kombinationsbehandlungen macht es erforderlich, daß Therapeut und Patient die Frage der Therapiemöglichkeiten und der differentiellen Therapieindikation ausführlich besprechen. Es ist für den Therapieprozeß entscheidend, daß zwischen Therapeut und Patient über das therapeutische Procedere ein tragfähiger Konsens besteht und sie darauf aufbauend optimal kooperieren.

12. Zur Frage der Indikation ambulanter oder stationärer Psychotherapie bei Zwangsstörungen

Hinrich Bents, Thomas Dirscherl, Susanne Weißenberger

Generell gilt für die psychotherapeutische Behandlung von Zwangserkrankungen die Empfehlung, die Behandlung ambulant durchzuführen, um eine möglichst hohe Alltagsnähe der diagnostischen und therapeutischen Maßnahmen zu gewährleisten. Dennoch können bestimmte Störungsmerkmale und geplante Interventionen im Einzelfall eine stationäre Behandlung indizieren. In diesem Kapitel werden spezifische Merkmale von Zwangsstörungen, aber auch einzelne Elemente des Behandlungsprozesses daraufhin untersucht, ob sie als Indikatoren für eine ambulante oder stationäre Durchführung der Psychotherapie geeignet sind.

Obwohl sich die Exposition mit Reaktionsverhinderung in der psychotherapeutischen Behandlung von Zwangserkrankungen in zahlreichen Studien als hoch wirksam erwiesen hat (Grawe, Donati u. Bernauer 1994), gilt die Psychotherapie von Zwangspatienten weiterhin als schwierig und nicht selten frustrierend für Patienten wie für Therapeuten. Dies kann zum einen auf unzureichende Änderungsmotivation und Compliance der Patienten und auf Probleme in der therapeutischen Beziehungsgestaltung zurückgeführt werden (Hoffmann 1994b), zum anderen sind es nicht selten sehr konkrete Schwierigkeiten in der Therapiedurchführung, die eine fachgerechte Anwendung von Expositionsverfahren erschweren. Der vorgegebene Zeitrahmen einer ambulanten Praxis ist möglicherweise nicht ausreichend für eine Konfrontationsübung lege artis, oder die klinische Routine eines Stationsalltags erlaubt keine konsequente Reaktionsverhinderung. Dies sind nur zwei Beispiele, die zugleich die beiden wichtigsten Rahmenbedingungen nennen, unter denen heute professionelle Psychotherapie bei Zwangspatienten durchgeführt wird: Zum einen die ambulante psychotherapeutische Praxis, in der Patienten für eine Dauer von jeweils 50 Minuten in zumeist wöchentlichen Gesprächskontakten behandelt werden; zum anderen stationäre Behandlungseinrichtungen, im deutschsprachigen Raum überwiegend psychosomatische Fachkliniken oder psychiatrische Kliniken, in denen Patienten mit Zwangserkrankungen psychotherapeutisch (zumeist in Kombination mit Pharmakotherapie und anderen Angeboten wie Beschäftigungstherapie, Soziotherapie etc.) behandelt werden. Wir möchten für unsere Fragestellung beide Behandlungsrahmen weiter eingrenzen auf Institutionen, die für die Behandlung von Zwangsstörungen eingerichtet sind: ambulante Praxen, deren Mitarbeiter über entsprechendes störungsspezifisches Wissen und Therapieerfahrung verfügen und Kliniken, die zumindest eine psychotherapeutische Abteilung oder Station eingerichtet haben, auf der regelmäßig Zwangspatienten mit einem auf die Störung ausgerichteten Behandlungskonzept therapiert werden.

Weil das reale Lebensmilieu des Patienten, der unter Zwangsstörungen leidet, eine so wesentliche Rolle in der Aufrechterhaltung und deshalb auch in der Veränderung der Problematik spielt, wird in Lehrbüchern zur Psychotherapie von Zwangsstörungen eindeutig die ambulante Behandlung favorisiert (Rachman u. Hodgson 1980, Reinecker 1994, Riggs u. Foa 1993, Salkovskis u. Kirk 1996). Doch gilt dies wirklich generell? Gibt es nicht bestimmte Störungsmerkmale, die eine stationäre Therapie indizieren? Und lassen sich bestimmte Therapieelemente vielleicht besser im ambulanten Setting, andere wiederum besser im stationären Rahmen anwenden? Es gibt bisher keine kontrollierten Untersuchungen, welche die besonderen Vor- und Nachteile ambulanter oder stationärer Behandlung nachgewiesen hätten. Hier sind wir auf klinische Erfahrungen, Einzeluntersuchungen und die Plausibilität unserer Analysen angewiesen.

Störungsmerkmale

Neben diagnostischen Einteilungen sind es Faktoren wie die Art und Schwere der Störung, das Vorliegen weiterer Erkrankungen, das Vorhandensein oder das Fehlen von psychosozialen Ressourcen, die Bedeutung des familiären und sozialen Kontextes sowie die Änderungsmotivation und schließlich die Vorgeschichte der Zwangserkrankung, welche die individuelle Besonderheit des Einzelfalls ausmachen und bei der Entscheidung helfen können, ob ein ambulanter oder stationärer Behandlungsrahmen für die Psychotherapie, insbesondere die Expositionstherapie der Zwangsstörung, indiziert ist.

Art der Zwangsstörung

In den neueren Diagnosesystemen ICD-10 (WHO 1991) und DSM-IV (APA 1994) stellt die Unterscheidung des klinischen Zustandsbildes in Zwangshandlungen und Zwangsgedanken ein wichtiges diagnostisches Kriterium dar; Handlungszwänge werden außerdem häufig in Wasch- und Kontrollzwänge differenziert. In der klinischen Praxis sind Patienten mit reinen Zwangsgedanken oder -handlungen jedoch eher selten anzutreffen, auch weisen viele Patienten mit Handlungszwängen sowohl Wasch- als auch Kontrollzwänge auf, was eine eindeutige diagnostische Zuordnung erschwert. Epidemiologische Studien verweisen zudem auf Vermischungen mit weiteren zwanghaften Verhaltensweisen wie z.B. Zählzwängen, Sammel- und Hortzwängen (Frost u. Hartl 1996) sowie primärer zwanghafter Langsamkeit (Rachman u. Hodgson 1980).

Schon die eindeutige klassifikatorische Zuordnung des klinischen Zustandsbildes scheint also im Einzelfall nicht immer leicht zu realisieren. Und selbst wenn die Befunde die Diagnose eines „reinen" Waschzwanges rechtfertigen sollten, sind es oft zusätzliche Variablen wie z.B. die Einbindung von Familienangehörigen in das Zwangssystem oder die mit einem Waschzwang verbundenen Folgeprobleme (z.B. Hauterosionen, gestörter Schlafrhythmus, schwere depressive Störungen), die eher für die Wahl des Behandlungsrahmens entscheidend sind. Diese Bedingungen müssen in einer ausführlichen Problem- und Bedingungsanalyse identifiziert werden (Schulte 1996, Tillmanns u. Tillmanns 1992), bevor ein individueller Therapieplan entworfen werden kann, der letztlich auch die Indikation für einen ambulanten oder stationären Behandlungsrahmen umfaßt. Allein die Art der Zwangsstörung liefert hier keine hinreichende Indikation.

Schwere der Zwangsstörung

Die Schwere einer Zwangsstörung läßt sich nicht auf nur einer Dimension abbilden, sondern ist unter mehreren Aspekten zu betrachten: Bei Patienten mit Zwangsstörungen finden sich oft erhebliche Beeinträchtigungen im familiären und sozialen Umfeld, wenn z.B. die Familienmitglieder eines Zwangspatienten in die ausgedehnten Rituale eingebunden und somit in ihrer eigenen Lebensführung stark beschränkt sind. Hier kann eine stationäre Behandlung kurzfristig erhebliche Entlastung der Familie bewirken. Körperliche und psychosoziale Folgeschäden (z.B. Hautverletzungen bei Waschzwängen, Depressionen, soziale Isolation) können ebenfalls eine Indikation für eine kurzfristige Entlastung durch stationäre Therapie sein, in diesem Fall für den Patienten selbst. Diese hält zwar in der Regel nicht länger als einige Tage an, reicht aber manchmal aus, um zumindest die ärgsten Folgeschäden etwas zu lindern. Wenn aufgrund subjektiven Leidensdrucks die Handlungsorientierung des Patienten stark ausgeprägt ist, kann im Einzelfall eine stationäre Therapie durch ihre Möglichkeiten, schnell Veränderungen herbeizuführen, von Vorteil sein. Grundsätzlich sollte jedoch auch der ambulant arbeitende Therapeut in der Lage sein, durch gezielte Motivationsarbeit eine positive Änderungserwartung zu induzieren und für den weiteren therapeutischen Prozeß nutzbar zu machen. Überwertige Ideen bei Zwangspatienten, also die Überzeugung, daß bestimmte Ansprüche an Reinheit oder Kontrolle unbedingt richtig sind, gelten als prognostisch ungünstiger Faktor für die Psychotherapie von Zwangsstörungen (Foa 1979). Sie sind deshalb in der motivationalen Vorbereitung des Patienten besonders zu berücksichtigen. Hier kann sich ein stationärer Behandlungsrahmen als vorteilhaft erweisen, weil der Patient durch Vergleich mit Sichtweisen anderer Patienten möglicherweise therapeutisch günstige Möglichkeiten findet, eigene Überzeugungen zu relativieren. Dieser Prozeß sollte jedoch im Behandlungskonzept der Klinik therapeutisch auch nutzbar gemacht werden können, z.B. im Rahmen störungsspezifischer Gruppentherapien. Ansonsten kann der „außertherapeutische" Kontakt mit alternativen Sichtweisen auch zu Reaktanzbildung und letztlich Festigung der überwertigen Ideen führen. Wenn die situativen Bedingungen, unter denen Zwangsgedanken oder -handlungen auftreten, diffus und veränderbar erscheinen, sind die Zwangsrituale häufig massiver und für den Patienten wie für den Therapeuten schlechter vorhersehbar. Diese „Unschärfe" der auslösenden Stimuli (Kozak, Foa u. McCarthy 1988) kann insbesondere die Durchführung effektiver Expositionen erschweren. In solchen Fällen sind eine genaue Verhaltensanalyse und eine stringente Situationskontrolle während der Expositionsübung besonders wichtig für den Therapieerfolg. Sorgfältige Verhaltensanalyse und Situationskontrolle sind prinzipiell im ambulanten wie im stationären Setting zu realisieren; indikative Kriterien für die Wahl zwischen ambulanter und stationärer Therapie ergeben sich aus diesem Störungsmerkmal nicht.

Die Schwere der Zwangsstörung ist also differenziert zu betrachten, damit sie als indikatives Kriterium für das Behandlungssetting taugt: Soziale und körperliche Beeinträchtigungen können kurzfristig durch stationäre Maßnahmen reduziert werden; ebenso kann der mit einer stationären Aufnahme verbundene Ortswechsel bei extremer sozialer und situativer Einbettung des Zwanges kurzfristig den Einsatz gezielter Interventionen erleichtern. Überwertige Ideen sind im stationären Setting manchmal leichter zu relativieren, bei geeigneten kognitiven Interventionen aber auch im ambulanten Rahmen gut veränderbar. Subjektiver Leidensdruck, Veränderungserwartungen und situative Kontrolle der Zwangsimpulse stellen dagegen keine trennscharfen Entscheidungskriterien für eine ambulante oder stationäre Therapie dar.

Komorbidität

Bei einer Vielzahl von Zwangspatienten treten im Rahmen der diagnostischen Untersuchung neben der eigentlichen Zwangssymptomatik weitere psychopathologische Zustandsbilder zutage. Nahezu ein Drittel der Zwangspatienten erfüllt die Kriterien für eine primäre affektive Störung (Baer 1994). Untersuchungen zur zeitlichen Abfolge haben ergeben, daß depressive Verstimmungszustände in drei Viertel der Fälle eine Folgesymptomatik der Zwangserkrankung darstellen (Black u. Noyes 1990). In epidemiologischen Studien wird zudem ein nosologischer Zusammenhang zwischen Zwangsstörungen und verschiedenen Angsterkrankungen, Tic-Störungen, Magersucht sowie Alkohol- und Medikamentenabusus nahegelegt (Überblick bei Reinecker 1994; siehe auch Kapitel 11).

Schwere depressive Zustände, seien sie Folge, Koinzidenz oder Bedingung der Zwangsstörung, können eine stationäre Behandlung erfordern, insbesondere wenn Hinweise auf akute Suizidalität vorliegen. Auch ein Suchtmittelmißbrauch oder stoffliche Abhängigkeiten können eine stationäre Aufnahme erforderlich machen. Das gleiche Entscheidungsargument gilt für die anderen genannten Erkrankungen, die für sich genommen durchaus einen Klinikaufenthalt begründen können. Jedoch ist zu bedenken, daß allein die Tatsache, daß ein Zwangspatient zugleich auch unter anderen (somatischen oder psychischen) Störungen leidet, keine zwingende Indikation für eine stationäre Behandlung darstellt, denn alle genannten Komorbiditäten sind für sich genommen und auch in Kombination mit der Zwangsstörung durchaus erfolgreich ambulant zu behandeln. Insoweit kann die Frage der Indikation für ambulante oder stationäre Maßnahmen nicht von der Existenz komorbider Störungen allein abhängig gemacht werden, sondern es sollte sorgfältig geprüft werden, ob die weiteren Erkrankungen wirklich die Durchführung einer stationären Versorgung indizieren, z.b. im Sinne einer Krisenintervention.

Ressourcen

Auch wenn die meisten Patienten mit Zwangsstörungen trotz eindrücklicher Symptomatik oft erstaunlich gut in der Lage sind, ihren komplizierten Alltag zu organisieren, ist doch bei vielen, insbesondere nach längerer Krankheitsdauer, das Repertoire an Ressourcen erheblich eingeschränkt: Die soziale Interaktion und Beziehungsgestaltung ist überwiegend durch Kontrollmotive, zwangstypische Befürchtungen und Schuldgefühle geprägt, und Mißtrauen gegenüber dem, „was andere denken könnten", nährt Verheimlichungs- und Isolationstendenzen (Marks 1987). Oft finden sich als Folge der langdauernden Isolation, nicht selten auch unabhängig oder als Bedingung von Zwangsstörungen, Defizite im Bereich sozialer Kompetenz. Hierzu gehören z.B. die Kommunikation „peinlicher" Inhalte, Fertigkeiten zur Konfliktbewältigung, Strategien zur Artikulation und Durchsetzung eigener Bedürfnisse usw. Schließlich ist der Grad der sozialen Integration als weitere, oft reduzierte, Ressource zu nennen: Mit zunehmender Einschränkung sozialer Kontakte auf engste Familienangehörige bis hin zu völliger sozialer Isolation des einzelnen Patienten verfestigt sich die Zwangsproblematik, indem alternative Erfahrungen und interferierende soziale Forderungen eine Korrektur des Zwangsverhaltens immer unwahrscheinlicher machen.

Insbesondere die Defizite im Bereich sozialer Kompetenzen und des Beziehungsverhaltens legen ein therapeutisches Setting nahe, das die interaktionellen Kompetenzen im Umgang mit anderen Menschen gezielt fördern kann. Hier sind in erster Linie Gruppentherapien (interaktive Problemlösegruppen, Selbstsicherheits- und Kommunikationstraining) zu nennen, die aufgrund von organisatorischen und leider auch abrechnungstechnischen Problemen im ambulanten Bereich noch viel zu selten, in den meisten Kliniken dagegen inzwischen recht gut etabliert sind. Auf der anderen Seite bietet die kontinuierliche Beziehung zwischen Therapeut und Patient im ambulanten Rahmen auch sehr gute Möglichkeiten, interaktives Verhalten zu entwickeln und gezielt zu fördern. Vor allem aber können Defizite in der sozialen Integration besser im realen Lebensalltag des Patienten behoben und korrigiert werden, was eindeutig eine ambulante Behandlung nahelegt, weil dort eine konsequente Einbeziehung von Familien und Freundeskreis eher möglich ist. In manchen Fällen kann hier auch eine Kombination von Klinik und Ambulanz die beste Wahl darstellen: Zunächst kann der in seinen Sozialkontakten erheblich eingeschränkte Patient in der Klinik positive Erfahrungen mit Mitpatienten sammeln, um Grundfertigkeiten zu erwerben, die dann unter ambulanter Therapie zu nutzen sind, um reale und langfristig tragfähige soziale Beziehungen aufzubauen.

Familiärer und sozialer Kontext

Zwangsstörungen gehören sicherlich zu den psychischen Störungen, die neben einem hohen Leidensdruck für den Betroffenen außergewöhnliche Belastungen für das familiäre und soziale Umfeld implizieren. Gerade die engeren Bezugspersonen, zumeist die Familienangehörigen, fühlen sich der Problematik hilflos ausgeliefert. Häufig findet man eine direkte Einbindung des Familiensystems in die Zwangsrituale, was wesentlich zur Aufrechterhaltung des Zwangssystems beiträgt (Emmelkamp 1986, Hand 1988).

Um einen Transfer therapeutischer Veränderungen in die häusliche Umgebung zu gewährleisten, ist deshalb die Einbeziehung von Familienmitgliedern in den therapeutischen Prozeß einschließlich Diagnostik, Vorbereitung, Durchführung und Selbstmanagement äußerst wichtig. Eine solche über den gesamten Therapieprozeß verteilte Einbindung Angehöriger kann vor allem im Rahmen eines ambulanten Vorgehens sehr gut gewährleistet werden. Leider ist es auch im ambulanten Setting bislang häufig noch nicht üblich, daß der Therapeut den Patienten zur Diagnostik oder zu relevanten Übungen nach Hause begleitet; selbst die Einladung von Familienangehörigen zu gemeinsamen Gesprächen in die Praxis scheint vielen Psychotherapeuten noch durchaus ungewöhnlich. Im stationären Setting, in dem die Alltagsnähe allein aufgrund räumlicher Entfernung prinzipiell weitaus schwieriger zu realisieren ist, sollte dennoch gewährleistet werden können, daß die Angehörigen zu allen wesentlichen Phasen (Vorgespräche, Diagnostik, Vorbereitung, Übungsphase, Transfer) den therapeutischen Prozeß begleiten. Zumindest eine ständige Information der Bezugspersonen über das therapeutische Vorgehen ist unerläßlich, und insbesondere nach längerem stationärem Aufenthalt sollten die Angehörigen auf die Rückkehr des Patienten in die häusliche Umgebung vorbereitet werden, z.B. in Form von mehrtägigen „therapeutischen Beurlaubungen" des Patienten noch während der Zeit des stationären Aufenthaltes.

Änderungsmotivation

Zwangspatienten versuchen meist lange Zeit, ihre Problematik zu verbergen. Durchschnittlich nehmen die Betroffenen mehr als sieben Jahre nach Beginn der Erkrankung erstmals therapeutische Hilfe in Anspruch (Reinecker 1994). Hierin kommt nicht nur die Angst vor Stigmatisierung zum Ausdruck, sondern – trotz starken Leidensdrucks – auch eine ausgeprägte Angst vor Veränderung. Gleichzeitig bedingen diese motivationalen Konflikte in der Therapie ein Beziehungsverhalten, das durch Mißtrauen, „halbherzige" Zielvorstellungen, ständiges „Aushandeln" therapeutischer Vereinbarungen und Widerstand gegen tatsächliche Änderungen bis hin zum vorzeitigen Therapieabbruch gekennzeichnet ist. Dies ist vor allem dann der Fall, wenn mit der Zwangsproblematik ausgeprägte Vorteile für den Patienten im Sinne eines sekundären Störungsgewinns verbunden sind (Entlastung von Überforderung oder sozialer Kontrolle etc.).

Gerade bei Patienten, die sich sehr unsicher sind, ob sie wirklich professionelle (d.h. auch „fremde") Hilfe in Anspruch nehmen wollen, kann eine stationäre Aufnahme eine zu hohe Schwelle bedeuten, insbesondere wenn die stationäre Behandlung eine lange Dauer erwarten läßt, was für viele Patienten a priori sehr abschreckend ist. Bei ambivalenter Änderungsmotivation und unklaren Zielvorstellungen des Patienten empfiehlt sich auch deshalb die ambulante Therapie, weil die notwendigen und manchmal zeitaufwendigen Klärungsprozesse oft besser in der kontinuierlichen Beziehung einer nieder-frequenten ambulanten Therapie durchgeführt werden können, als dies im stationären Setting möglich ist. Liegt jedoch eine starke und eindeutige Änderungsmotivation des Patienten vor, möglicherweise durch ambulante Maßnahmen vorbereitet, bieten spezialisierte stationäre Einrichtungen durchaus günstige Möglichkeiten, schnell und gezielt wirksame Maßnahmen zur Veränderung der Hauptsymptomatik durchzuführen. Es scheint auch plausibel anzunehmen, daß ein transparentes, also „erkennbares" Behandlungskonzept, wie viele stationäre Einrichtungen es inzwischen durch Prospekte und Vorgespräche vermitteln, einigen Patienten hilft, eine positive Änderungserwartung zu entwickeln.

Vorgeschichte

Patienten mit Zwangsstörungen bleiben meist lange unbehandelt, bevor sie therapeutische Hilfe in Anspruch nehmen. Die Zahl von Therapieabbrüchen ist relativ hoch, mehrfach gescheiterte Therapieversuche sind nicht selten (Reinecker 1996). Erhebliche Zweifel an therapeutischen Angeboten und geringe Erfolgserwartungen sind die verständliche Konsequenz und beziehen sich dann leider auch auf bewährte störungsspezifische Interventionen. Insofern erfordern lange Krankheitsdauer und gescheiterte Therapieversuche besondere Sorgfalt in Diagnostik und motivationaler Vorbereitung des Patienten. Eine Präferenz ambulanter oder stationärer Behandlung läßt sich aus diesen Merkmalen nicht ohne weiteres ableiten, es sei denn, daß es zur Motivationserhöhung sinnvoll scheint, nach mehrfach gescheiterten stationären Maßnahmen nun einen ambulanten Zugang nahezulegen (und vice versa). In den meisten Fällen sind es jedoch eher die Konsequenzen langer Erkrankungsdauer oder frustrierender Behandlungsversuche, die als Entscheidungskriterien für die Wahl eines ambulanten oder stationären Behandlungsrahmens herangezogen werden sollten. Auf jeden Fall ist auch hier eine detaillierte Bedingungsanalyse zu erstellen, um die jeweiligen Gründe für das bisherige Scheitern erkennen und in der Therapieplanung berücksichtigen zu können.

Merkmale des Therapieprozesses

Es sind nicht nur die Störungsmerkmale, die indikative Entscheidungen begründen, sondern in vielen Fällen ist auch zu fragen, unter welchen Rahmenbedingungen indizierte Verfahren überhaupt und mit welchem Nutzen realisierbar sind. In einem zweiten Analyseschritt soll deshalb untersucht werden, ob und inwieweit einzelne Elemente des psychotherapeutischen Prozesses eher im ambulanten oder im stationären Behandlungsrahmen angewandt werden können. Jede strukturierte Psychotherapie besteht aus einer mehr oder weniger systematischen Abfolge unterschiedlicher Phasen des Behandlungsprozesses:

➤   Zuweisung und Kontaktaufnahme
➤   Diagnostik einschließlich Problem- und Zielanalyse
➤   motivationale Klärung und kognitive Vorbereitung
➤   störungsspezifische und ergänzende Interventionen
➤   Selbstkontrollphase.

Die Realisierungsmöglichkeiten und damit Wirkungsweisen dieser therapeutischen Elemente werden nicht unerheblich durch das Behandlungssetting beeinflußt. Wie flexibel, d.h. adaptiv die einzelnen Stufen des Therapieprozesses unter den ambulanten und stationären Behandlungsbedingungen realisiert werden können, soll im folgenden ausgeführt werden.

Zuweisung und Kontaktaufnahme

Das Aufsuchen einer ambulanten Psychotherapiepraxis ist für die meisten Patienten in der Regel mit einer geringeren Schwellenangst verbunden als die Aufnahme in eine Klinik. Dies gilt in besonderem Maße für Zwangspatienten, die oft mehr als andere Patienten unter Scham- und Schuldgefühlen und auch unter der Angst vor Stigmatisierung leiden. Demgegenüber bildet die nicht selten fremdmotivierte Zuweisung zu einer Klinik (z.B. durch Kostenträger, aber auch durch Vorbehandler oder Angehörige) nicht die optimale motivationale Grundlage für einen therapeutischen Änderungsprozeß. Andererseits kann die mit einem stationären Setting verbundene Erwartung intensiver und handlungsorientierter Therapie denjenigen Patienten motivational entgegenkommen, die nach langjähriger Leidensgeschichte hohen Veränderungsdruck erfahren. Dies gilt besonders dann, wenn das spezifische Behandlungsangebot schon vor Therapiebeginn für den Patienten erkennbar ist, was bei ambulanten Therapien oft weniger der Fall ist als bei Kliniken, die ihr besonderes Behandlungskonzept häufiger durch Informationsschriften transparent darstellen. Auch für die ambulante Behandlung von Zwangsstörungen sollte es jedoch möglich sein, relativ schnell nach Diagnostik und Problemanalyse einen konkreten und nachvollziehbaren Therapieplan zu entwerfen, damit sich der Patient aufgrund einer transparenten Perspektive eigenverantwortlich für oder auch gegen die Behandlung entscheiden kann (Kanfer, Reinecker u. Schmelzer 1991).

Diagnostik, Problem- und Zielanalyse

Heute liegen für die Diagnostik und Bedingungsanalyse von Zwangsstörungen sehr gute und auch praktikable Inventare und Meßinstrumente vor (Margraf u. Bandelow 1997), die sowohl im ambulanten wie im stationären Rahmen eine sichere Einschätzung der individuellen Problematik und Veränderungsziele erlauben. Hier lassen sich keine eindeutigen Vor- oder Nachteile ambulanter oder stationärer Rahmenbedingungen feststellen – vorausgesetzt, die diagnostischen Möglichkeiten sind hinreichend störungsspezifisch ausgerichtet. In der ambulanten Praxis ist es allerdings eher möglich, Verhaltensbeobachtungen vor Ort, d.h. in der häuslichen Umgebung des Patienten, an seinem Arbeitsplatz usw., durchzuführen – ein nicht zu unterschätzender Vorteil, denn viele der subtilen und verdeckten Zwangsrituale können vom Patienten selbst gar nicht berichtet werden, sondern sind nur durch direkte Inaugenscheinnahme in situ zu erfassen (Hand 1992b). Dagegen stehen im stationären Rahmen mehrere geschulte Beobachter zur Verfügung, die den Patienten zwar nicht in seiner häuslichen Umgebung, wohl aber im Klinikalltag beobachten können. Entsprechende Kommunikation zwischen den Mitarbeitern und störungsspezifisches Verständnis müssen allerdings vorausgesetzt werden, um ein Mindestmaß an Validität der Verhaltensbeobachtungen zu erreichen.

Motivationale Klärung und kognitive Vorbereitung

Gerade Zwangspatienten zeichnen sich häufig durch erhebliche Entscheidungsunsicherheiten aus und sind dementsprechend auch in ihrer Veränderungsmotivation sehr ambivalent. Trotz starken Leidensdrucks wird dem Wunsch nach Veränderung durch ebenso große Angst vor Veränderungen entgegengesteuert (Turner u. Beidel 1988). Vor Beginn einer erlebnisintensiven und handlungsorientierten Intervention wie der Expositionsbehandlung ist es deshalb wichtig, besonders sorgfältig die motivationalen Prozesse und Konflikte des Patienten zu klären (Hoffmann 1994b). Von großer Bedeutung ist dabei die Fähigkeit des Therapeuten (und letztlich auch des therapeutischen Settings), dem Patienten gegenüber glaubwürdig und plausibel zu verstehen zu geben, daß auch seine Angst vor Veränderung akzeptiert wird. Nur so kann sich letztlich der Patient eigenverantwortlich für eine therapeutische Veränderung entscheiden (Tuschen u. Fiegenbaum 1996, siehe auch Kapitel 6). Diese den „pathologischen" Anteil des Patienten ernstnehmende therapeutische Haltung ist im stationären Setting nicht immer konsequent zu verwirklichen, weil schon durch die Aufnahme in die Klinik zwangsläufig eine therapeutische Vorentscheidung getroffen ist und deshalb alle Bemühungen, nach Aufnahme noch die Motivation zu klären, an Glaubwürdigkeit einbüßen müssen. Notwendig ist ein solcher Prozeß dennoch auch im stationären Bereich und sollte deshalb nach Möglichkeit der stationären Aufnahme vorgelagert werden, z.B. in Form von Vorgesprächen.

Die ambivalente Änderungsmotivation von Patienten mit Zwangsstörungen hat darüber hinaus Auswirkungen auf die therapeutische Beziehung während des gesamten Therapieprozesses. In diesem Zusammenhang profitiert der ambulante Rahmen sicherlich von der insgesamt längeren Dauer des Veränderungsprozesses, die es erlaubt, Irritationen, enttäuschte Erwartungen, Abwehrreaktionen usw. in aller gebotenen Sorgfalt zu beachten und für die Beziehungsgestaltung zu nutzen. Im ambulanten Kontakt ist es eher möglich, eine tragfähige therapeutische Beziehung kontinuierlich aufzubauen und je nach Behandlungsphase zu modulieren. Der stationäre Rahmen weist aufgrund der Vielzahl der involvierten Personen, der strukturell vorgegebenen Regeln (Hausordnung, disziplinarische Vorgaben) und der eingeschränkten Gesamtbehandlungsdauer eine geringere Flexibilität auf. Auf der anderen Seite bestehen in einer Klinik oft mehr Möglichkeiten für den Therapeuten, sich durch kollegialen Austausch und Supervision vor manipulativen Tendenzen zu schützen. Ferner kann zumindest zeitweise eine sehr viel dichtere und kontinuierlichere Betreuung gewährleistet werden. Leider scheint diese Möglichkeit der flexiblen Beziehungsgestaltung in vielen stationären Settings nicht ausreichend genutzt zu werden – vielleicht weil hierzu gewisse Freiheitsgrade in der Arbeitszeitgestaltung sowie ein konsequentes Bezugstherapeutensystem notwendig wären, damit traditionelle „hierarchische" Beziehungsmuster zwischen Therapeut und Patient durch eher partnerschaftliche Arbeitsbündnisse ersetzt werden können.

Störungsspezifische und ergänzende Interventionen

Exposition mit Reaktionsverhinderung

Als Methode der ersten Wahl in der psychotherapeutischen Behandlung von Zwangsstörungen gilt seit mehr als drei Jahrzehnten die Expositionsbehandlung in vivo, d.h. Reizkonfrontation mit Reaktionsverhinderung (siehe Kapitel 6). Für die Reizkonfrontation ist es nun von besonderer Bedeutung, jene situative Konstellation herzustellen, in der die Probleme tatsächlich auftreten (Grawe et al. 1994). Die Patienten müssen also mit möglichst realistischen Stimuli in alltagsnahen Situationen konfrontiert werden. Für die Reaktionsverhinderung ist es dagegen vor allem wichtig, die komplexen und nicht immer offensichtlichen Vermeidungsstrategien und Zwangsrituale des Patienten zuverlässig zu verhindern (Sturgis u. Meyer 1981). Dies erfordert zum einen ein konsequentes, d.h. in sich homogenes Therapeutenverhalten, zum anderen ausreichend Zeit für die notwendigen Habituationsprozesse, die mitunter auch mehrfach wiederholt werden müssen, um eine hinreichende Stabilität der Verhaltenslöschungen zu erreichen.

Das ambulante Setting bietet aufgrund seiner Alltagsnähe für die fachgerechte Durchführung von Situationskontrollen potentiell die besseren Möglichkeiten: Dies ist vor allem auf die besseren Gestaltungsmöglichkeiten zurückzuführen, die tatsächlich relevanten Stimuli aufzusuchen, zumal wenn die wichtigen Bezugspersonen des Patienten in die Übungen miteinbezogen werden können. Voraussetzung für eine fachgerechte Durchführung der Exposition in vivo ist allerdings auch eine hinreichende, konsequente Reaktionskontrolle, und das bedeutet vor allem zeitliche Flexibilität des Therapeuten: Zumindest während der ersten Expositionsübungen müssen deutlich mehr als die abrechnungstechnisch nahegelegten 50 Minuten veranschlagt werden (zu empfehlen ist die Reservierung eines halben Tages für die ersten Übungen!).

Im stationären Setting sind dagegen sowohl die Situations- wie auch die Reaktionskontrolle nicht immer optimal zu gewährleisten. Durch den Stationsalltag mit seinen strukturellen Vorgaben ist die individuelle Gestaltung der Expositionsübungen erschwert; zusätzlich ist es sehr viel schwieriger, Alltagsnähe herzustellen. Auch die Reaktionskontrolle ist in der Klinik durch die heterogenen Einflüsse und Botschaften der vielen Kontaktpersonen (unterschiedlich reagierendes Behandlungs- und Pflegepersonal, Verhalten von Mitpatienten) in ihrer Konsequenz bedroht (Foa u. Goldstein 1978). Vorteile einer stationär durchgeführten Expositionstherapie liegen dafür in ihren Möglichkeiten, die auf den Patienten einströmende Reizvielfalt zeitweise zu reduzieren. Gerade bei Zwängen, die sich durch eine hohe Komplexität und Unschärfe auslösender Situationen auszeichnen, ist diese passagere Reduktion situativer Einflüsse häufig nützlich, um kontrollierbare Expositionsübungen gestalten zu können.

In beiden Settings ist die Gefahr zu beachten, daß Zwangspatienten sehr gut in der Lage sind, selbst über stundenlange Expositionen hinweg ihre Zwangsrituale auf einen späteren Zeitpunkt (z.B. nach Dienstschluß des Stationstherapeuten) zu „verschieben", um dann durch „nachgeholte" Zwangsrituale eine Reduktion des durch die Reizkonfrontation bewirkten Unbehagens zu erreichen.

Gruppentherapie

Der Kontakt mit anderen Patienten kann für viele Zwangspatienten in mancher Hinsicht therapeutisch hilfreich sein (siehe Kapitel 9). So können durch den Austausch mit anderen „überwertige Ideen" relativiert werden. Allein schon die Erfahrung, in seiner Problematik nicht der einzige „besonders schwere Fall" zu sein, wirkt entpathologisierend und motivierend. Im Kontakt mit anderen können soziale Fertigkeiten und Kompetenzen erworben und differenziert werden; zudem steigert der soziale Kontakt die Rate von Aufmerksamkeit und Zuwendung und verstärkt somit auch kleinere Erfolge in der Therapie. Ferner können dysfunktionale Attributionsmuster in der Erklärung der eigenen Störung durch Vergleich und Abgrenzung relativiert werden.

Hinsichtlich der Etablierung störungsspezifischer Gruppen, sei es in Problemlösegruppen, Selbstsicherheitstrainings oder anderen Gruppenangeboten, ist der stationäre Behandlungsrahmen im Vorteil, denn in der ambulanten Praxis ist das Angebot von verhaltenstherapeutischen Gruppentherapien aufgrund formaler Abrechnungsbeschränkungen und des hohen organisatorischen Aufwands derzeit noch sehr eingeschränkt.

Für beide Behandlungsbedingungen gelten allerdings gewisse Nachteile gruppentherapeutischer Angebote: Die individuelle Ausrichtung der Behandlung ist möglicherweise eingeschränkt, wenn Gruppentherapien zu sehr nach festgelegtem Programm durchgeführt werden, weil es der zeitliche und strukturelle Rahmen (insbesondere bei geschlossenen Gruppen) so erfordert. Insbesondere im stationären Rahmen besteht bei informellen Patientenkontakten auch die Gefahr, daß Zwangsrituale durch zuviel gut gemeintes

Verständnis eher unterstützt als verhindert werden. Trotz der augenscheinlichen Vorteile von Gruppentherapien konnte die klinische Forschung bisher nicht nachweisen, daß Gruppentherapien in der verhaltenstherapeutischen Behandlung von Zwängen einer Einzeltherapie überlegen sind (Fals-Stewart, Marks u. Schaffer 1993).

Adjuvante Therapien

Anders als ambulante Psychotherapeuten können Kliniken mit einem multimodalen Behandlungskonzept in der Regel viele therapeutische Maßnahmen anbieten, die nicht die spezifische Störung, sondern darüber hinausgehende Problembereiche fokussieren. Als Beispiele seien genannt: soziotherapeutische, ergotherapeutische, sporttherapeutische, balneologische und andere kurative Maßnahmen. Insbesondere Zwangspatienten, die aufgrund ihrer oft jahrelangen Erkrankung entsprechende Problembereiche „angehäuft" haben, können von solchen Maßnahmen profitieren. Es ist jedoch im Einzelfall zu prüfen, ob entsprechende Maßnahmen nicht auch im ambulanten Bereich eingeleitet oder vermittelt werden können. Zudem gilt für jedes multimodale Vorgehen, daß eine Vielzahl von therapeutischen Angeboten beim Patienten immer auch den Eindruck verstärken kann, daß er letztlich vielfach gestört ist, was wiederum seine Erfolgserwartung relativieren kann.

Medikation

In der psychopharmakologischen Therapie von Zwangsstörungen haben sich in den letzten Jahren antidepressive Substanzen, vor allem aus der Gruppe der Serotoninwiederaufnahmehemmer, zumindest kurzfristig als wirksam erwiesen, wenn sie mit Verhaltenstherapie kombiniert werden (Piccinelli et al. 1994, Goodman 1992). Die stationäre Behandlung bietet hier sicher Vorteile, wenn es um die Kontrolle von Compliance, um Patientenschulung in Selbstmedikation oder um die initiale Prüfung und Einstellung von Dosis und Präparat geht. Auch bei Abusus oder Abhängigkeit z.B. von Benzodiazepinen kann zur Entgiftung und Entwöhnung die stationäre Behandlung von Zwängen sinnvoll sein. Allerdings spricht bei entsprechender Kooperation von Psychotherapeut und Facharzt (wenn nicht in einer Person tätig) grundsätzlich nichts gegen eine Kombination von Medikation und Verhaltenstherapie auch im ambulanten Rahmen.

Selbstkontrolle

Für die langfristige Stabilität der durch Expositionsbehandlung erreichten Erfolge ist es von entscheidender Bedeutung, daß der Patient in der Therapie die Erfahrung macht, daß er die Habituation selbst, d.h. aus eigener Kraft, bewirkt hat. Diese Überzeugung wird wesentlich durch selbstkontrollierte Übungen erreicht und gefestigt (Kanfer et al. 1991). Hier ist das ambulante Behandlungssetting aufgrund der vielfältigen Möglichkeiten, Übungen und Hausaufgaben im häuslichen Milieu und selbstkontrolliert durchzuführen, eindeutig im Vorteil gegenüber einem stationären Behandlungsrahmen. Zwar ist es manchmal auch unter stationären Bedingungen möglich, schon während der Therapie eine monitorierte Selbstkontrolle anzubieten (z.B. in Form von „Belastungserprobungen"), doch in der Regel erfolgt der Transfer in den Alltag im Anschluß an die stationäre Therapie, und nicht selten sind zusätzliche Maßnahmen im Rahmen einer ambulanten Nachsorge notwendig, z.B. detaillierte Abstimmung mit Nachbehandlern, Organisation von Selbsthilfegruppen usw., um eine hinreichende selbstkontrollierte Übertragung in den Lebensalltag zu erreichen. In diesem Zusammenhang wirkt sich eine längere Dauer der Psychotherapie besonders im stationären Setting negativ aus: Während in der ambulanten Behandlung auch bei längerer Dauer zumindest die Alltagsnähe erhalten werden kann, potenziert sich bei längerer stationärer Therapie der Nachteil, daß der Patient aus seinem familiären Umfeld, von seinem Arbeitsplatz usw. entfernt ist.

Schlußfolgerungen

Die eingangs zitierte Lehrmeinung, daß in der Psychotherapie von Patienten mit Zwangsstörungen prinzipiell der ambulante gegenüber dem stationären Behandlungsrahmen vorzuziehen ist, weil letztlich nur im ambulanten Setting die wichtige Alltagsnähe der Therapie realisierbar ist, kann bei genauerer Betrachtung einzelner Störungs- wie auch Therapiemerkmale weitgehend bestätigt werden. Zum einen sind wichtige Störungsmerkmale durch reale Bedingungen des Lebensalltags des Patienten determiniert: Die Schwere der Störung wird wesentlich durch Einschränkungen des familiären Umfeldes mitbestimmt; wichtige Ressourcen wie die soziale Integration des Patienten sind per definitionem durch seine existierende soziale Lebensumgebung geprägt; in der Aufrechterhaltung der Störung haben der familiäre und soziale Kontext des Patienten zentrale Funktionen. Vor allem verlangen aber entscheidende Phasen des Therapieprozesses ein hohes Maß an Alltagsnähe: Dies gilt für die Anfangsphasen der Behandlung (Diagnostik und Problemanalyse) und selbstredend für den selbstkontrollierten Transfer der erreichten Veränderungen in den realen Lebensalltag. Ganz wesentlich erfordert jedoch die Exposition mit Reaktionsverhinderung als Methode der ersten Wahl in der Behandlung von Zwangsstörungen, daß sie alltagsnah, d.h. in Realsituationen am Wohnort des Patienten, in seiner Familie, an seinem Arbeitsplatz usw. durchgeführt wird. Neben dem starken Argument der Alltagsnähe, welches die ambulante psychotherapeutische Intervention bei Zwangspatienten vor allem indiziert, ist eine ambulante Behandlung auch immer dann angezeigt, wenn die Änderungsmotivation unklar oder nicht sehr ausgeprägt ist und wenn das gestörte Beziehungsverhalten des Patienten besondere Aufmerksamkeit verlangt.

Demgegenüber finden sich aber durchaus, und zwar sowohl bei bestimmten Störungsmerkmalen wie auch im Therapieprozeß, spezifische Indikatoren, die im Einzelfall auch ein stationäres Setting nahelegen. Starke Beeinträchtigungen des sozialen Umfeldes wie auch körperliche Folgeschäden beim Patienten können Anlaß für eine kurzfristige Entlastung durch eine Klinikaufnahme sein; auch kann der mit einer stationären Aufnahme verbundene Ortswechsel initial eine Reduktion von sehr ausgeprägten Zwangsritualen bewirken. Die vielfältigeren sozialen Kontakte wie auch das Angebot von Gruppentherapien im Stationsalltag bieten sehr gute Möglichkeiten zur Aktivierung defizitärer Ressourcen; die Transparenz des Behandlungsangebots, die bei einigen (längst nicht allen) Kliniken fortgeschrittener ist als bei vielen ambulanten Praxen, kann bei manchen Patienten die Änderungsmotivation fördern. Kriseninterventionen bei komorbiden Störungen oder im Falle akuter Suizidalität können eine stationäre Aufnahme erfordern. Für alle diese Indikationen gilt jedoch: Sie sollten nur als kurzfristige Lösung in Betracht kommen oder nur dann, wenn die Möglichkeiten des stationären Behandlungsrahmens um störungsspezifische und alltagsnahe Interventionen ergänzt werden können.

Ein vorgegebener Behandlungsrahmen sollte also im Einzelfall daraufhin überprüft werden, ob die individuellen Merkmale der Zwangsstörung bei diesem Patienten hinreichend berücksichtigt werden können und ob die vorgesehenen, also aufgrund der Störungsmerkmale indizierten, Therapieelemente unter dem Behandlungssetting ausreichend realisiert werden können. Es ist schließlich nicht auszuschließen, daß entsprechende Hinweise zu einer Modifikation des Behandlungsrahmens führen können, und sei es nur dadurch, daß Defizite des einen oder anderen Settings durch eine gezielte Kombination von stationären und ambulanten Maßnahmen ausgeglichen werden.

Abschließend bleibt festzustellen, daß nicht nur die Psychotherapieforschung, sondern auch die angewandte Psychotherapie (Rief 1996) durchaus mehr Augenmerk auf die Durchführungsbedingungen richten sollte, wenn es um die Optimierung von Indikation und Planung psychotherapeutischer Behandlungen geht.

13. Therapeut-Patient-Beziehung bei Menschen mit Zwangsstörungen

Nicolas Hoffmann

Die Komplexität der Zwangserkrankung, zusammen mit der relativen Unerfahrenheit vieler Therapeuten im Umgang damit, führen dazu, daß Zwangskranke nach wie vor eine Population bilden, der man in professionellen Kreisen doch lieber aus dem Weg geht. Die Therapie steht im Ruf, aufwendig zu sein, zudem gelten zwangskranke Patienten als undankbar, weil sie, dem Hörensagen nach, oft mit unglaublicher Hartnäckigkeit an ihrer Störung festhalten, statt „loszulassen", was ja nun wirklich das Mindeste wäre, das man von ihnen verlangen könnte. Schließlich weiß man nie genau, ob sie nicht doch in Wirklichkeit eine Psychose haben. Das wäre immerhin eine Erklärung für ihr oft mehr als merkwürdiges Gehabe, für ihre Uneinsichtigkeit und die Unbill, die sie quer durch die Lande Therapeuten jeglicher Ausrichtung bereiten. Auch wenn heutzutage in der Verhaltenstherapie ein therapeutisches Instrumentarium zur Verfügung steht, das zum erstenmal eine strukturierte, empirisch erprobte und erfolgversprechende Herangehensweise an die Behandlung von Zwangserkrankungen gewährleistet, so ist die Art der Beziehungsgestaltung zu Zwangskranken so gut wie nicht in der Literatur beschrieben. Ich will versuchen, in diesem Beitrag einige Hinweise dazu zu geben und die Entwicklung der Therapeut-Patient-Beziehung in einzelne Abschnitte zu gliedern, die mir typisch für die Therapie von Zwangskranken zu sein scheinen.

Kontaktaufnahme und Initialphase

Was führt die Zwangskranken dazu, eine Therapie beginnen zu wollen? In welcher Haltung begegnen sie in der Regel ihren Therapeuten? In den seltensten Fällen ist es so, daß dem Therapiebeginn eine innere Auseinandersetzung mit dem Gesamtstörungskomplex vorausgegangen ist. Kaum ein Kranker hat über einen längeren Zeitraum über sein Leiden nachgedacht und ist dann zu der Einsicht gelangt, daß das Ganze einer kritischen Überprüfung durch den Verstand nicht standhält, daß die negativen Erwartungen, die sich aus seinen zwanghaften Befürchtungen und Aversionen ergeben, sich nicht an der Wirklichkeit bestätigen lassen und ist so zu dem Entschluß gekommen, den ganzen Komplex, den er nun als „Krankheit" bezeichnet, therapeutisch angehen zu wollen. In den meisten Fällen hat der Leidensdruck, der schließlich zum Aufsuchen eines Therapeuten führt, andere Ursachen. Ausschlaggebend ist fast immer die zunehmende Aufwendigkeit des Abwehrverhaltens und die steigende innere Unsicherheit bei dessen Ausführung, die immer mehr kollidieren mit den anderen Interessen der Betroffenen oder mit denen näherer Kontaktpersonen, die in das zwanghafte System einbezogen sind und auch darunter leiden.

Im Rahmen des Denkverbots über die Sinnhaftigkeit seines Systems, das der Zwangskranke sich sozusagen selbst auferlegt hat, kommt es so gut wie nie vor, daß er eine einigermaßen konsistente und distanzierte Haltung dazu einnimmt. Dadurch sind seine Zielsetzung für eine Therapie relativ unklar und wechselnd und das Ansinnen an den

Therapeuten widersprüchlich: Er will Hilfe, wird aber im Lauf der Therapie eine Art Schützengrabenkrieg veranstalten zur Rettung seines zwanghaften Gedankengutes. Hat man ihn aus dem vordersten Graben vertrieben, so wird er in den nächsten ausweichen, um dort die Verteidigung des Zwangs neu zu organisieren.

Man erwarte als Therapeut am Anfang der Therapie vom Patienten keine einheitliche Stellungnahme zu seinem Zwang, unter dem Vorwand, man wolle daran die Ernsthaftigkeit seiner Absichten, seinen Veränderungswillen oder seine Motivation prüfen. Man wird sie nicht erlangen, höchstens auf der Ebene eines Lippenbekenntnisses. Bleibt man hartnäckig, fühlt sich der Patient irritiert, unverstanden und unter Druck gesetzt. Er wird dadurch sehr früh eine Reaktanzhaltung einnehmen, die dem weiteren Geschehen in keiner Weise zuträglich ist. Erhält man vom Patienten keine überzeugende Distanzierung von den ideellen Grundlagen des Zwanges, die aus seiner Sicht einem klein Beigeben gleichkämen, so ist das auch kein Grund, ihn für psychotisch zu erklären. Eine solche Erklärung seitens des Patienten ist auch keine Voraussetzung für eine erfolgreiche Therapie. Die innere Haltung seinem Zwang gegenüber wird sich im Lauf der gesamten Therapie verändern und bildet eines der essentiellen Ergebnisse therapeutischer Maßnahmen.

Eine zweite Eigenart hängt mit diesem Aspekt zusammen und sollte vom Therapeuten von vornherein mit ins Kalkül gezogen werden. Zwangskranke neigen dazu, sich nicht für gewöhnliche Kranke zu halten, sondern sind davon überzeugt, daß ihre Lage einzigartig ist: Man kann beim besten Willen nicht sagen, daß alles in Ordnung sei, wir haben Schwierigkeiten und deshalb sind wir ja auch hier. Aber eine simple Krankheit, die man einigermaßen durchschauen und über die man überall nachlesen kann, haben wir nicht. Es ist alles viel komplizierter. Das Ziel kann nicht darin bestehen, so zu werden, wie alle anderen auch. Auf der einen Seite wissen wir nicht genau, wie die sind, und wir wollen es in Wirklichkeit auch gar nicht so recht wissen. Diejenigen, die wir im täglichen Leben beobachten können, etwa bei ihrer Art, Verantwortung wahrzunehmen oder die elementaren Regeln der Hygiene einzuhalten, sind wahrlich keine erstrebenswerten Vorbilder. Ein Urteil müssen sie sich allemal gefallen lassen: Sie sind oberflächlich und machen es sich leicht. Das kann es auch nicht sein. Auf der anderen Seite übertreiben wir vielleicht ein wenig und machen es uns zu schwer. Wo liegt die Wahrheit? Was ist richtig? Keiner kann die einzigartige, schwierige Situation, in der sie sich befinden, je verstehen, davon sind sie überzeugt. Mit banalen Ratschlägen, sie mögen doch dieses oder jenes einfach lassen und sich benehmen wie alle anderen auch, damit ist ihnen nicht zu helfen. Das sei gleich vorausgeschickt.

> „Ich weiß nicht genau, worin Ihre Therapie besteht und wen Sie alles behandelt haben. Aber Sie müssen wissen, daß bei mir alles anders ist. Ich bin darüber hinaus ein Mensch, der eigenständig denkt, und verlange von meinem Gesprächspartner dasselbe. Kommen Sie mir nur nicht mit irgendwelchen therapeutischen Schablonen. Sonst werden Sie Schiffbruch erleiden." eröffnete mir einmal ein Patient beim Erstgespräch. Dann durfte ich (zum wievielten Mal in dem Monat?) erfahren, daß man sich mindestens die Beulenpest holen kann, wenn man den Schreibtisch des „schmuddeligen" Bürokollegen streift.

Als Reaktion auf diese durch Konfusion, Widersprüchlichkeit, Skepsis, ja durch Mißtrauen geprägte Einstellung des Patienten zu Therapiebeginn, ist es unentbehrlich, daß er von Anfang an das Interesse und die auf den Zwang bezogene Sachkompetenz des Therapeuten erfährt.

Durch gezielte Fragen (selbstverständlich nicht nur beim Erstkontakt) muß der Therapeut eine genaue Kenntnis sowohl des Befürchtungs- wie des Abwehrsystems erlangen. Das ist nicht nur unentbehrlich, um die spätere Therapie angemessen zu organisieren, sondern auch, um dem Patienten in zunehmendem Maße den Eindruck zu nehmen, daß sich in ihm ein „undurchdringliches, von niemandem nachvollziehbares Spiel dunkler Mächte" abspielt, um die Beschreibung eines Kranken zu benutzen.

Der Therapeut sollte auch nicht zögern, auf zwanghafte Abläufe hinzuweisen, die der Patient noch nicht ausgesprochen hat, die sich aber aus der Logik des Systems heraus aller Erfahrung nach so abspielen müssen (Hoffmann 1994b). Wenn wir auf diese Art die Struktur des individuellen Zwangssystems vollständig verstanden haben, so daß wir praktisch jede zwangsbedingte Reaktion vorhersagen können, dann wird der Patient erleichtert feststellen: Sie verstehen ja wirklich, wie es bei mir abläuft.

Wenn Kranke über ihre bisherigen gescheiterten Therapien berichten, so erzählen sie übereinstimmend über typische Eindrücke, die sie sehr früh an einem möglichen Therapieerfolg hätten zweifeln lassen: „Er machte sich nicht die Mühe, genau nachzufragen." „Ich merkte sofort, daß er die falschen Fragen stellte." „Er sah mich ganz vorwurfsvoll an, so als würde ich ihm Märchen erzählen." „Er fing gleich an, mir allgemeine Ratschläge zu geben und appellierte an meinen gesunden Menschenverstand." „Er wirkte zögerlich und unentschlossen." „Am Ende machte er einen völlig ratlosen Eindruck."

Gemeinsames Erkunden

Wenn der zwanghafte Patient eine Therapie beginnt, so hat er in der Regel nie richtig gegen den Zwang angekämpft oder zumindest den Kampf längst aufgegeben. In einigen Fällen sind die zwanghaften Ideen mit der Kraft von Naturgewalten zu einem bestimmten Zeitpunkt über ihn hereingebrochen, wie beim Auftauchen der Vorstellung des sich Waschen-müssens nach dem Kontakt mit einer bislang ganz indifferenten Substanz. In anderen Fällen haben sie sich allmählich (wenn auch mit Akzelerationen) gesteigert und sein Leben überwuchert, wie beim Kontrollieren oder wie bei der zwanghaften nicht endenwollenden Beschäftigung mit einem bestimmten Thema. In beiden Fällen sah sich der Kranke gezwungen, einen Überlebenskampf zu führen, um trotz der zwangsbedingten Einschränkungen seine wahren Lebensinteressen so gut wie möglich zur Geltung kommen zu lassen. Für eine wirkliche kausal gegen die Grundlagen des Zwanges geführte Auseinandersetzung fehlte ihm die Zeit, die Energie, das Know-How und wohl auch die innere Bereitschaft.

Der Kranke fühlt sich dissoziiert, auf der einen Seite als Person mit normalen Einsichten und Bedürfnissen, auf der anderen Seite dennoch ständig bedroht durch den Zwang, der in den meisten Situationen im Hintergrund mitschwingt und anläßlich einer Begebenheit, einer Wahrnehmung oder eines Gedankens blitzschnell ins Zentrum der Aufmerksamkeit rückt und die Situationsdefinition völlig an sich reißt. Er ist zwar aus Gründen der inneren Konsistenz bemüht, den Zwang mit seinen überwertigen Ideen und seltsamen Empfindungen zu integrieren, indem er versucht, ihn mit allgemein gültigen Werten (wie Sauberkeit, Ordnungsliebe usw.) zu begründen. Dennoch erlebt er ihn überwiegend als fremd, als übermächtig und über ihn bestimmend, sich selber dagegen als klein, hilflos und ausgeliefert.

In der ersten Therapiephase sollte eine gemeinsame Erkundung dieser fremdartigen und bedrohlichen Instanz im Selbst erfolgen. Patient und Therapeut machen sich sozusagen auf den Weg, um den Zwang „am Werk" zu sehen, in seiner Interaktion mit den anderen Anteilen der Person zu beobachten und zu erproben. Wenn möglich, sollte auch schon damit experimentiert werden, wenn auch in kleinen Variationen der üblichen Abläufe.

Die Absicht, die der Therapeut in dieser Phase hat, besteht darin, beim Patienten ein besseres Verständnis der Abläufe in ihrer gesamten Differenziertheit zu wecken. Bislang hat dieser immer stereotyp nach den Regeln des Zwanges reagiert, in vielen Fällen quasi automatisiert, meist ohne seine inneren Reaktionen oder sein Verhalten im geringsten zu hinterfragen. Nun soll er das alles viel bewußter erleben und beginnen, sich dabei Fragen zu stellen. Darüber hinaus sollen durch experimentierende Variationen sein innerer „Probierraum" sowie sein Handlungsspielraum allmählich erweitert werden unter Auswertung der Konsequenzen und der Rückwirkungen auf seine Verfassung.

Die Therapeutenhaltung, die dafür notwendig ist, folgt einer doppelten Strategie. Einmal muß der Patient dazu angeleitet werden, sich dieser Auseinandersetzung zu stellen. Die Bereitschaft dazu kann nicht ein für alle Mal vorausgesetzt werden, muß er doch dabei streckenweise gegen sein Gefühl und gegen eingeschliffene Vermeidungstendenzen handeln. Was der Patient sich in jedem Therapieschritt schon inhaltlich zutraut, darüber hat er selbst zu entscheiden. Aber alle Patienten berichten im Lauf der Therapie oder danach, daß ein gewisser Druck seitens des Therapeuten notwendig war, damit sie die konkrete Arbeit in Angriff nehmen konnten. Ohne ihn hätten sie sich eine solche aktive Herangehensweise oft nicht zugetraut und hätten statt dessen zu gerne zu endlosen Diskussionen und anderen Ablenkmanövern ihre Zuflucht genommen. Allein schon das Zuendedenken bestimmter Abläufe der Krankheit, das Konkretisieren von Gedanken, das bewußte Wahrnehmen von Empfindungen und Gefühlen und das ins Auge Fassen von Alternativen sind hervorragende Mittel gegen den Zwang. Üblicherweise bleibt alles im Vagen und das Nachdenken darüber bleibt schon in den Anfangsstadien stecken.

Aber die Anleitungsfunktion, die der Therapeut in diesem Therapieabschnitt zwangsläufig übernehmen muß, hat eine Kehrseite: In bezug auf die Zweifel, Unsicherheiten, Grübeleien und Unvollständigkeitsgefühle, die typisch für den Patienten im Umgang mit kritischen Situationen sind, entwickelt er dem Therapeuten gegenüber, hat er einmal ein Minimum an Vertrauen gefaßt, geradezu eine Art Hörigkeit. Der Therapeut wird zur letzten Instanz erhoben, wenn es darum geht, Entscheidungen zu treffen, und es entwickelt sich eine wahre Sucht nach Rückversicherung, die der Patient in seinem bisherigen Leben schon immer versucht hat, von Personen in seiner Umgebung zu erlangen. In der Literatur wird gelegentlich der Standpunkt vertreten, der Therapeut müsse sich von vornherein weigern, diese Rolle zu übernehmen, um den Patienten von Anfang an dazu zu zwingen, eigenständig Entscheidungen zu treffen, auf jede Beruhigung zu verzichten oder selber dafür zu sorgen, statt sie sich von außen zu holen (Salkovskis u. Kirk 1996). Ich halte diese Auffassung für falsch. Der Patient geht nun in einer viel aktiveren und experimentierfreudigeren Art an die zwangsbelasteten Situationen heran. Nur dadurch, daß er gestützt wird, daß ihm jemand zur Seite steht, der zumindest einen Teil der Verantwortung mitträgt, kann er diese erfolgversprechende Haltung beibehalten und ausbauen. Das Verhalten dem Therapeuten gegenüber kann in dieser Phase gelegentlich merkwürdige, geradezu ritualisierte Formen annehmen. Ein Patient mit Kontaminationsängsten z.B. ruft dann mit der Frage an: „Ich war heute mittag in der Mensa und habe sogar richtig essen können. Der Tresen kam mir aber wieder so schmuddelig vor. Habe ich ihn trotz aller Vorsicht mit dem Hosenbein gestreift?" Die Antwort des Therapeuten hat selbstverständlich zu lauten: „Nein, Sie haben ihn nicht gestreift. Gehen Sie morgen wieder hin und Guten Appetit."

Selbstverständlich muß der Patient einmal lernen – und das wird ein entscheidender Schritt sein – , allein mit seinen zwangsbedingten Zweifeln umzugehen oder aber die Unwichtigkeit der Frage als solche einzusehen. Aber in einem frühen Therapiestadium würde er sich eine Aktivität wie auswärts zu essen unter Umständen überhaupt nicht zutrauen, wenn er nicht das Gefühl hätte, daß jemand dabei oder zumindest im Hintergrund ist, der bereit ist, ihn von außen zu stützen, solange er selber die entsprechenden Leistungen noch nicht erbringen kann. In jedem Fall muß die Sequenz samt Anruf Thema der nächsten Sitzung sein und soll akribisch analysiert werden, auch unter dem Aspekt möglicher Alternativreaktionen des Patienten, die er dann bei seinem nächsten Ausgang ausprobieren soll. Die allmähliche Zurücknahme solcher auf den ersten Blick kontraindizierten Hilfestellungen stellt ein schwieriges Problem dar, scheint mir aber von beiden Seiten zu bewältigen zu sein.

Die für diese Therapiephase typische Kombination von Lenkung und Unterstützung stellt eine Anforderung an das Verhalten des Therapeuten, die man wie folgt charakterisieren kann: Er muß in all seinen Äußerungen klar, eindeutig, präzise und ohne Widersprüche sein. Um so zögerlicher, unsicherer und ambivalenter die Haltung des Patienten ist, um so unmißverständlicher müssen die Anleitungen des Therapeuten sein. Sie sollen ein Gegengewicht bilden zu der zögerlich-grüblerischen, dasselbe Für und Wider immer wieder abwägenden und nirgendwo endenden Vorgehensweise des Patienten.

Die Handlungsanweisungen sollen ein Modell für die zukünftigen Aktionen des Patienten bieten:

➤   Situationsanalyse
➤   Zieldefinition
➤   Entwurf eines Handlungsplanes
➤   Erprobung am inneren Modell
➤   Entschlußfassung
➤   Ausführung.

Auf diese Art kann sowohl das Konzipieren klarer und präziser Handlungspläne als auch deren energisches Ausführen trotz der zwangsbedingten Störungen immer besser eingeübt werden, um allmählich ein normales, den Interessen der Patienten dienliches Alltagsverhalten wieder aufzubauen. Als Voraussetzung dafür muß aber am Anfang die genaue und folgerichtige Anleitung durch den Therapeuten stehen.

Selbstwerdung

Auf die oben beschriebene Art vom Therapeuten gestützt, kann sich der Patient in der nächsten Phase auf die Suche machen nach Antworten auf eine Reihe entscheidender Fragen: „Was läuft wirklich bei mir ab?" „Wo beginnen genau meine Schwierigkeiten?" „An welchen Stellen könnte ich mir andere Reaktionen vorstellen?" „Was macht es mir so schwer, sie auszuprobieren?" „Wie kann ich mit diesen Schwierigkeiten umgehen?" „Was traue ich mir schon zu, in der Vorstellung und in der Wirklichkeit?" „Was könnte passieren, wenn ich dieses oder jenes tue?" „Wie geht es mir, wenn ich es getan habe?" „Welche Gefühle treten auf?" „Mit welchen Erinnerungen an meine Vergangenheit sind sie verknüpft oder was haben sie zu bedeuten in bezug auf mein aktuelles Leben?"

Die Haltung, die der Patient und der Therapeut dabei einnehmen sollen, ist die sokratische: Zwei Menschen versuchen gemeinsam, der Wahrheit ein Stück näher zu kommen. Sie ist vor allem als Modell für den Patienten bei seiner eigenen selbständigeren Arbeit gedacht. Seit dem Beginn seiner Erkrankung fühlte er sich vom Zwang dominiert, ja meist erdrückt. Er erlebte sich selber als klein, schwach und unvollständig, als kaum oder gar nicht dazu in der Lage, diesem Zwang einen größeren Widerstand entgegenzusetzen. Als Selbstbeschränkung hatte er sich ein Denkverbot über das auferlegt, was der Zwang von ihm verlangte. Nach den ersten Erfolgen wird der Patient nun ausdrücklich dazu ermutigt, gegen seine Lage zu rebellieren, ihr mit zunehmender Skepsis, mit Befremden und sogar mit Wut zu begegnen. Das zentrale Ziel dabei ist, daß sich der Patient immer mehr selber spürt, auch dann, wenn er sich noch nach dem Zwang richtet. Ein Beispiel:

> Eine Patientin kehrt nach Hause zurück und hat wie üblich ein Riesenpaket an „Vorsichtsmaßnahmen" einzuhalten, um keine „gefährlichen" Substanzen in die „Heiligtümer" der Wohnung (bis hin zum Allerheiligsten, dem Bett) einzuschleppen. Die auszuführenden Handgriffe sind weitgehend stereotypisiert und richten sich weitestgehend nach den „gefährlichen" Begegnungen, die im Laufe des Tages stattgefunden haben. Die wahre Bedürfnislage der Patientin hingegen ist eine ganz andere. Sie fühlt sich abgespannt, hat ein starkes Bedürfnis nach Ruhe und möchte erst einmal bei dem Telefonat mit einer Freundin entspannen. Die privaten Wünsche wurden bislang immer hinten angestellt, ja sie wagten kaum, sich zu manifestieren.

In dieser Phase wird die Patientin vor allem dabei gestützt, sich als eigenständige Person zu fühlen und ihre nicht zwangsbedingte Einschätzung der Situation aufkommen zu lassen. Sie wird dazu ermutigt, ihre Bedürfnisse zu aktualisieren und wahrzunehmen. Dabei soll sie sich, im Rahmen ihrer Möglichkeiten, immer mehr Freiraum dafür nehmen. Das geht natürlich nur dann, wenn sie anfängt, zwangsbedingte Regeln zu überschreiten. Sie wird selbstverständlich dabei auf Widerstände stoßen, aber sie soll ihnen mit Auflehnung und wenn möglich mit zunehmendem Ärger begegnen, statt sich wie üblich mit rationalisierenden Ausflüchten und schließlich mit Resignation dann doch zu fügen. Für diese Haltung gegenüber dem Zwang und den sich daraus ergebenden Verhaltenskonsequenzen muß sie in zunehmendem Maße selber die Verantwortung übernehmen, statt sich dafür die Absolution vom Therapeuten zu holen. Was in diesem Rahmen schon möglich ist, muß die Patientin selber ausloten, und der Therapeut läßt sie dabei „an der langen Leine". Er ist geduldig, stützt sie und respektiert in zunehmendem Maße ihre Eigenständigkeit. Er verhält sich komplementär zu ihren Bedürfnissen und trägt dadurch dazu bei, den Zwang in zunehmendem Maße zu „externalisieren" (Hoffmann 1996). Er wird immer mehr zu einem Relikt aus der Vergangenheit deklariert, dessen infantile und irrationale Struktur dem wachsenden Selbst der Patientin immer weniger gemäß ist. Sehr häufig wird der Therapeut erleben, daß die Patientin stolz über ihre Erfolgserlebnisse berichtet und sich als zunehmend selbständig werdende Person darstellt. Dafür verdient sie Anerkennung. Es wird aber auch Rückschläge geben, die er dann mit ihr zusammen analysieren wird, um letztlich daraus die Möglichkeit weiterer Fortschritte abzuleiten.

Bei dieser Arbeit kann der Therapeut im Gegensatz zur Zeit des Therapiebeginns, als der Zwang jeden Schritt diktierte, keine treffsicheren Vorhersagen über das Verhalten der Patientin mehr machen. Jetzt ist auch er zum Beobachter und zusammen mit ihr zum Suchenden geworden, und das gemeinsame Ziel ist deren Selbstwerdung.

Ein Kranker kommentiert diese Phase der zunehmenden Überwindung des starren Panzers des Zwanges wie folgt:

> „Ich wußte nicht, wohin das alles führen würde, und wußte nicht, was alles zum Vorschein kommen wird und ob ich es aushalten kann. Aber trotzdem hatte ich letztlich ein gutes Gefühl und bekam immer mehr Vertrauen in mich selber. Ich wußte die ganze Zeit, daß Sie da waren, aber Sie traten immer mehr in den Hintergrund. Manchmal brauchte ich Sie ganz dringend, praktisch von einer Minute zur anderen. Aber Sie wurden mir auch manchmal geradezu lästig und ich wurde wütend auf Sie, weil ich mir sagte, es ist ja doch meine Sache, ich muß es tun, das nimmt auch er mir nicht ab. Das Haupterlebnis aber waren die neuen Gefühle, die bei mir auftraten.

> Wenn sie auch manchmal schmerzhaft waren, so waren sie doch echt. Vorher war alles unecht – alles war unecht."

Bei der Therapie von Zwängen sind Therapeut und Patient zuerst mit einem Gegner konfrontiert, den der Patient kaum durchschaut. Dann muß sich der Therapeut als eine Art Gegenzwang etablieren und einen weitgehend von seinen Gefühlen abgespaltenen Menschen konsequent führen, vorwiegend emotionslos, aber nie ohne Anteilnahme. Ohne Vertrauensvorschuß seitens des Patienten ist das nicht möglich. Er erlebt seine ersten Erfolgserlebnisse, steigert allmählich sein Gefühl von Selbstwirksamkeit und macht sich dann mit dem Therapeuten auf den Weg, noch immer unter dessen Lenkung, um den Zwang noch besser zu beobachten und kennenzulernen. Schließlich traut er sich sogar zu, ihn herauszufordern, vor allem weil er in zunehmendem Maße seine Funktion versteht. In dem Maße in dem er Mut faßt, immer mehr echte Gefühle für sich selber und seine Umwelt entwickelt und risikofreudiger wird, lockert der Therapeut seine Lenkung und begleitet ihn nur noch auf seinem weiteren Weg. Der Patient wird seinen Weg gehen, so weit er es vermag. Das haben wir alle gemeinsam.

Literatur

Ambühl, H. (1992): Therapeutische Beziehungsgestaltung unter dem Gesichtspunkt der Konfliktdynamik. In: J. Margraf, J.C. Brengermann (Hrsg.): Die Therapeut-Patient-Beziehung in der Verhaltenstherapie, 245-264. Röttger München.

Ambühl, H., Heiniger Haldimann, B. (1997): Psychotherapie bei einem Patienten mit Waschzwang - Ein kontrollierter Einzelfall. Verhaltenstherapie und Psychosoziale Praxis 29, 175-196.

APA - American Psychiatric Association (1994): Diagnostic and statistical manual of mental disorders, 4th ed. (DSM-IV). American Psychiatric Press Washington D.C.

Baddeley, A. (1990): Human memory. Theory and practice. Lawrence Erlbaum Associates Hove, London.

Baer, L. (1994): Factor analysis of symptom subtypes of obsessive compulsive disorders and their relation to personality and tic disorders. Journal of Clinical Psychiatry 55, 18-23.

Baer, L., Black, M.A., Treece, C. et al. (1992): Effect of axis II diagnoses on treatment outcome with clomipramine in 55 patients with obsessive-compulsive disorder. Archives of General Psychiatry 49, 862-866.

Balint, M. (1968): Therapeutische Aspekte der Regression. Die Theorie der Grundstörung. Rowohlt Reinbek 1973.

Baxter, L.R., Schwartz, J.M., Bergman, K.S. et al. (1992): Caudate glucose metabolic rate changes with both drug and behavior therapy for obsessive-compulsive disorder. Archives of General Psychiatry 49, 681-689.

Beck, D. (1974): Die Kurzpsychotherapie. Hans Huber Bern.

Beckmann, J. (1996): Entschlußbildung. In J. Kuhl und H. Heckhausen (Hrsg.): Motivation, Volition und Handlung. Enzyklopädie der Psychologie, Bd. 4, 411-423. Hogrefe Göttingen.

Beitman, B.D., Klerman, G.L. (1991): Integrating pharmacotherapy and psychotherapy. American Psychiatric Press Washington D.C., London.

Benkelfat, C., Nordahl, T.E., Semple, W.E. et al. (1990): Local cerebral glucose metabolic rates in obsessive-compulsive disorder: Patients treated with clomipramine. Archives of General Psychiatry 47, 840-848.

Black, D.W., Noyes, R. (1990): Comorbidity and obsessive-complusive disorder. In: J.D. Mase, C.R. Cloninger (eds.): Comorbidity of mood and anxiety disorders. American Psychiatric Press Washington D.C.

Carey, G., Gottesman, I.I., Robins, E. (1980): Prevalence rates for the neuroses: Pitfalls in the evaluation of familiarity. Psychological Medicine 10, 437-443.

Carr, A.T. (1979): The psychopathology of fear. In W. Sluckin (ed.): Fear in animals and man. Van Nostrand Reinhold New York.

Chambers, W.V., Grice, J.W., Henschen, W. (1987): Circumgrids A Repertory Grid Package for Personal Computers, Behavior Research Methods, Instruments, and Computers. 18, 5, 468.

Comer, R.J. (1995): Klinische Psychologie. Spektrum Heidelberg, Berlin, Oxford.

Cottraux, J., Mollard, E., Bouvard, M. et al. (1993): Exposure therapy, fluvoxamine, or combination treatment in obsessive-compulsive disorder: One-year follow up. Psychiatry Research 49, 63-75.

Csef, H. (1988): Zur Psychosomatik des Zwangskranken. Springer Berlin, Heidelberg, New York.

Csef, H. (1994a): Neuere Entwicklungen in der psychoanalytischen Behandlungstechnik der Zwangsstörung. Praxis der klinischen Verhaltensmedizin und Rehabilitation 7, 70-76.

Csef, H. (1994b): Komorbidität von Zwangsstörungen und psychosomatischen Erkrankungen. Nervenheilkunde 13, 285-291.

Csef, H. (1995): Anorexia nervosa und Bulimia nervosa als Komorbidität der Zwangsstörungen. Nervenheilkunde 14, 366-371.

Csef, H. (1996): Neurobiologische und psychodynamische Zusammenhänge von Zwangsstörungen und Bulimia nervosa. Zeitschrift für klinische Psychologie, Psychopathologie und Psychotherapie 44, 267-279.

Csef, H. (1997): Psychotherapie der Magersucht und Bulimia nervosa. Psychotherapeut 42, 381-392.

Diagnostisches und statistisches Manual psychischer Störungen (DSM-IV) (1996): übersetzt nach der vierten Auflage des Diagnostic and statistical manual of mental disorders der American Psychiatric Association. Hogrefe Göttingen.

Ecker, W., Dehmlow, A. (1994): Der Einfluß von Persönlichkeitsstörungen auf die Verhaltenstherapie von Zwängen. Praxis der Klinischen

Verhaltensmedizin und Rehabilitation 7, 23-31.

Ecker, W. (1995): Kontrollzwänge und Handlungsgedächtnis. Ein theoretischer und empirischer Beitrag zum Verständnis der Zwangsstörung. Roderer Regensburg.

Emmelkamp, P.M.G. (1986): Behavior therapy with adults. In: S.L. Garfield, A.E. Bergin (eds.): Handbook of psychotherapy and behavior change, 3rd ed. Wiley New York.

Emmelkamp, P.M.G., Bouman, T., Scholing, A. (1993): Angst, Phobien und Zwang. Verlag für Angewandte Psychologie Göttingen.

Enright, S. J. (1991): Group treatment for obsessive-compulsive disorder: An evaluation. Behavior Therapy 19, 183-192.

Erlbeck, R., Gokeler, R. (1993): Zwangsstörungen. Eine empirische Studie an einer klinischen Stichprobe. Diplomarbeit Universität Bamberg.

Espie C.A. (1986): The group treatment of obsesssive-compulsive ritualisers: Behavioral management of identified patterns of relapse. Behavior Therapy 14, 21-33.

Fals-Stewart, W., Lucente, S. (1994): Behavioral group therapy with obsessive-compulsives: An overview. International Journal of Group Psychotherapy 44, 35-51.

Fals-Stewart, W., Marks, A.P., Schaefer, J. (1993): A comparison of behavioral group therapy and individual behavior therapy in treating obsessive-compulsive disorder. Journal of Nervous and Mental Disease 18, 189-193.

Fenichel, O. (1975): Psychoanalytische Neurosenlehre. Bd. II. Walter Olten-Freiburg.

Fiedler, P. (1997): Therapieplanung in der modernen Verhaltenstherapie. Von der allgemeinen zur phänomen- und störungsspezifischen Behandlung. Verhaltenstherapie und Verhaltensmedizin, 18/1.

Fiegenbaum, W., Tuschen, B. (1996): Reizkonfrontation. In J. Margraf (Hrsg.): Lehrbuch der Verhaltenstherapie, Bd. 1: Grundlagen, Diagnostik, Verfahren, Rahmenbedingungen, 301-311. Springer Berlin.

Foa, E.B. (1979): Failures in treating obsessive compulsives. Behavior Research and Therapy, 17, 169-176.

Foa, E.B., Goldstein, A. (1978): Continuous exposure and strict response prevention in the treatment of obsessive-compulsive neurosis. Behavior Therapy 9, 821-829.

Foa, E.B., Kozak, M.J. (1986): Emotional processing of fear: Exposure to corrective information. Psychological Bulletin 99, 20-35.

Freud, S. (1895): Obsessions et phobies - Leur mécanisme psychique et leur étiologie. Gesammelte Werke I. Imago London 1952.

Freud, S. (1908): Charakter und Analerotik. Gesammelte Werke VII. Imago London 1941.

Freud, S. (1909): Bemerkungen über einen Fall von Zwangsneurose (Rattenmann). Gesammelte Werke VII. Imago London 1941.

Freud, S. (1919): Wege der psychoanalytischen Therapie. Gesammelte Werke XII. Imago London 1947.

Freud, S. (1923): Das Ich und das Es. Gesammelte Werke XIII. Imago London 1940.

Frost, R.O., Hartl, T.L. (1996): A cognitive-behavioral model of compulsive hoarding. Behavior Research and Therapy 34, 341-350.

Gabbard, G.O. (1994): Psychodynamic Psychiatry in Clinical Practice - The DSM IV Edition. American Psychiatric Press Washington, London.

Gebsattel, V.E. von (1972): Die anankastische Fehlhaltung. In: Grundzüge der Neurosenlehre in zwei Bänden. Urban & Schwarzenberg München.

Gittleson, N.L. (1966): The relationship between obsessions and suicidal attempts in depressive psychosis. British Journal of Psychiatry 112, 889-890.

Goodman, W.K. (1992): Pharmacotherapy of obsessive-compulsive disorder. In: I. Hand, W.K. Goodmann, U. Evers (eds.). Obsessive-compulsive disorders - new research results. Springer Berlin.

Grawe, K. (1988): Beziehungsgestaltung in der Psychotherapie. In: F. Pfäfflin, H. Appelt, M. Krausz, M. Mohr (Hrsg.): Der Mensch in der Psychiatrie, 243-258. Springer Berlin, Heidelberg, New York, Tokyo.

Grawe, K. (1995): Grundriß einer Allgemeinen Psychotherapie. Psychotherapeut 40, 130-145.

Grawe, K. (1997): „Moderne" Verhaltenstherapie oder allgemeine Psychotherapie? Verhaltenstherapie und Verhaltensmedizin 18/2, 137-158.

Grawe, K., Donati, R., Bernauer, F. (1994): Psychotherapie im Wandel. Von der Konfession zur Profession. Hogrefe Göttingen.

Grawe, K., Grawe-Gerber, M., Heiniger, B., Ambühl, H., Caspar, F. (1996): Schematheoretische Fallkonzeption und Therapieplanung. Eine Anleitung für Therapeuten. In F. Caspar (Hrsg.): Psychotherapeutische Problemanalyse, 189-224. Dgvt-Verlag Tübingen.

Greist, J.H. (1990): Treatment of obsessive compulsive disorder: Psychotherapies, drugs, and other somatic treatment. Journal of Clinical Psychiatry 51, 8 (suppl.), 44-50.

Hand, I. (1988): Obsessive-compulsive patients and their families. In: I. Falloon (ed.): Handbook of behavioral familiy therapy. Guilford Press New York.

Hand, I. (1992a): Verhaltenstherapie der Zwangsstörungen. In I. Hand, W.K. Goodmann, U. Evers (Hrsg.): Zwangsstörungen. Neue Forschungsergebnisse, 157-180. Springer Berlin.

Hand, I. (1992b): Behavior therapy for OCD - methods of therapy and their results. In: I. Hand, W.K. Goodmann, U. Evers (eds.): Obsessive-compulsive disorders - new research results. Springer Berlin.

Heigl-Evers, A., Heigl, F. (1984): Was ist tiefenpsychologisch fundierte Psychotherapie? Praxis der Psychotherapie und Psychosomatik 29, 234-244.

Hoffmann, N. (1990): Wenn Zwänge das Leben einengen. Pal Mannheim.

Hoffmann, N. (1993): Kognitive Verhaltenstherapie bei Zwangsstörungen. In: M. Hautzinger (Hrsg.): Kognitive Verhaltenstherapie bei psychischen Erkrankungen. Quintessenz München.

Hoffmann, N. (1994a): Verhaltenstherapie bei Zwangsstörungen. Psychotherapeut 39, 43-52.

Hoffmann, N. (1994b): Die therapeutische Beziehungsgestaltung in der Verhaltenstherapie von Zwangskranken. In: Praxis der Klinischen Verhaltensmedizin und Rehabilitation 26. Verlag Modernes Lernen Dortmund.

Hoffmann, N. (1996): Therapeutische Beziehung und Gesprächsführung. In: J. Margraf (Hrsg.): Lehrbuch der Verhaltenstherapie, Bd. I, Springer Heidelberg.

Hoffmann, N. (1998): Zwänge und Depressionen. Pierre Janet und die Verhaltenstherapie. Springer Heidelberg.

Hoffmann, N., Weiß, E. (1983): Ein Zwang. Hans Huber Bern.

Hoffmann, S.O., Hochapfel, G. (1995): Neurosenlehre. Psychotherapeutische und Psychosomatische Medizin. 5. Aufl. Schattauer Stuttgart.

Hohagen, F. (1992): Neurobiologische Grundlagen der Zwangsstörung. In: I. Hand, W.K. Goodman, U. Evers (Hrsg.): Zwangsstörungen - Neue Forschungsergebnisse, 57-71. Springer Berlin, Heidelberg.

Hohagen, F. (1997): Neurobiologische Modelle zur Pathogenese der Zwangserkrankungen. Nervenarzt. Springer Berlin, Heidelberg, New York.

Hohagen, F., Winkelmann, G., Rasche-Räuchle, H., Hand, I., König, A., Münchau, N., Hiss, H., Geiger-Kabisch, C., Trabert, W., Schramm, P., Rey, E., Aldenhoff, J., Berger, M. (1997): Combination of behavior therapy with fluvoxamine in comparison to behavior therapy and placebo - results of a multicenter study. British Journal of Psychiatry (suppl.).

Hollander, E. (Hrsg.) (1993): Obsessive-compulsive related disorders. American Psychiatric Press Washington D.C.

Janet, P. (1904): L'Obsession et la Psychasthénie. Alcan Paris.

Jaspers, K. (1913): Allgemeine Psychopathologie. Springer Berlin.

Jenike, M.A., Baer, L., Ballantine, H.T. et al. (1991): Cingulotomy for refractory obsessive-compulsive disorder. Archives of General Psychiatry 48, 548-555.

Joraschky, P. (1996): Analytische Psychotherapie bei Zwangskranken. In: G. Nissen (Hrsg.): Zwangserkrankungen. Hans Huber Bern, Göttingen.

Kanfer, F.H., Reinecker, H., Schmelzer, D. (1991): Selbstmanagement-Therapie. Springer Berlin.

Kapfhammer H.P. (1996): Anankastische Syndrome in der Psychiatrie und ihre Therapie. In: G. Nissen (Hrsg.): Zwangserkrankungen. Prävention und Therapie. Hans Huber Bern, Göttingen, Toronto, Seattle.

Kathmann, N. (1989): Ereigniskorrelierte Potentiale als Indikatoren abweichender Aufmerksamkeitsprozesse in Entscheidungen von Zwangsneurotikern. Dissertation München.

Kernberg, O.F. (1994): Psychodynamische Therapie bei Borderline-Patienten. Hans Huber Bern, Göttingen.

Kiresuk, T., Lund, S.H. (1979): Goal attainment scaling: Research, evaluation and utilization. In: H.C. Schulberg, F. Baker (eds.): Program evaluation in the health fields. Human Scienes Press New York 2, 214-238.

Klerman, G.L. (1991): Ideological conflicts in integrating pharmacotherapy and psychotherapy. In: B.D. Beitmann, G.L. Klerman (eds.): Integrating pharmacotherapy and psychotherapy, 3-19. American Psychiatric Press Washington D.C., London.

König, K., Lindner, W.V. (Hrsg.) (1992): Psychoanalytische Gruppentherapie. Ein Lehrbuch der Gruppentherapie mit schulübergreifender Perspektive. Vandenhoeck & Ruprecht Göttingen.

Kozak, M.J., Foa, E.B., McCarthy, P.R. (1988): Obsessive-compulsive disorder. In: C.G. Last, M. Hersen (eds.): Handbook of anxiety disorders. Pergamon Press New York.

Kuhl, J. (1996): Wille und Freiheitserleben: Formen der Selbststeuerung. In: J. Kuhl, H. Heckhausen (Hrsg.): Motivation, Volition und Handlung, Enzyklopädie der Psychologie, Bd. 4, 665-753. Hogrefe Göttingen.

Kuhl, J., Beckmann, J. (1994): Volition and personality. Action versus state orientation. Hogrefe Göttingen.

Kuhl, J., Fuhrmann, A. (1994). VCC-Skalen Version 3.3.1. Universität Osnabrück.

Kuhl, J. und Kazén, M. (1997): Persönlichkeits-Stil- und Störungs-Inventar (PSSI). Hogrefe Göttingen.

Kutter, P. (1976): Der Zwang in Neurose und Gesellschaft. Die Psychologie des 20. Jahrhunderts, Bd. II, 652-674. Kindler München.

Lacan, J. (1966): Schriften I. Suhrkamp Frankfurt a.M. 1975.

Lakatos, A. (1994): Kognitiv-behaviorale Therapie

von Zwangsstörungen. Praxis der klinischen Verhaltenstherapie und Rehabilitation. 26, 99-106.

Lang, H. (1973): Die Sprache und das Unbewußte. 3. Aufl. Suhrkamp Frankfurt a.M. 1993.

Lang, H. (1981): Zur Frage des Zusammenhangs zwischen Zwang und Schizophrenie. Nervenarzt 52, 643-648.

Lang, H. (1985a): Zwang in Neurose, Psychose und psychosomatischer Erkrankung. Zeitschrift für Klinische Psychologie, Psychopathologie und Psychotherapie 33, 65-76.

Lang, H. (1985b): Struktural-analytische Überlegungen zur Psychotherapie Schizophrener. Nervenarzt 56, 472-478.

Lang, H. (1985c): Therapeutische Konsequenzen eines struktural-analytischen Ansatzes in der Psychopathologie. In: W. Janzarik (Hrsg.): Psychopathologie und Praxis. Enke Stuttgart.

Lang, H. (1986): Zur Struktur und Therapie der Zwangsneurose - Der Zwangsneurotiker als „gehemmter Rebell". Psyche 40, 953-970.

Lang, H. (1989): Die Funktion des Unbewußten im psychotherapeutischen Prozeß. In: H. Weiß, A. Zacher (Hrsg.): Das Problem von Bewußtsein und Unbewußtem. Königshausen & Neumann Würzburg.

Lang, H. (1994): Über den Sinn des Zwangs. In: T.v. Oettingen-Spielberg, H. Lang (Hrsg.): Leibliche Bedingungen und personale Entfaltung der Wahrnehmung. Königshausen & Neumann Würzburg.

Lang, H. (1996a): Zwang. In: W. Senf, M. Broda, (Hrsg.): Praxis der Psychotherapie - Ein integratives Lehrbuch für Psychoanalyse und Verhaltenstherapie. Thieme Stuttgart, New York.

Lang, H. (1996b): Obsessive-compulsive disorder - a phenomenological hermeneutic approach. American Society of Psychoanalytic Physicians - The Bulletin 84, 3-8.

Lang, H., Weiß, H. (1997): Zwangsneurose (Zwangsstörung). In: H.-H. Studt, E.R. Petzold (Hrsg.): Handbuch der psychotherapeutischen Medizin. De Gruyter Berlin.

Lewin, K. (1963): Feldtheorien in der Sozialwissenschaft. Hans Huber Bern.

Margraf, J. (1996): Lehrbuch der Verhaltenstherapie, Bd. 1: Grundlagen, Diagnostik, Verfahren, Rahmenbedingungen, 307-310. Springer Berlin.

Margraf, J., Bandelow, B. (1997): Empfehlungen für die Verwendung von Meßinstrumenten in der klinischen Angstforschung. Zeitschrift für Klinische Psychologie 26, 150-156.

Marks, I.M. (1987): Fears, phobias, and rituals. Panic, anxiety, and their disorders. Oxford University Press New York.

Marks, I.M., Lelliott, P., Basoglu, M. et al. (1988): Clomipramine, self-exposure and therapist-aided exposure for obsessive-compulsive rituals. British Journal of Psychiatry 152, 522-534.

Marx, M., Hejj, A. (1989): Subjektive Strukturen. Ergebnisse aus der Gedächtnis-, Sprach- und Einstellungsforschung. Hogrefe Göttingen.

Mavissakalian, M.R., Hamann, M.S., Haidar, S.A., de Groot C.M. (1993): DSM-III personality disorders in generalized anxiety, panic/agoraphobia, and obsessive-compulsive disorders. Comprehensive Psychiatry 34, 243-248.

McElroy, S.L., Phillips, K.A., Keck, P.E. (1994): Obsessive compulsive spectrum disorder. Journal of Clinical Psychiatry 55, 33-50.

Meares, R. (1994): A pathology of privacy: Towards a new approach to obsessive compulsive disorder. Contemporary Psychoanalysis 30, 83-100.

Meyer, V. (1966): Modification of expectations in cases with obsessional rituals. Behavior Research and Therapy 4, 273-280.

Mowrer, O.H. (1947): On the dual nature of learning: A reinterpretation of 'conditioning' and 'problem-solving'. Harvard Educational Review 17, 102-148.

Mowrer, O.H. (1969): Punishment and aversive behavior. In: B.A. Campbell, R.M. Church (eds.): Psychoneurotic defencive (including deception) as punishment-avoidance strategies.

Müller, C. (1953): Der Übergang von Zwangsneurose in Schizophrenie im Lichte der Katamnese. Archives of Neurology Psychiatry 72, 218-225.

Münchau, N., Schaible, R., Hand, I., Weiß, A., Lotz, C. (1995): Aufbau von verhaltenstherapeutisch orientierten Selbsthilfegruppen für Zwangskranke. Leitfaden für Experten. Verhaltenstherapie. Sonderbeilage zu 5 (3), 1-17.

Oppen, P. van, Arntz, A. (1994): Cognitive therapy for obsessive-compulsive disorder. Behavior Research and Therapy 32 (1), 79-87.

Orlinsky, D.E., Grawe, K., Parks, B.K. (1994): Process and outcome in psychotherapy. In A.E. Bergin, S.L. Garfield (eds.): Handbook of psychotherapy and behavior change, 4th ed. Wiley New York, 233-282.

Pato, M.T., Zohar-Kadouch, R., Zohar, J. et al. (1988): Return of symptoms after discontinuation of clomipramine in patients with obsessive-compulsive disorder. American Journal of Psychiatry 145 (12), 1521-1525.

Piccinelli, M., Pini, S., Belantiono, C., Wilkinson, G. (1995): Efficacy of drug treatment in obsessive-compulsive disorder. A metaanalytic review. British Journal of Psychiatry 166, 424-443.

Quint, H. (1988): Die Zwangsneurose aus psychoanalytischer Sicht. Springer Berlin, Heidelberg, New York.

Quint, H. (1993): Psychoanalytische Therapie von

zwangsneurotischen Patienten. In: H.J. Möller, (Hrsg.): Therapie psychiatrischer Erkrankungen. Enke Stuttgart.

Quint, H., Rath, H. (1987): Die Behandlung von Zwangskranken in der homogenen Gruppe. Praxis der Psychotherapie und Psychosomatik 32, 184-191.

Rachman, S. (1993): Obsessions, responsibility and guilt. Behavior Research and Therapy 31, 149-154.

Rachman, S.J., da Silva, P. (1978): Abnormal and normal obsessions. Behaviour Research and Therapy 16, 233-248.

Rachman, S.J., Hodgson, R.J. (1980): Obsessions and compulsions. Prentice-Hall Englewood Cliffs N.J.

Rachman, S.J., Marks, I.M., Hodgson, R.J. (1973): The treatment of chronic obsessive-compulsive neurosis by modeling and flooding in vivo. Behaviour Research and Therapy 11, 467-471.

Rappaport, J.L. (1989): The biology of obsession and compulsion. American Scientist 260, 63-69.

Rasmussen S.A., Eisen J.L. (1988): Clinical and epidemiological findings of significance to neuropharmacologic trials in OCD. Psychopharmacologic Bulletin 24, 466-470.

Rasmussen, S.A., Eisen, J.L. (1992): The epidemiology and differential diagnosis of obsessive-compulsive disorder. In: I. Hand, W.K. Goodman, U. Evers (Hrsg.): Zwangsstörungen: Neue Forschungsergebnisse. Springer Berlin.

Rasmussen, S.A., Tsuang, M.T. (1986): Epidemiology and clinical features of obsessive-compulsive disorders. In: M.A. Jenike, L. Baer, W.E. Minichiello (eds.): Obsessive-compulsive disorders. Theory and management. PSG Publishing Company Littleton Mass.

Reed, G.S. (1985): Obsessional experience and compulsive behavior. Academic Press Orlando.

Reich, J.H., Green, A.I. (1991): Effect of personality disorders on outcome of treatment. Journal of Nervous and Mental Disease 2, 74-82.

Reinecker, H.S. (1994): Zwänge. Diagnose, Theorien und Behandlung, 2. überarb. u. erw. Aufl. Hans Huber Bern.

Reinecker, H.S. (1996): Erfolg und Mißerfolg bei der Behandlung von Zwangsstörungen. In: H. Bents, R. Frank, E.-R. Rey (Hrsg.): Erfolg und Mißerfolg in der Psychotherapie. Roderer Regensburg.

Reynolds, M., Salkovskis, P.M. (1991): The relationsship among guilt, dysphoria, anxiety and obsessions in a normal population - an attempted replication. Behavior Research and Therapy 30, 259-265.

Rief, W. (1996): Therapeutische Settings. In: J. Margraf (Hrsg.): Lehrbuch der Verhaltenstherapie, Bd. 1: Grundlagen, Diagnostik, Verfahren, Rahmenbedingungen. Springer Berlin.

Riggs, D.S., Foa, E.B. (1993): Obsessive compulsive disorder. In: D.H. Barlow (ed.): Clinical handbook of psychological disorders, 2nd ed. Guilford Press New York.

Rohde-Dachser, C. (1995): Das Borderline-Syndrom. 5. Aufl. Hans Huber Bern, Stuttgart.

Roncchi, P., Abbruzzese, M., Erzegovesi, S., Diaferia, G. et al. (1992): The epidemiology of obsessive-compulsive disorder in an Italian population. European Psychiatry 7, 53-59.

Röper, G. (1992): Die Zwangsstörung und ihre Lerngeschichte: Implikationen für die Therapie. Verhaltensmodifikation und Verhaltensmedizin 13, 1/2, 44-70.

Röper, G. (1994): Die entwicklungspsychologische Perspektive in der verhaltenstherapeutischen Behandlung von Zwängen. Praxis der Klinischen Verhaltensmedizin und Rehabilitation 7, 23-31.

Rosenberg, C.M. (1968): Complications of obsessional neurosis. British Journal of Psychiatry 114, 477f.

Rüger, U. (1993): Gruppenpsychotherapeutische Methoden. In: A. Heigl-Evers, F. Heigl, J. Ott (Hrsg.): Lehrbuch der Psychotherapie. Fischer Stuttgart, Jena.

Salkovskis, P.M. (1989a): Obsessions and compulsions. In: J. Scott, J.M.G. Williams, A.T. Beck (eds.): Cognitive therapy: A clinical casebook. Croom Helm London.

Salkovskis, P.M. (1989b): Obsessional disorders. In: K. Hawton, P.M. Salkovskis, J. Kirk, D.M. Clark (eds.): Cognitive behavior therapy for psychiatric problems. A practical guide, 129-168. Oxford University Press Oxford, New York, Tokyo.

Salkovskis, P.M., Campell, P. (1994): Thought suppression induces intrusion in naturally occuring negative intrusive thoughts. Behaviour Research and Therapy 32, 1-8.

Salkovskis, P.M., Kirk, J. (1996): Zwangssyndrome. In: J. Margraf (Hrsg.): Lehrbuch der Verhaltenstherapie, Bd. 2: Störungen, Glossar, 61-85. Springer Berlin.

Salzmann, L. (1995): Treatment of obsessive and compulsive behaviors. Jason Aronson, Northvale N.J.

Schneider, K. (1925): Klinische Psychopathologie. Thieme Stuttgart.

Schulte, D. (1996): Therapieplanung. Hogrefe Göttingen.

Schwab, J.J., Humphrey, L. (1996): Zwangserkrankungen und Familie. In: G. Nissen (Hrsg.): Zwangserkrankungen. Prävention und Therapie. Hans Huber Bern, Göttingen, Toronto, Seattle.

Schwartz, J.M. (1996): Brain lock. Free yourself from obsessive-compulsive behavior. Harper Collins Publishers New York.

Schwartz, J.M., Stoessel, P.W., Baxter, L.R. et al. (1996): Systematic changes in cerebral glucose metabolic rate after successful behavior modification treatment of obsessive-compulsive disorder. Archives of General Psychiatry 53, 109-113.

Schwarz, F. (1979): Ergebnisse nach stationärer Gruppenpsychotherapie neurotisch-depressiver und zwangsneurotischer Patienten. Nervenarzt 50, 379-386.

Seligman, M.E.P. (1971): Phobias and preparedness. Behavior Therapy 2, 307-320.

Sokolowski, K. (1996): Wille und Bewußtheit. In J. Kuhl, H. Heckhausen (Hrsg.): Motivation, Volition und Handlung, Enzyklopädie der Psychologie, Bd. 4, 485-522. Hogrefe Göttingen.

Strauß, B., Burgmeier-Lohse, M. (1994): Stationäre Langzeitgruppenpsychotherapie. Asanger Heidelberg.

Sturgis, E.T., Meyer, V. (1981): Obsessive-compulsive disorders. In: S.M. Turner, K.S. Calhoun, H.E. Adams (eds.): Handbook of clinical behavior therapy. Wiley New York.

Süllwold, L., Herrlich, J., Volk, S. (1994): Zwangskrankheiten. Psychobiologie, Verhaltenstherapie, Pharmakotherapie. Kohlhammer Stuttgart.

Thomä, H. (1974): Über die Psychotherapie von Zwangssyndromen. In: P. Hahn, H. Stolze, (Hrsg.): Zwangssyndrome und Zwangskrankheit. Lehmanns München.

Thomä, H., Kächele, H. (1988): Lehrbuch der psychoanalytischen Therapie, Bd. II: Praxis. Springer Berlin, Heidelberg, New York.

Tillmanns, A., Tillmanns, I. (1992): Stationäre Behandlung von Zwängen: Indikation und Probleme der Therapiedurchführung. Verhaltensmodifikation und Verhaltensmedizin 1/2, 86-89.

Tschuschke, V. (Hrsg.) (1993): Wirkfaktoren stationärer Gruppenpsychotherapie. Prozeß - Ergebnis - Relationen. Vandenhoeck & Ruprecht Göttingen.

Turner, S.M., Beidel, D.C. (1988): Treating obsessive-compulsive disorder. Pergamon Press New York.

Turner, S.M., McCann, B.S., Beidel, D.C., Mezzich, J.B. (1986): DSM-III classifications for the anxiety disorders: A psychometric study. Journal of Abnormal Psychology 95, 168-172.

Tuschen, B., Fiegenbaum, W. (1996): Kognitive Verfahren. In: J. Margraf (Hrsg.): Lehrbuch der Verhaltenstherapie, Bd. 1: Grundlagen, Diagnostik, Verfahren, Rahmenbedingungen. Springer Berlin.

Wegner, D., Shortt, J.W., Blake, A.W., Page, M.S.

(1990): The suppression of exciting thoughts. Journal of Personality and Social Psychology 58, 882-892.

Wenzlaff, R.M., Wegner, D.M., Roper, D.W. (1988): Depression and mental control: The resurgence of unwanted negative thoughts. Journal of Personality an Social Psychology 58, 409-418.

WHO - Word Health Organisation (1991): 10th revision of the international classification of diseases (ICD-10), Chapter V (F): Mental and behavioral disorders. WHO New York.

Winkelmann, G., Hohagen, F. (1995): Zwangsstörungen - stationäre Verhaltenstherapie. Fortschritte der Neurologie-Psychiatrie 63, 19-22.

Winkelmann, G., Rasche, H., Hohagen, F. (1994): Zwangsstörungen: Komorbidität und Implikationen für die Behandlung. Praxis der Klinischen Verhaltensmedizin und Rehabilitation 25, 32-40.

Yalom, I.D. (1985a): Theorie und Praxis der Gruppenpsychotherapie. Pfeiffer München 1996.

Yalom, I.D. (1985b): Gruppenpsychotherapie. Kindler München.

Sachverzeichnis